De la peur à l'amour

Du même auteur
aux Éditions J'ai lu

Le traité des caresses, *J'ai lu* 7004
Le traité du plaisir, *J'ai lu* 7093
Amour et calories, J'ai lu 7139
Le traité du désir, J'ai lu 7167
La fidélité et le couple, J'ai lu 7226
L'intimité et le couple, J'ai lu 7260
L'écologie de l'amour, J'ai lu 7275

DOCTEUR GERARD LELEU

De la peur à l'amour

Nouvelle édition mise à jour par l'auteur

J'AI LU

Bienêtre

Préface

Le temps est venu, le temps de la réconciliation entre les deux moitiés de l'humanité. Depuis trop longtemps, les femmes et les hommes étaient en guerre les uns contre les autres. Bien qu'ils aient réussi à dominer et à soumettre les femmes, les hommes redoutaient que celles ci ne se révoltent, aussi maintenaient-ils de puissants moyens d'oppression. De leur côté, les femmes, malgré leur abaissement voire leur écrasement, savaient bien que leurs forces profondes et sauvages étaient indomptables et éternelles ; sourde ou déclarée, leur résistance obligeait les hommes à rester sur le pied de guerre. Et les hostilités de se perpétuer.

C'est toute l'histoire de ce conflit multi-millénaire que raconte *La mâle-peur*. En effet, ce qui a poussé les mâles à prendre la direction de la société et à contrôler les femmes, c'est la peur qu'ils avaient d'elles, de leurs pouvoirs « magiques », de leur génie propre, de leurs différences. C'est par peur qu'ils ont instauré des organisations sociales – institutions, législations, religions – destinées à mettre les femmes sous leur emprise et à réduire leurs possibilités d'action.

Le récit de *La mâle-peur* bouleversa les lectrices et les lecteurs et leur fit prendre conscience qu'il était temps d'en finir avec cette situation, source de tant de malheur ; leur courrier est éloquent. « Mon cœur a saigné en lisant sous votre plume – m'écrit une femme – l'historique de cette mésentente entre homme et femme...

Et pourtant, sans le savoir, je la portais en moi, j'en connaissais chaque étape puisque c'est cet héritage qui est à l'origine de mon mal-être, de ma solitude... Mais ne soyez pas trop sévère pour les hommes car, pour la plupart, ils sont eux-mêmes victimes de cet héritage de peur qui remonte aux périodes d'obscurantisme. Comme les femmes, qui se sont si facilement résignées et pliées aux mythes. » Cette femme conclut plus loin : « J'ai enfin souri car vous donnez la réponse à une question angoissante : n'y a-t-'il point de salut, les différences de rythme sexuel entre la femme et l'homme impliquent-elles une mésentente et des frustrations irréversibles ? » et d'expliquer que l'art de la « caresse intérieure » exposé dans le livre est justement la réponse.

Une autre lectrice : « Un merci du fond de mon âme pour *La mâle-peur*, je n'ai pas de mots pour dire mon ressenti... je l'ai tout simplement mouillé de toutes mes larmes de joie, de reconnaissance, des larmes de ma faiblesse humaine, de ma quête éperdue de mon autre moitié de femme... ». Une autre encore : « J'ai éprouvé un bonheur intense à la lecture de ce livre, le bonheur que peut éprouver un innocent victime d'une erreur judiciaire, condamné à perpétuité, à la lecture de sa réhabilitation. »

Les hommes ont eux aussi écrit : « J'ai envie de vous dire combien la lecture de votre livre modifie complètement ma vision de la femme et aussi de l'homme. Ce que vous m'apprenez, ce que vous faites arriver à ma claire conscience était en réalité confusément présent en moi. Je peux regarder maintenant la femme dans toute sa plénitude, dans toute sa force vitale, sensuelle, sexuelle et par là-même l'aider également à retrouver son intégrité, opprimée depuis si longtemps. Je vous remercie d'avoir soulevé ce voile qui m'empêchait de voir la femme telle qu'elle est et d'avoir mis en moi l'espoir de relations beaucoup plus authentiques. »

Inversement, les médias ne soufflèrent mot de *La mâle-peur* : pas le moindre article de presse, pas la plus petite interview radiophonique – à l'exception d'un mensuel féminin –, alors que chacun de mes autres ouvrages étaient abondamment commentés. Sans doute *La mâle-peur* faisait peur et sa parution était prématurée.

Dans les premiers temps de leur libération les femmes étaient animées d'une vive révolte. Combatives et tout animus déployé, elles avaient pris des positions hostiles aux hommes. Ce qui avait exacerbé la peur de ces derniers, d'où un regain de guerre entre les sexes : les couples éclataient de toute part ; les femmes séparées préféraient vivre sans hommes.

Toutefois, beaucoup d'hommes comprenaient que la répression de la femme et de leur propre féminité était non seulement injuste, mais qu'elle engendrait une société où l'homme n'était pas plus heureux que sa compagne. Alors laissant s'épanouir leur sensibilité et toute anima éclose, ils allèrent vers la femme avec plus de tendresse ; hélas, ils se blessèrent au contact des nouvelles amazones. Ce regain de tension occupa les cinquante dernières années.

Mais voilà que tout change depuis deux ou trois ans : les femmes sortant de leur hostilité systématique et s'avouant qu'avoir une relation avec un homme, c'est tout de même agréable, pour peu que celui-ci renonce à tout machisme. Quant aux hommes, ceux qui ont laissé vivre leur sensibilité, ils constatent qu'ils sont bien accueillis désormais par ces femmes-là. En outre, les uns et les autres sont de plus en plus animés par une recherche « spirituelle », chacun tentant de donner un sens à son existence, une signification à la vie en couple et à la sexualité. Ce besoin de sens et de transcendance, je le sens très fort depuis un ou deux ans, spécialement au cours des conférences que je donne ;

quand je parle de « chemin de conscience » ou du « sacré de la sexualité », la tension de l'auditoire et son approbation sont à la mesure de son attente. Les médias aussi changent, je peux parler désormais de « spiritualité », y compris sur les radios « grand public ».

Ainsi, l'on s'achemine vers une nouvelle relation entre la femme et l'homme, que nous appellerons l'« Alliance ». C'est à partir d'elle que se fondera la troisième civilisation. Avant de l'aborder, il nous faut connaître la passionnante épopée que constituent les rapports entre la femme et l'homme à travers la Préhistoire et l'Histoire. Seule la pleine conscience de ce passé, de ses erreurs, de ses bonheurs, nous permettra de construire la relation à venir.

PREMIÈRE PARTIE

La peur, ses racines, ses raisons

1

La naissance de la peur : la préhistoire

Pour comprendre ce qui a pu inquiéter l'homme, il faut remonter à la nuit des temps. Ce que nous sommes s'est lentement élaboré au cours de millions d'années ; le cœur de notre être s'est constitué tout au long de la préhistoire. Les trente mille dernières années vécues au soleil de l'Histoire nous ont fourni tout juste une écorce. Quant à la civilisation sophistiquée des derniers siècles, brefs instants au regard de l'aventure humaine, elle nous a tout juste offert un vernis. Fort contraignant, au demeurant.

Nos ancêtres les singes

Il y a quelque dix millions d'années, une vaste forêt tropicale recouvrait le continent afro-asiatique. En ce temps-là, les deux masses continentales étaient réunies par un pont géologique.

Dans ces forêts vivaient diverses espèces de primates. Parmi eux se trouvaient ceux qui allaient être les ancêtres communs des singes et des hommes : c'est d'eux qu'allaient descendre, d'une part les grands singes actuels (les chimpanzés, par exemple), d'autre part les préhumains et les humains. Ces ancêtres n'ont pas encore de nom et on n'en a pas encore découvert de fossiles. Mais ils ont forcément existé.

Pour se représenter ce qu'étaient nos lointains aïeux, il faut se référer à ce que l'on sait des singes vivant à cette ère, et surtout extrapoler de ce que nous savons des singes contemporains. Car, selon Coppens, les études comparatives des chromosomes des singes et de l'homme révèlent que « *99 % du patrimoine héréditaire de l'homme et du chimpanzé sont rigoureusement identiques! Seule une infime différence génétique sépare les deux espèces: le 1 % fait l'humain* » (1). Retenons au passage cette leçon de modestie...

Nos ancêtres devaient avoir une capacité crânienne de 370 cm^3 — c'est celle des chimpanzés. Ils se déplaçaient en se pendant aux branches et en balançant leur corps de l'une à l'autre; ils pouvaient aussi marcher — à quatre pattes ou debout — avec plus ou moins de bonheur. Ils ne parcouraient guère plus de cinq cents mètres par jour, explorant un territoire réduit qui leur était propre. Sylvicoles, ils n'avaient pas besoin de courir pour survivre, les arbres constituaient un refuge sûr. Frugivores, ils n'avaient pas de peine à trouver leur nourriture, les fruits et les feuilles étaient à portée de main. Ils s'offraient parfois de petites proies: insectes, vertébrés.

Ces ancêtres, assurément, vivaient en troupes de vingt à trente individus. Trop vulnérables pour être isolés, ils se regroupaient afin de s'alerter et de faire face aux prédateurs. Le plus fort des mâles — le mâle dominant — régnait de façon tyrannique; il arbitrait les conflits entre les membres et surveillait les femelles dont il s'arrogeait en priorité l'usage. Chez certaines espèces, mâles et femelles vivaient pêle-mêle; chez d'autres, les mâles célibataires — jeunes mâles et mâles subordonnés — formaient une bande à part. Les mâles subordonnés s'adjugeaient les femelles que délaissait le dominant ou même les femelles réservées, pour peu que le chef relâchât sa vigilance. Ces primates étaient foncièrement polygames, contrairement à beaucoup d'autres espèces d'animaux. Toutefois, des couples pouvaient se former pour une courte durée. Certains même s'offraient une fugue amoureuse loin du groupe.

La peur déjà

Cette organisation conférait une certaine paix sociale. Cependant, « *l'inconvénient de ce système est que l'autorité du mâle alpha n'existe qu'en sa présence. Qu'il descende à la rivière boire un coup et c'en est fini. Il y a toujours un malin qui traîne dans les parages. Le temps que le mâle alpha revienne, ses chances d'avoir une progéniture risquent de s'être envolées* » (2). Aussi le chef vivait-il dans la peur d'être trompé. C'était d'autant plus probable que les guenons étaient d'irrésistibles séductrices.

Les mâles étaient excitables en permanence. L'acte copulatoire était déclenché par les signaux émis par la femelle en chaleur ; il consistait en une intromission suivie de quinze à vingt-cinq mouvements intravaginaux, à raison de deux à cinq par seconde ; la durée d'un coït était de dix à quinze secondes ; il s'achevait par une éjaculation. L'éjaculation était sans doute gratifiée d'un plaisir-récompense. Retenons que chez toutes les espèces de singes, la séquence copulatoire est inextensible et d'une fixité remarquable : elle n'excède jamais dix secondes. La brièveté de la monte s'explique par la grande vulnérabilité des animaux en train de copuler face aux grands prédateurs. Cette programmation comportementale de nos lointains ancêtres se perpétuera jusqu'à nous, les hommes ; nous en verrons les cruelles conséquences.

Les femelles n'étaient réceptives que pendant quelques jours autour de l'ovulation. Celle-ci avait lieu tous les quarante jours. L'œstrus déclenchait chez la femelle l'émission de signaux : cris, odeurs, mimiques, gesticulations, mise en posture de copulation, offrande d'une vulve rubiconde, etc. En vingt-quatre heures, la femelle pouvait réclamer plusieurs dizaines de saillies. Ce comportement était imposé par les impératifs de la reproduction : pour augmenter les chances d'être fécondée, il fallait multiplier les copulations.

Pour nous faire une idée de ce qu'était le dur sort de nos ancêtres mâles, rendons-nous dans un zoo et dirigeons-nous vers l'enclos des singes. Là, dans une cage, un chimpanzé gît sur le sol, prostré, indifférent aux ébats de sa femelle.

La guenon tourne autour de lui, le houspille, geint, s'énerve et tend vers lui son postérieur où bâille la vulve écarlate. Le mâle ne réagit pas ; il ne la voit plus ; du reste, il ne mange plus et ne boit plus. Peut-être va-t-il mourir... Que s'est-il passé ? Depuis trois jours, Madame est en rut ; insatiable, elle a provoqué, réclamé cinquante ou même soixante rapports sexuels. Le mâle, épuisé, a sombré dans une véritable léthargie.

On voit que, tout en y trouvant leur propre satisfaction, nos ancêtres mâles avaient toutes les raisons de craindre les femelles en chaleur. Dans ce cas, il se peut qu'un de leurs gènes ait été marqué au sceau de la peur. Et l'homme actuel, dont le capital génétique est identique pour 99 % à celui des singes, pourrait en avoir hérité à travers les millénaires.

Apparemment, la femelle ne pouvait éprouver alors aucune jouissance : tandis que le mâle officiait, la guenon ne donnait aucun signe d'émotion, et quand il se retirait, elle s'éloignait comme si rien ne s'était passé. Il est vrai que si elle avait éprouvé un orgasme, la satiété procurée aurait éteint le besoin d'autres coïts et la langueur consécutive à cette explosion énergétique aurait réduit le dynamisme nécessaire à de nouvelles copulations.

Insensiblement, le volume et la complexité du cerveau de ces primates s'accroissent, tandis qu'apparaissent la préhension manuelle et podale, la vision binoculaire et déjà l'ébauche d'une conceptualisation. Aussi les nouveau-nés avaient-ils besoin d'un long apprentissage avant de savoir se servir de leur encéphale. Pendant trois à cinq ans, la mère devait veiller sur son petit, le nourrissant, l'éduquant, le transportant d'arbre en arbre ; mais ce n'était pas elle qui le portait, c'est bébé qui se cramponnait énergiquement au pelage maternel, à l'aide de ses mains et de ses pieds, pour ne pas tomber. C'était également aux poils que bébé s'agrippait pour téter. Dans ces conditions, la guenon ne pouvait élever qu'un bébé à la fois. De toute façon, pendant l'allaitement, qui durait trois ans, l'œstrus ne pouvait pas se produire et la femelle n'était pas réceptive sexuellement, ni fécondable. Les naissances étaient donc très espacées — tous les trois à cinq ans — et le taux de reproduction trop faible. La survie de l'espèce était précaire. Il faudrait bien qu'à l'avenir elle trouve le moyen d'élever plusieurs petits en même temps.

Ainsi vivaient, dans leurs forêts, nos ancêtres du tronc commun. La paix du groupe était le résultat d'une sorte d'équilibre de la terreur : la peur que les mâles ressentaient face aux provocations et aux exigences des femelles étant contrebalancée par la peur que celles-ci et les rivaux éprouvaient vis-à-vis de la musculature du mâle dominant.

Le cataclysme fondamental

Tandis que nos ancêtres se balançaient d'arbre en arbre, les continents ne cessaient de dériver. Telles des roches sur une coulée de lave, les plaques tectoniques de l'écorce terrestre glissaient sur le magma en fusion du centre de la planète. Environ dix millions d'années avant notre ère, la plaque qui portait l'Asie télescopa celle qui supportait l'Afrique. La partie orientale de celle-ci accusa le choc : une faille colossale, longue de quatre mille kilomètres, fendit le socle africain de l'Egypte au Kenya ; on l'appelle la « Rift Valley ». Insensiblement, la zone située à l'est s'enfonça ; inversement, la partie située à l'ouest se releva ; ses bords érigés formèrent une crête montagneuse. Les vents chargés de nuages qui soufflaient de l'Atlantique ne pouvaient plus franchir la barrière ainsi dressée.

Dès lors, à l'est, tout change, les pluies se raréfient puis disparaissent. Le sol s'assèche progressivement ; les forêts s'étiolent, faisant place à une savane à laquelle succède la prairie, et enfin la steppe. Cela par paliers de plusieurs centaines de milliers d'années. Nos ancêtres primates qui s'y trouvaient, pour s'adapter aux nouvelles conditions de vie, doivent se transformer profondément : ils se feront Australopithèques, puis *Homo* car *Homo habilis* et *Homo erectus* ne sont pas des « Hommes ». C'est pourquoi, à l'est de la faille, on trouve les fossiles de ces hominidés successifs ; mais on n'y a jamais rencontré de fossiles de grands singes, et moins encore de grands singes vivants.

Par contre, à l'ouest, rien de neuf, les pluies continuent de tomber, la forêt de prospérer et les singes de croître. On y trouve aujourd'hui les grands singes contemporains (chimpanzés, gorilles) et les fossiles de leurs ancêtres. Mais aucun fossile de préhumains ni d'humains.

Comme on le voit, la grande faille a radicalement tranché l'Afrique en deux parties : à l'ouest, le royaume des singes, à l'est, le berceau des hommes. C'est en tout cas la thèse d'Yves Coppens (1). Ce cataclysme fondamental serait donc à l'origine de l'humanité.

Une fabuleuse épopée

C'est une fabuleuse épopée que celle qui va mener la bête de la « Rift Valley » au sommet du règne animal où nous sommes. Epopée qui va durer dix millions d'années au cours desquelles se succédèrent plusieurs espèces: les australopithèques, l'homme habile (*Homo habilis*), l'homme debout (*Homo erectus*) et enfin l'homme savant (*Homo sapiens*) et sa variété très savante (*Homo sapiens sapiens*), apparue il y a quarante mille ans, et dont nous faisons partie.

S'il est possible de dater approximativement l'apparition de chaque espèce et de décrire sa morphologie et ses productions, il est par contre impossible de préciser le calendrier de l'évolution du psychisme pour chacune d'elles et *a fortiori* les étapes de la mâle peur. Il nous faut les imaginer, dans un passionnant survol de plusieurs millions d'années.

Voilà donc notre ancêtre livré à la savane ou, pire, à la steppe. Rien de plus hostile que ces milieux relativement arides et découverts. Notre primate n'a qu'une idée en tête: « manger et ne pas se faire manger ».

Manger? Lui qui n'avait qu'à tendre la main pour cueillir un fruit, il doit marcher sans relâche pour trouver une baie, des graines et fouiller la terre pour découvrir un tubercule. La cueillette est maigre. Alors il lui faut opter pour un autre type de nourriture: il était essentiellement frugivore et accessoirement carnivore, il se fera de plus en plus prédateur.

D'abord, il se contente d'insectes, de grenouilles, d'œufs, de jeunes couvées. Il voudrait bien s'offrir de plus gros gibiers, mais comment faire quand on n'a pas l'odorat et l'ouïe des carnassiers, leur physique de sprinters, leurs puissantes mâchoires, leurs griffes d'acier? Comment faire quand on n'a pas leur estomac, cette panse destinée à engloutir un repas colossal suivi d'un jeûne prolongé? Ses muscles d'acrobate juste bons à escalader les arbres, son gastre étroit destiné à recevoir d'incessants grignotages ne prédisposent nullement notre singe à la chasse.

Ne pas être mangé... Comment faire quand rôdent les grands prédateurs et qu'il n'y a pas d'arbres où se réfugier ?

Envers et contre tout, il survivra. Et de lui descendra la plus illustre des espèces animales : l'homme. Quatre avantages qu'il possédait lui permettront de réaliser ce miracle : son aptitude à se redresser sur ses pattes arrière, ses mains, sa tendance à vivre en groupe et son cerveau.

Savoir se tenir debout sur ses membres postérieurs, c'est pouvoir repérer au loin, par-delà les herbes, la nourriture et les ennemis. C'est pouvoir aussi marcher puis courir sans quitter des yeux le but. A force de se tenir droit, il perdra l'habitude de flairer et préférera scruter. En réalité, le véritable avantage de la station verticale est de libérer les mains. Ses mains étaient déjà bien formées et habiles. Dès lors, dégagées de la brachiation et de la locomotion, elles pourront se consacrer à d'autres tâches : saisir la nourriture, la transporter vers la base, porter les petits quand le pelage tombera, se servir de galets, puis fabriquer et utiliser des outils.

Déjà, dans les forêts, les singes vivaient en troupes. Dans leur nouvel environnement, tellement plus hostile, ils vont resserrer les rangs et s'organiser. Ils vont apprendre à chasser en meutes et à partager le gibier.

Malin comme un singe, notre ancêtre des forêts l'était déjà, et son cerveau bien plus développé que celui des autres animaux. Placé à découvert, il deviendra intelligent. Rien de tel qu'un milieu difficile pour stimuler le système nerveux. Il faut écarquiller les yeux, se servir de ses mains avec dextérité, toucher avec finesse, être attentif, se souvenir, pressentir autant que sentir, résoudre des problèmes nouveaux, inventer des ruses, utiliser des objets, comprendre, *réfléchir*.

Faute de jambes, il fallait avoir une tête, et une grosse tête. Quand une fonction se développe, l'aire cérébrale correspondante s'accroît ; quand une fonction nouvelle apparaît, une aire nouvelle se crée. En dix millions d'années, temps relativement court au regard de l'histoire de la vie — trois milliards d'années —, le cerveau s'accrut considérablement : chez le singe-ancêtre des forêts, le volume crânien était de 370 cm^3 ; il sera, chez l'*Homo sapiens*, de 1 500 cm^3.

Né avant terme

Tandis que le cerveau et le crâne qui le contient s'accroissent follement, le bassin, lui, s'élargit lentement. Quand le cerveau dépasse 600 cm^3, le diamètre du crâne devient supérieur au diamètre de l'orifice pelvien ; la tête de bébé ne peut plus franchir le détroit osseux. *A fortiori*, quand le cerveau atteindra 1 500 cm^3. Qu'à cela ne tienne : bébé naîtra avant que son encéphale n'excède les 600 cm^3 fatidiques, c'est-à-dire avant son complet développement ! Voilà pourquoi le petit des hominidés fut expulsé sur la steppe avant terme, affublé d'un cerveau embryonnaire.

Un tel cerveau immature possédait certes son lot complet de neurones — plusieurs milliards —, mais les connexions n'étaient pas toutes établies. De ce fait, la plupart des centres nerveux étaient incapables de fonctionner ; en particulier le centre de la régulation de la température, le centre de la locomotion, ceux de l'équilibration, de l'orientation, de la vision. Aucun animal nouveau-né n'était aussi fragile ni aussi dépendant à sa naissance que celui-là. Son sort n'était guère plus enviable que celui d'un têtard échoué sur une plage. Seule sa mère pouvait le sauver en continuant de lui procurer ce qu'elle lui donnait en son ventre : la nourriture, la chaleur, la douceur du contact, le repos, la protection. Oui, cet être ne pouvait survivre que parce qu'une femelle, qui peu à peu se fait femme, le prenait en charge dès sa naissance jusqu'à la maturation de son cerveau et l'apprentissage complet des conduites fondamentales : trois ans pour notre ancêtre primate, quinze ans pour l'*Homo sapiens*.

Un événement tout simple allait rendre bébé encore plus dépendant de sa mère : la perte des poils. Sans son pelage, bébé est exposé aux changements de température alors que son centre thermorégulateur est encore incapable d'assurer une parfaite stabilisation thermique ; maman devra le « couver », puis le vêtir. Sans le pelage de sa mère, bébé ne peut plus s'agripper à elle et s'assurer de cette façon les avantages de sa présence : le lait, la chaleur, la douceur, la protection. Alors, pour que sa mère s'occupe de lui, bébé n'a d'autre solution que de l'alarmer par ses cris... ou de la séduire : en lui souriant, bébé lui offre un plaisir, ce qui l'attire et la retient près de lui. Attendrie, maman lui tendra les bras. Ainsi l'on voit que la séduction, l'étreinte et la tendresse sont liées à la perte des poils ! Cette perte donc est une étape importante de l'hominisation.

La femelle au foyer

Une telle dépendance de sa progéniture contraint la mère à demeurer près d'elle en permanence. D'autant que la fragilité du petit n'a d'égale que l'hostilité du milieu : la multiplicité des ennemis, la rareté de la nourriture. Il n'y a plus de fruits à portée de la main dans la savane et la steppe ; en s'écartant un peu, au risque de perdre bébé, c'est à peine si on trouve quelques « amuse-gueule ». Partir chasser comme le font les femelles des carnassiers — louves et lionnes — qui rapportent des proies en les portant ou en les ingurgitant et régurgitant ? C'est impossible : bébé ne peut rester seul et les préhumains, nous le savons, ne sont pas encore bien armés pour la grande chasse.

Alors s'instaure une loi biologique fondamentale et coercitive qui persiste de nos jours : la femelle — puis la femme — est confinée au gîte, près de bébé ; c'est au mâle que revient le soin de rapporter la pitance. Cette division du travail fut un des fondements de l'humanité (3).

Ne croyez pas que la femelle demeurée au gîte se contente de materner un unique enfant et de se prélasser au soleil. Non, elle va mettre au monde, dans des délais rapprochés, un deuxième, puis un troisième enfant, et d'autres encore. Les singes des forêts étaient contraints d'espacer les naissances. Maintenant qu'elles se sont sédentarisées au sol, les femelles pourront mettre bas une fois l'an et élever plusieurs petits à la fois. Paradoxalement, c'est en étant livrée aux pires difficultés d'un milieu nouveau que l'espèce fut sauvée.

La mère a fort à faire avec sa nombreuse progéniture ; cela ne l'empêche pas de s'adonner à d'autres tâches : elle s'ingénie à transformer et à conserver la nourriture rapportée par le mâle ou grappillée par elle dans les environs. Nos hominidés n'ont toujours pas acquis l'estomac garde-manger des grands fauves.

Un jour, l'homme ayant ravi le feu au ciel, le gîte se fait foyer. Et tout s'organise autour de bébé et du feu. Et la femme, qui les garde, invente tout : la couture des peaux, le tissage des fibres et des poils, la préparation des mets, les récipients de peau et de glaise. Un jour, enfouissant une graine cueillie qui s'était mise à germer, elle invente le jardinage ; l'imitant, l'homme inventera la culture. Un autre jour, recueillant un oisillon ou un jeune mammifère, elle le soigne, le nourrit et invente l'élevage. Une autre fois, découvrant que certaines plantes qu'elle mâchonnait ou faisait macérer produisaient de curieux effets, elle invente la médecine.

Le mâle à la chasse

Pendant ce temps, le mâle s'échine à trouver quelques végétaux ou quelques proies. Les singes des forêts ne parcouraient, chaque jour, que quelques centaines de mètres : dans un territoire aussi riche, ils avaient tout sous la main. Dans la savane, le mâle des espèces nouvelles doit beaucoup plus se déplacer pour trouver la nourriture qui convient ; les mets charnus (baies, pousses, tubercules, insectes, larves) que seuls acceptent sa denture, sa mâchoire et son gastre, sont très clairsemés et varient selon les saisons. Son territoire s'accroît en proportions inverses des ressources alimentaires (3). Mais il y a le gîte comme point de fixation. Même les grands carnassiers qui parcourent d'énormes distances — jusqu'à cent kilomètres par jour — ont un territoire centré sur un point d'ancrage.

Quand le mâle aura acquis une denture capable d'écraser les graines les plus coriaces et de dépecer la chair des animaux — et bien d'autres qualités « ad hoc » —, il se fera chasseur au long cours. Mais, toujours, il rentrera au gîte.

C'est la base où il rapporte et stocke la nourriture, où il s'abrite et se repose, où il entrepose les armes, d'abord de simples galets, plus tard des instruments plus élaborés.

Mais, par-dessus tout, le gîte sera le lieu où il retrouve sa femelle et ses petits. Ses petits ? Pas tellement : l'apparition d'un comportement paternel sera tardive, d'autant que la relation entre le coït et la gestation ne sera établie qu'à un stade très avancé de l'intelligence. Sa femelle ? Sûrement ! Oui, ce qui fera revenir le mâle chargé de mets au gîte, ce sera l'amour. Les carnassiers chassent chacun pour soi, et les primates quêtent leurs aliments individuellement. Si le mâle hominidé se met à partager sa pitance avec sa femelle, c'est pour ses beaux yeux !

La naissance de l'amour

L'amour, c'est ce qui fait qu'un mâle donné manifeste un intérêt particulier pour une femelle précise. Plus prosaïquement, l'amour, c'est ce qui motive tel mâle à rapporter de la nourriture à telle femelle. Cette démarche était indispensable à la survie des enfants, et donc de l'espèce : le sentiment amoureux, c'est le moyen qu'a trouvé la « *Nature* » pour inciter le mâle à se comporter de la sorte.

Dès lors, chaque femelle attirera un mâle particulier, et réciproquement. Ils « tomberont amoureux », se satisferont l'un l'autre et resteront « fidèles ». Sûre de son mâle, la femelle pourra se consacrer à sa progéniture ; sûr de sa femelle, le mâle pourra partir chasser. C'en est fini de la polygamie, le couple devient la relation idéale entre la femme et l'homme.

Il fallait, pour que l'amour s'instaure, que le cerveau eût atteint un certain développement, afin d'offrir à l'affectivité une infrastructure. Il possède, désormais, suffisamment de neurones pour cela.

Il fallait aussi un modèle. Il existe : ce sont les relations interpersonnelles intimes et durables entre la mère et son petit — son enfant. Leur vie durant, l'homme comme la femme cherchent à réactualiser avec leur partenaire ce premier amour.

Il fallait encore renforcer l'attirance. Pour cela, la femelle se fait désirable, non plus seulement pendant la phase d'œstrus mais en permanence, y compris pendant les menstruations et les grossesses ; les signaux émis n'ont plus pour seul but la reproduction : désormais ils sont destinés à attirer le mâle et à se l'attacher tout le temps. De surcroît, la femelle devient désirante constamment. Une stratégie d'accouplement continu remplace la frénésie sexuelle temporaire. La permanence des attraits et de l'excitabilité de la femelle conditionne l'existence du couple. Si les femelles avaient conservé l'éroticité périodique des primates, les mâles, constamment excitables, eux, auraient eu tendance à aller de l'une à l'autre, ce qui interdisait toute constitution de couples stables.

De nouveaux signaux apparaissent concomitamment à la station verticale. Le redressement du corps, en soustrayant les organes génitaux à la vue, supprime les anciens signaux utilisés sur le versant postérieur (fesses charnues, nymphes congestives). Comme la libération des mains et l'importance prise par la vision obligent les individus à s'aborder par la face antérieure, c'est sur celle-ci que s'installeront les nouveaux signaux : les lèvres rubicondes, éversées, propres aux humains (elles reproduiraient les nymphes), les seins ronds et pleins spécifiques des femmes (ils imiteraient les fesses), les aréoles vivement colorées au centre de ces globes, les pupilles et l'éclat du regard, le sourire et les expressions du visage, les touffes de poils des aisselles et du pubis, les odeurs diverses, dont le fameux musc (4).

Il fallait, enfin et surtout, pour que l'amour naisse, gratifier d'une récompense la démarche de l'un vers l'autre ; que le chemin du désir soit parsemé de menus plaisirs ; que le désir aboutisse à un plaisir suprême.

Les menus agréments sont offerts par les nombreuses zones érogènes qui se créent : les lèvres, les mamelons, les mains, le lobe des oreilles, etc. La chute des poils fait de la peau dénudée une vaste zone hédonique ; les récepteurs sensitifs s'y multiplient. Les mains et les lèvres, acquérant une sensibilité et une habileté diaboliques, s'ingénient à éveiller sur chaque parcelle d'épiderme de merveilleux frissons. La perte des poils est une étape essentielle de la naissance de l'amour. A l'époque où elle s'est produite, elle ne constituait certainement pas un progrès pratique : nu, l'individu était plus vulnérable aux agressions (impact des objets, attaque des prédateurs, changements de température, etc.). Il fallait que l'espèce y trouve des avantages éminents pour que l'évolution réalise ce contresens. La transformation de la surface cutanée en un prodigieux moyen de jouissance et de communication n'est pas la moindre.

Quant au plaisir suprême, l'orgasme, il était jusqu'alors, semble-t-il, l'apanage de l'homme. A la faveur du développement du système nerveux et des organes génitaux, associé au foisonnement des corpuscules voluptueux, il devient plus intense. Mais il survient toujours au bout de dix secondes; le programme génétique, sur ce point, reste intangible. Un jour, la femme qui, jusqu'alors, était apparemment privée d'orgasme, le conquiert à son tour. Il est également le fruit du développement des circuits neuronaux et de l'appareil sexuel. Il est surtout une conquête de la pensée. L'orgasme féminin ne se suffit pas d'un substratum anatomique, il exige une participation psychique. Il n'est pas un simple réflexe, il est une construction mentale: l'acmé est déclenché par la mise en scène de fantasmes dans un contexte émotionnel. Imagination, émotion, affection, telles sont les. conditions du plaisir de la femme. C'est pourquoi il peut se détacher des organes spécifiques — les zones érogènes sexuelles — et naître de toute la surface du corps.

Puisque l'orgasme féminin est tributaire de la fonction fantasmatique, il est probable qu'il est apparu en même temps que la fonction symbolique, entre cinquante mille et cent mille ans avant notre ère. C'est l'hypothèse qu'avance Waynberg (5).

Ce qui est sûr, c'est que l'orgasme — ainsi que les menus plaisirs — peut se cueillir en dehors de l'ovulation. Ce qui prouve qu'il a bien pour fonction de renforcer les liens du couple. Toutefois, lorsqu'il survient pendant la période d'ovulation, il contribue aussi à accroître les chances de fécondation; estourbie d'ivresse et fondante de tendresse, la femelle reste couchée; dans cette position, le vagin, horizontal, retient le sperme, alors qu'en position debout le vagin, vertical, le laisse s'échapper. On voit que l'orgasme, au-delà du couple, sert l'espèce.

Je n'aime que toi

Pour que l'amour puisse éclore, il ne suffit pas d'accroître l'attirance du mâle par la femelle, et réciproquement. Ni de couronner leur rencontre par un plaisir aigu. Il faut aussi que l'attrait soit électif : que tel individu ait envie de connaître le plaisir de préférence avec un partenaire précis. Aimer, c'est choisir. Les signaux des guenons, lancés tous azimuts, s'adressaient à tous les mâles : « Je suis en chaleur », criaient-elles à l'encan. Les signaux des humanoïdes sont plus personnalisés. Chaque individu émet des signes qui lui sont propres, chaque sujet n'est réceptif qu'à un certain type d'émission : « Toi seule m'excites, je n'aime que toi », disent les amants. Pour cela, chaque être se différenciera des autres par une foule de nuances. A chacun son charme !

Un fait allait contribuer, de façon décisive, à personnaliser l'échange amoureux, c'est le passage, en ce qui concerne le coït, de l'abord postérieur à l'abord antérieur. Rien ne ressemble plus à une paire de fesses qu'une autre paire de fesses. Par contre, un visage offre des possibilités infinies de particularités : la forme, les traits, l'expression du regard, la couleur des yeux, les singularités cutanées, etc. Un visage permet aussi la communication par le regard, les mimiques, les sons et les mots émis plus près de l'oreille. Quand on fait l'amour face à face, on sait avec qui on le fait. Et tandis que le plaisir monte, des liens particuliers se tissent entre les êtres ; il en subsiste une sorte de reconnaissance qui les attache l'un à l'autre. Et les gestes nouveaux, symétriques et réciproques, permis par l'abord antérieur, constituent non seulement des possibilités nouvelles de jouissance, mais aussi des moyens admirables d'échanges.

La paix sociale

Si le couple permet la survie des enfants, il garantit aussi la paix sociale au sein d'un groupe. Autrefois, dans les groupes mixtes, l'œstrus périodique des femelles exaspérait l'agressivité des mâles ; l'harmonie de la troupe était assurée par l'autorité d'un mâle dominant qui s'annexait les femelles de son choix (et réglait les conflits entre les autres mâles). Maintenant, dans le groupe des humains, c'est en permanence que la femme éveille le désir et stimule l'agressivité entre les hommes ; la cohésion du groupe est alors assurée par la répartition des femmes. En affectant une femme à chaque homme, on réduit la compétition sexuelle. C'est la fin du chef et la parcellisation de l'autorité dont la relève est prise, dans chaque base, dans chaque famille, par la mère puis par le père, selon les époques.

Cette démocratisation de la sexualité est aussi nécessaire pour obtenir la coopération de tous les mâles à la défense du territoire et à la chasse. Les plus jeunes, les moins forts accepteront de se joindre aux meutes de chasseurs s'ils sont certains de recevoir au retour une gratification sexuelle. Quant aux jaloux, ils n'hésiteront plus à s'éloigner de leur base, sûrs d'y retrouver leur femelle attitrée.

La peur redouble

L'acquisition du plaisir orgasmique modifia-t-elle les exigences des femelles ? Logiquement, la plus grande efficacité de l'ensemencement liée à la position horizontale de la femelle estourbie par l'orgasme aurait dû réduire les demandes de coït : la fécondation étant assurée à moindre prix, l'instinct pouvait se révéler moins prégnant. C'est alors que le désir de jouissance allait remplacer le besoin de semence, et l'amour doubler l'instinct, pour perpétuer les exigences féminines. En effet, quand s'éveilla le plaisir, l'instinct était encore contraignant; comme chacune des nombreuses demandes était gratifiée d'un agrément (d'autant qu'en phase d'œstrus la turgescence du sexe aiguise les sensations), il s'est constitué un conditionnement pavlovien: coït égale plaisir. Dès lors, les coïts étaient déterminés aussi bien par l'envie de plaisir que par l'instinct; l'instinct exigeant encore beaucoup de coïts, la femelle prenait l'habitude d'éprouver beaucoup de plaisir. Ainsi, quand l'instinct aurait pu se satisfaire d'un nombre moindre de copulations, le désir d'orgasme en fit réclamer autant. Instinctives au départ, les exigences féminines devenaient hédoniques. Aussi, issue d'un puissant instinct, l'éroticité de la femme ne pouvait qu'être majeure.

Mais il y eut pire pour les mâles: la femme n'était plus seulement désirante en phase d'ovulation, elle l'était en permanence. Alors les hommes, périodiquement épuisés, devaient la redouter. Ils appréhendaient cette méforme qui leur faisait perdre leur autorité et leur prestige. Ils craignaient aussi les désordres que les exigences féminines pouvaient produire dans la communauté: le travail perturbé, les petits négligés et les conflits entre les individus. Au total, la capacité sexuelle des femmes d'antan dut se révéler incompatible avec la santé des hommes et la vie sociale et familiale.

A vrai dire, la frayeur des hommes venait en partie du déphasage qui s'instaura d'emblée entre l'orgasme masculin et l'orgasme féminin. L'insatiabilité féminine n'était souvent qu'une insatisfaction qui obligeait la femme à redemander ce qu'elle n'avait pas suffisamment obtenu. Nous y reviendrons.

J'ai parfois hésité entre les termes femelle ou femme, mâle ou homme, petits ou enfants! C'est en raison de l'imprécision de la chronologie. En vérité, il ne faudrait employer les termes «humains» qu'à partir de l'*Homo sapiens*.

Les étapes de la peur

Peut-on préciser les étapes de la peur?

L'Australopithèque, qui succéda à l'ancêtre commun lors de l'aridification de l'Est africain, vécut entre moins six millions et moins deux millions d'années. C'est lui qui inaugura la station verticale et la pratique de la chasse, lui qui commença à utiliser des galets bruts et à édifier des abris rudimentaires. Il vivait en groupe. Son cerveau, dont les régions pariétales et temporales se développaient, avait un volume de 500 cm³. Ces caractéristiques faisaient-elles de lui un être capable d'éprouver une telle peur? En tout cas, les mâles avaient des raisons de craindre les femelles: malgré la verticalisation, le comportement sexuel de celles-ci était toujours brûlant. Alors, c'est peut-être à cette époque que l'appréhension des mâles fut mise en mémoire sur un gène...

L'*Homo habilis* vécut de moins quatre millions d'années à moins un million six cent mille années. C'était un parfait bipède et un grand chasseur. Il partageait son gibier. Il se servait de galets taillés en vue de tâches précises et construisait des huttes. Il vivait en société. Il se mit à émettre des sons articulés. Son cerveau atteignait 800 cm³. Le volume crânien dépassant les 600 cm³ fatidiques, le petit *Homo habilis* naissait donc immature. C'est sans doute l'*Homo habilis* qui inaugura l'abord sexuel antérieur et qui inventa le couple. Il ne faudrait pas croire que parce qu'ils avaient une femelle attitrée, les mâles échappaient aux besoins sexuels des autres femmes: nombreux étaient les hommes qui mouraient à la chasse, les hommes restants devaient satisfaire les femelles en surplus. De surcroît, une autre peur apparut alors chez les mâles: celle d'être cocu. Qui, lorsqu'il partait à la chasse, pouvait être sûr que sa femelle — surtout si elle était en chaleur — ne copulerait pas avec un des jeunes mâles restés à la base, qui?

L'*Homo erectus* vécut de moins un million six cent mille années à moins deux cent mille années. Ses galets étaient très élaborés — les fameux bifaces —, ses abris bien construits, son langage, bien que fruste, progressait. Et il inventa le feu. Son cerveau avait un volume de 1 000 cm³. Est-ce à cette époque que la femme conquit l'orgasme ? Dans l'affirmative, on peut penser que la peur des mâles redoubla. D'autant que la conduite des femelles des autres espèces donnait à réfléchir. En effet, au fur et à mesure qu'apparaissaient les espèces successives, les souches précédentes subsistaient. Des êtres évolués furent donc témoins des mœurs d'êtres qui l'étaient moins et durent en être ébranlés. Par exemple, les conduites sexuelles des femelles d'australopithèques ont pu impressionner les mâles *Homo habilis* et *a fortiori* les mâles *Homo erectus*.

L'*Homo sapiens* apparut vers moins trois cent mille ans. Ses outils de pierre ou d'os étaient aussi nombreux que perfectionnés. C'était un artiste : il peignait, gravait et sculptait. C'était aussi un être religieux : il enterrait les morts selon des rites funéraires. Son cerveau avait un volume de 1 400 cm³. Le développement de la circonvolution de Broca délia son langage : il se mit à parler. Le déverrouillage des aires préfrontales lui permit d'accéder à une forme supérieure de pensée, par exemple : la symbolisation. C'est plus vraisemblablement en ce temps-là que dut éclore l'orgasme féminin.

Enfin, vers moins quarante mille ans apparaît l'*Homo sapiens sapiens*. Il polit la pierre à la perfection, puis découvre les métaux. Les arts et la religion prennent leur essor. L'écriture naît vers moins douze mille ans. La culture détrône la chasse vers moins dix mille ans. Les premières cités s'élèvent vers moins cinq mille ans. Cependant, l'accroissement spectaculaire de son intelligence ne rend pas le mâle moins craintif. Sa peur prend alors toute sa dimension humaine. Elle n'est plus seulement «instinctive», elle est renforcée par la réflexion et amplifiée par l'imagination qui élabore les fantasmes. Elle se fait «mâle peur», ce sentiment aussi archaïque qu'universel inscrit dans l'inconscient collectif de tout homme.

2

Le sacre de la femme : le matriarcat

Peu à peu, les femmes prennent de l'ascendant, jusqu'à enfin détenir le pouvoir : ce fut l'ère matriarcale. Vraisemblablement, cette ère dut s'installer au temps de l'*Homo sapiens*, dont le cerveau était suffisamment élaboré. Elle dura plusieurs centaines de milliers d'années, pour s'achever entre cinq mille à trois mille ans avant J.-C.

A l'aube de l'humanité, la femme disposait d'arguments solides pour imposer sa loi. Face aux pouvoirs féminins, la puissante musculature masculine ne faisait pas le poids.

La régente

En ces temps-là, la femme, en tant que mère de bébé, c'est-à-dire personne qui engendre, nourrit de sa substance et éduque un petit, détient une autorité certaine. Mais il y a plus : l'élevage des petits contraint la femelle à se fixer au gîte ; elle en fera un foyer, une maison, un village. Ayant mis à profit sa sédentarité pour organiser à sa façon l'abri et inventer tout ce qui est nécessaire à la famille (elle coud les peaux, tisse les fibres, tresse les paniers, façonne l'argile, plante les graines), elle est la régente de fait du foyer. D'autant qu'elle en est l'élément présent en permanence. L'homme, lui, part à la chasse ; il partira de plus en plus loin, de plus en plus longtemps. Il vivra plus souvent en d'autres lieux et parfois même y mourra. L'homme, c'est l'absent. Comme la femme du marin, la femme de la préhistoire, puis de l'histoire ancienne, devient chef de famille. Le foyer est le domaine de la mère, à telle enseigne que, dans l'Egypte ancienne, le même hiéroglyphe désignait *maison* et *mère*. La maison n'est-elle pas une enceinte ronde, creuse et chaude, comme la mère elle-même, son étreinte, son ventre ?

De plus : la femme est l'élément originel, celle dont on est issu et à qui nous attachent des liens sûrs et irrévocables. On ignore encore le rôle de l'homme dans la fécondation. N'étant pour rien dans la venue de bébé, l'homme n'est pas vraiment un parent de l'enfant, il ne fait pas vraiment partie de la famille, c'est un étranger. Seule la parenté matrilinéaire est certaine. D'autant que la promiscuité sexuelle et la polygamie des premiers temps brouillent toute possibilité de filiation masculine. Dans beaucoup de peuplades, l'hospitalité sexuelle ou le mariage de groupe, voire la polygamie, se perpétuent, interdisant d'établir la paternité d'un homme.

Dans les peuples où s'instaure le couple, la position de l'homme ne change guère. La femme n'est pas seulement la matrice de l'enfant, elle est la génératrice de toute la famille et, au-delà, de toute la lignée. La parenté est fondée sur la filiation utérine. Font partie de la famille et du clan : le père avéré d'une femme, son frère, son fils, mais non son mari. Le mari doit élire domicile dans le territoire de l'épouse (actuellement encore les hommes se marient dans l'église paroissiale de la fiancée). La femme ne doit pas quitter son clan. Les enfants appartiennent au clan plus qu'au mari ; le père a moins de droits sur l'enfant que le clan.

L'héritage des biens et du statut social relève de la lignée des femmes : le fils du chef n'est pas son successeur. Le successeur sera le mari de la fille aînée de la femme du chef ; le fils, s'il veut devenir chef, doit épouser la fille aînée de la sœur aînée de son père. Cette prédominance généalogique ne signifie pas que la femme détient forcément tout le pouvoir. Souvent l'homme — père, frère, mari ou fils — exerce l'autorité ; le pouvoir est transmis par les femmes mais confié aux hommes.

Cette organisation clanique subsiste chez les peuples primitifs qui survivent de nos jours (aux îles Marquises, aux îles Marshall, etc.), leurs conditions de vie étant analogues à celles des peuples archaïques, on a là une confirmation de ce que nous imaginions de la famille préhistorique.

Dans l'époque historique, le système matrilinéaire a régi nombre de civilisations, en particulier l'Egypte des pharaons et le peuple juif : dans la Bible, on voit Jacob, fils d'Isaac, quitter sa tribu et aller vivre dans le pays de la femme qu'il va épouser. Bientôt, par sa femme, il hérite de ce pays qui lui est pourtant étranger. Quand il voudra s'en échapper pour rejoindre sa tribu, son beau-père le contraindra à y demeurer (Genèse, 28 et 31).

La magicienne

Mettez-vous à la place d'un homme fruste comme l'étaient nos lointains ancêtres : il voit sortir un enfant du ventre de la femme, de ses seins sourd le lait dont elle abreuve le petit, de son sexe ruisselle le sang. Nul doute, la femme est un vase magique où s'opèrent de mystérieuses transformations. « *Du tréfonds de l'obscurité inconnue de la matrice, la femme transforme la nourriture et le sang en matière vivante. Elle est l'urne magique au sein de laquelle s'élabore la vie* » (5). Et, peut-on ajouter, d'où la vie se répand à travers le monde.

En cela, la femme est semblable à ces milliers de femelles qui, dans la savane et dans la steppe, enfantent et allaitent, qui, sur les berges des grands lacs, couvent, qui, dans les eaux tièdes, fraient. Semblables aussi à la terre qui engendre les hautes herbes porteuses de graines et les arbres lourds de fruits. L'homme baigne dans cette profusion de vie, mais il n'y est pour rien, il n'en est que le spectateur : c'est la femme qui participe à la création. Les artistes préhistoriques, dans leurs graphismes et leur statuaire, figurèrent la femme en tant qu'être fécond ; ils accentuaient les rondeurs féminines, lieux de toute création — les seins, le ventre, les hanches —, parfois, ils les hypertrophiaient, comme dans les Vénus callipyges ou stéatopyges. Et les peuples associaient fécondité maternelle et terrestre : en disposant les figurines dans les champs, ils espéraient stimuler la fécondité de la terre.

Cependant, la terre qui a donné la vie peut la reprendre. Naître et mourir relèvent de la maternité. Après la mort, l'homme réintègre le sein de la terre. C'est pourquoi l'*Homo sapiens neanderthalensis*, une espèce intermédiaire, cousine de l'*Homo sapiens*, enterrait ses morts en position fœtale. Beaucoup de peuples agiront de même. Et, sur les stèles romaines, on gravera cette épitaphe : « *Mater genuit, mater recipit* » — « la mère engendre, la mère reprend ».

Féconde comme les animaux et, comme eux, prise d'accès de « *chaleur* », fertile comme la terre et comme elle creusée d'un sillon — que travaille le soc viril —, la femme recèlerait des forces surnaturelles. C'est pourquoi on lui prêtera toutes sortes de dons extraordinaires.

La femme aurait, entre autres pouvoirs, celui de guérir. Celle qui donne la vie doit pouvoir agir sur ce qui menace la vie. De fait, elle le peut, mais son pouvoir thérapeutique n'est pas seulement d'essence surnaturelle, il est même tout à fait naturel. La maternité lui a appris à déceler les maux et à les apaiser. Sa connaissance des plantes et de leur préparation — macération, infusion, décoction — lui donne les moyens de soigner. Enfin, sa nature «*instinctuelle*» la prédispose à saisir les phénomènes biologiques.

Si elle peut préserver la vie, la femme pourrait aussi la retirer. Elle pourrait, par exemple, ne pas vous guérir. Ou, pire, elle pourrait provoquer votre mort. Elle utiliserait pour cela des herbes ou tout autre moyen magique. Réellement, elle peut avoir sur les êtres un pouvoir de vie et de mort. Elle aurait aussi le pouvoir de les transformer: ses plantes ont d'étranges vertus — soporifiques, anesthésiques, aphrodisiaques, hallucinogènes... —, ses mains, son regard, sa voix sont capables de vous ensorceler. Oui, la femme est redoutable.

La femme aurait aussi le don de prophétie. Portant au fond d'elle-même la source de toute vie, la promesse de tout ce qui sera, elle serait apte à deviner les événements à venir. En outre, recelant au plus profond d'elle un creux obscur et insondable où s'agitent des êtres, elle serait en quelque sorte la réplique du centre de la terre, de cet enfer où errent les ombres des morts; elle serait donc en contact avec l'invisible et pourrait entrer en communication avec les forces occultes; de là viendrait également sa connaissance du futur.

Plus tard, l'histoire nous apprendra que, chez les peuples anciens, simples particuliers aussi bien qu'illustres souverains s'en remettront aveuglément aux oracles des femmes. Saül, l'Hébreu, consultera une devineresse pour entrer en communication avec Samuel; la femme fera monter le mort de la Terre Mère et le fera parler (I Sam., 28; 6, 13, 20, 25). Babyloniens et Assyriens auront leurs devineresses. La Grèce aura ses pythies, dont la plus célèbre officiera à Delphes. Rome ses sibylles. Les Germains et les Nordiques leurs volvas. Et nos contemporains ne consultent-ils pas des «*voyantes*»?

Il est un dernier fait qui contribue au pouvoir

magique de la femme: la sexualité. Comment l'homme ne ressentirait-il pas comme un sortilège l'ivresse que lui procure la femme? Et le fatal attachement qu'il lui voue ensuite? Et comment n'assimilerait-il pas à une transe le séisme orgasmique qui ébranle la femme elle-même? Jusque dans l'amour, la femme fascine et effraie l'homme.

Maîtresse de la vie et de la mort, dépositaire de l'avenir, ensorceleuse, la femme serait décidément au-dessus de la condition humaine. Elle se servira de la peur qu'inspirent ses pouvoirs surnaturels pour tirer à elle le pouvoir.

«*Le pouvoir magique utilisé dans le but d'inspirer la peur était le moyen normal de la femme primitive d'asseoir son autorité... et compensait logiquement son absence de force physique. Ce pouvoir lui permettait de maudire, de jeter des sorts... La nature diabolique si volontiers attribuée aux femmes, non seulement par les Pères de l'Eglise mais par l'humanité tout entière... est plutôt l'expression de la crainte qu'inspiraient les femmes que la véritable cause de cette crainte*» (6).

La déesse

Quand l'idée vint aux hommes qu'un être supérieur présidait à leur destinée, qu'il les avait créés et les faisait mourir, ils ne purent l'imaginer autre que femme. La femme étant divine, la divinité ne pouvait être qu'une femme, une déesse. Et la maternité étant ce qui rend la femme sacrée, la déesse fut une déesse mère. Du reste, l'être qui engendrait le monde ne pouvait être que du genre féminin. Ultérieurement, il faudra que les hommes aient bien peur pour imposer l'idée aberrante d'un «dieu père» créant l'univers.

A l'origine, tous les peuples ont célébré une ou plusieurs déesses mères. Les inscriptions, les peintures, les sculptures que nous a léguées la préhistoire, sur tous ses sites, figurent des déesses vouées à la maternité et à la fécondité. Quant à l'Antiquité, elle nous laisse une véritable constellation de divinités. L'Inde eut Ishtar et Apsara; l'Egypte Neit, Isis, Hathor; les Celtes eurent Arianhod et Donu; la Grèce Aphrodite, Héra, Hestia, Athéna, Déméter, Artémis, Flore, Léto, Thémis, Hygie, Amphyrie, et bien d'autres.

Pour ces peuples, la déesse mère est le pouvoir créateur de toute chose, elle est la matrice du monde. Elle engendre les étoiles, la mer, la terre; elle est à l'origine de tout ce qui vit: les végétaux, les animaux et les humains. Elle les crée, puis les féconde.

Dans le mythe, la déesse engendre en se fécondant elle-même. Hermaphrodite, elle se suffit à elle-même, se passant de l'homme. Quand fut connu le rôle de la semence masculine dans la génération, la déesse n'en demeura pas moins une indomptable célibataire. Elle n'a pas besoin de mari: pour se féconder, elle utilise des amants aussi nombreux qu'éphémères, se servant de leur phallus comme d'un instrument. Les hommes «*étaient incapables de la dompter et paraissent avoir été plus des favoris que des amants. La déesse en proie au désir charnel choisit des jeunes gens pour satisfaire ses propres appétits... C'est toujours elle qui prend l'initiative; eux ne sont que ses victimes et se laissent mourir comme des fleurs*» (7). Les hommes n'ont d'importance qu'en tant que phallus, elle en use selon son bon plaisir, et souvent elle ne se contente pas de les jeter après usage: elle les tue. A ces terribles déesses détentrices de la vie, les hommes vouaient des rites étonnants, voire terrifiants.

La célébration comportait des actes sexuels rituels qui commémoraient l'union de la déesse avec le principe mâle; ils étaient également les moyens d'entrer en communion charnelle avec les divinités. Pour les besoins du culte, toute femme pouvait s'offrir à n'importe quel inconnu. Les vierges n'hésitaient pas à se sacrifier. Certaines d'entre elles se vouaient spécialement à cette fonction religieuse : les prostituées sacrées. A l'époque historique, on les trouvera en Chine, à Babylone, à Canaan, en Phénicie, à Corinthe. Lors de la décadence du matriarcat, la ferveur sexuelle débordant du rituel, les cérémonies donneront lieu à de vastes débauches.

Déesse de la Fécondité, elle réclamait, pour entretenir sa force créatrice, des flots de sang. Pour la satisfaire, on égorgeait des animaux ; un, dix, cent. Mais souvent c'était du sang humain qu'elle exigeait : les assistants se blessaient et lui offraient le leur. Cela ne lui suffisait pas toujours. Alors, on sacrifiait des êtres humains — des hommes et des enfants. Chez les Aztèques, « la femme aux serpents », pour demeurer féconde, devait être en permanence abreuvée de sang. On lui sacrifiait des milliers de prisonniers, trente mille à cinquante mille par an. Sur certains sites de sacrifices, on a retrouvé jusqu'à cent cinquante mille crânes. Les Aztèques étaient obligés de livrer des guerres permanentes pour capturer des prisonniers. En Europe, la déesse celtique Anou ou la déesse nordique Freyja n'étaient guère plus sobres. Et ce sont encore des effusions de sang qui accompagnaient les rites d'Aphrodite à Corinthe, de Cybèle à Rome. Au sud de l'Inde, jusqu'en 1835, les Khonds offraient à la déesse mère un sacrifice humain pour obtenir d'abondantes récoltes.

Plus encore que de sang, c'est de phallus que la déesse avait un besoin insatiable. Pour être prolifique, il lui fallait être fécondée sans cesse. De peur que ses amants n'y suffisent pas, les humains lui offraient leurs organes virils dont ils se castraient ostensiblement. A la grande fête de Cybèle, à Argos, les fidèles masculins coupaient leurs parties génitales et les brandissaient dans les rues. Les prêtresses, passant en procession, recueillaient les offrandes dans des paniers et les portaient solennellement au sanctuaire. En échange, les hommes recevaient des habits de femme qu'ils ne quittaient plus jamais. Par ce sacrifice, ils se rendaient agréables à la déesse ; par cette mutilation, ils accédaient au divin statut de femme.

Au cours des cérémonies sacrées, les prêtresses dansaient aux sons de musiques ou de rythmes effrénés. Au comble de l'exaltation, elles entraient en transe. Certaines, s'étant droguées ou enivrées, parvenaient à l'extase mystique. Les assistants déchaînés accompagnaient les femmes dans leurs manifestations « hystériques ».

Les Amazones

Dans certains pays, les femmes auraient exercé un pouvoir absolu, réduisant les hommes en esclavage. Ces gynocraties constitueraient le *nec plus ultra* du despotisme féminin. Les Amazones en sont l'exemple le plus célèbre.

Elles auraient vécu sur les rives de la mer Noire. Leur domination se serait même étendue sur toute l'Asie Mineure et une partie de l'Afrique. Elles étaient les prêtresses armées de la déesse mère. Leurs passions : gouverner et combattre. Pour les travaux domestiques, il y avait les hommes, qu'elles avaient subordonnés. Afin qu'ils ne puissent se battre, elles leur brisaient les jambes et les bras quand ils étaient enfants.

Elles ne se mariaient pas et, quant à la sexualité, elles se passaient fort bien des hommes... Pour assurer le renouvellement de la population, elles avaient conclu un pacte avec un peuple voisin, les Gargaransiens : au printemps, les femmes se portaient à la frontière et, chaque nuit, se donnaient aux mâles jusqu'à ce qu'elles soient enceintes.

Les Amazones étaient des guerrières intrépides et des cavalières étonnantes. Les Grecs les redoutaient. Elles combattaient à cheval alors qu'ils étaient encore à pied. Ils les appelaient « les tueuses d'hommes ». Mais, plus que de mourir, ils appréhendaient d'être castrés par ces femmes et de vivre sous leur domination. Pour devenir un héros, il fallait affronter les Amazones au combat, subtiliser la ceinture de leur reine — l'insigne même de son sexe et de la royauté — ou, mieux, enlever et épouser la reine elle-même. Thésée puis Héraclès réussirent ces prouesses ; mais les Amazones, furieuses, envahirent Athènes et délivrèrent leur souveraine.

Les Amazones ont-elles réellement existé ? La plupart des auteurs affirment que ces aventures relèvent du mythe. Y a-t-il eu des gynocraties authentiques ?

Quant au matriarcat, certains historiens pensent qu'il faut entendre sous ce terme non point l'exercice d'un pouvoir temporel absolu par les femmes, mais plutôt un régime de prépondérance des valeurs féminines, dans lequel les hommes exerçaient l'autorité sans la détenir.

Ce qui importe, en tout cas, c'est qu'à cette époque les hommes craignaient déjà les femmes. Les mythes et les religions d'alors trahissent cette mâle peur.

3

La révolte des hommes : le patriarcat

A l'origine, les mâles disposaient-ils de quelques avantages pour briguer le pouvoir ?

La revanche du chasseur

La première idée qui vient à l'esprit est que les mâles possédaient une puissance musculaire supérieure à celle des femelles. C'est bien grâce à leur force physique que les singes « dominants » avaient imposé leur loi aux femelles et aux autres mâles. Sans doute les premiers australopithèques continuèrent-ils d'attribuer le commandement aux mâles les plus costauds. Mais lorsqu'ils se retrouvèrent dans des zones de plus en plus arides, quand les femelles mirent au monde des petits de plus en plus fragiles, le groupe se scinda en cellules conjugales. Le pouvoir se « parcellisa ». *Exit* les chefs de troupe, le règne des chefs de famille commençait. Dans le couple, qui l'emporterait ? La biologie décida, non point en donnant l'avantage au plus musclé, mais en provoquant la spécialisation sexuée du travail : les femelles, parce que mères, resteraient au gîte — se contentant de cueillir quelques végétaux à proximité —, les mâles iraient chasser. Cette répartition des tâches impliquant l'échange alimentaire entre le mâle et la femelle constitue le phénomène social fondamental de l'hominisation. Elle fut, en réalité, une stratégie imposée pour la survie de l'espèce. On sait le parti qu'en tirèrent les femelles.

Ce ne fut donc pas leur force musculaire qui sauva le prestige des mâles — qu'est-ce qu'un paquet de muscles, face aux impératifs de la perpétuation de l'espèce et à la magie de la maternité ? —, ce fut leur rôle de pourvoyeurs de nourriture et, plus particulièrement, de chasseurs.

La chasse est l'apanage du mâle, c'est un fait universel. Elle confère à celui qui la pratique une grande importance : la poursuite du gibier et sa capture violente sont des activités incontestablement « glorieuses » ; la viande constituant chez les hominidés devenus omnivores un nutriment primordial, celui qui la détient jouit d'une autorité certaine. En l'offrant à sa femelle et à ses enfants, il les place sous sa dépendance. En l'offrant aux autres membres du groupe, il établit des relations sociales et s'attire le respect et la reconnaissance des autres. « *La distribution d'une denrée aussi prestigieuse (...) que la viande confère un statut social et politique considérable au donateur.* » En retour, d'autres chasseurs lui céderont une part de leurs prises. Le partage de la chair animale crée un réseau de relations réciproques dont les hommes occupent les connexions (8).

Les femmes sont désavantagées. La cueillette n'a pas le prestige de la chasse. Elle se pratique de façon individuelle, sans effort spectaculaire et sans risque majeur. N'est récoltée que la quantité nécessaire aux besoins journaliers de la famille. Le produit de la cueillette ne peut donc faire l'objet d'échanges, contrairement aux quartiers de viande. La femme, en cela, est exclue des points stratégiques de la structure sociale élargie.

L'étude des peuples primitifs révèle que « *le statut*

de la femme est inversement proportionnel au gibier tué (...). Plus la viande revêt de prestige, plus la domination des hommes sur les femmes est marquée». Les Hadzas de Tanzanie mangent peu de viande ; ils tirent l'essentiel de leur nourriture des plantes qu'ils récoltent chacun pour soi et qu'ils mangent sans partage ; chez eux, la femme est l'égale de l'homme : comme l'homme, elle est libre de choisir son conjoint et de s'en séparer, libre de prendre des amants. Inversement, les Esquimaux ne mangent que la viande que les hommes rapportent ; ici, les femmes dépendent entièrement des hommes : elles sont traitées comme des objets sexuels et n'ont aucune liberté. Entre ces deux exemples extrêmes existe un large éventail de situations (8).

Il y a un million d'années, l'*Homo erectus* sortait d'Afrique et envahissait l'Europe et l'Asie. Le gros gibier abondant dans ces continents, la viande dut prendre de plus en plus d'importance au détriment des végétaux ; les gisements d'abattage et de dépeçage le prouvent. La primauté de l'homme s'annonçait.

Notons que si la chasse échut à l'homme, ce n'est pas en raison de sa supériorité musculaire mais à cause de la moindre disponibilité de la femme. Du reste, il n'est pas sûr que, primitivement, le mâle fût plus puissant. Il le devint à force de chasser. Chez nombre d'espèces animales, les femelles sont aussi fortes et résistantes que les mâles. Chez les humains, il existe des peuples où les femmes exercent des fonctions considérées comme masculines (travaux durs, métier des armes, etc.) et s'y montrent égales à l'homme.

La spécialisation des tâches entraîne une accentuation de la différenciation des sexes, tant au plan physique que psychologique. La fonction crée l'organe, la tâche crée le mental. Par exemple, si l'on en croit Leakey (8), les femmes, à vivre proches de leurs enfants et des autres femmes, auraient été plus enclines à communiquer, d'abord en échangeant des signes, ensuite des sons et enfin des mots; peut-être ont-elles devancé l'homme dans l'usage de la parole. N'est-il pas vrai encore que les filles précèdent les garçons dans l'acquisition du langage? Par contre, les chasseurs, s'exerçant à regarder au loin et dans les trois dimensions, ont acquis une vision stéréoscopique plus précocement que les femmes. Encore de nos jours cette vision se développe plus vite chez les garçons que chez les filles.

C'est sans doute aussi à force de chasser que les mâles ont développé leur agressivité qui, au départ, n'était pas forcément plus grande que celle des femelles. Et c'est sans doute aussi la vie de chasseur qui les a empêchés d'épanouir leur sensibilité et les a maintenus dans une certaine rudesse. Inversement, les femmes, à force de materner, ont vu se réduire leur agressivité. Et la vie au foyer leur a permis de développer leur sensibilité et leur tendresse.

La sélection naturelle a favorisé le processus. Seuls survivaient les meilleurs chasseurs, les plus agressifs, les moins douillets; ils transmettaient leurs aptitudes à leurs descendants. De même, seuls survivaient les enfants à qui leurs mères avaient dispensé les meilleurs soins; les filles de ces mères étaient probablement à leur tour des mères attentives. Ainsi, par une succession d'adaptations et de mutations génétiques, l'évolution a favorisé la division sexuée du travail et la spécificité des sexes.

L'ascension des mâles

Quel que fût le prestige du chasseur, la prééminence de la *mater familias* perdura des millions d'années. Son déclin sera, paradoxalement, une conséquence de ce qui faisait sa force: sa fécondité. En effet, progressivement, le nombre de ses descendants s'accroissait, et grandissait la taille des groupes : c'est cela qui a mis un terme au règne des mères.

Tant que les communautés avaient la dimension d'un clan, voire d'un hameau ou d'un village, les femmes tenaient leur monde bien en main. Quand les sociétés ont pris les dimensions de cités, puis d'Etats, elles ont perdu le contact et leur influence, surtout mentale, s'est diluée. Par contre, l'extension des sociétés, qui nécessitait une organisation ferme, un contrôle physique des individus et la défense des cités, convenait aux hommes, forts de leur puissance musculaire et de leurs armes. Les familles et les clans se sont trouvés subordonnés à un type d'organisation hiérarchisée. L'autorité des hommes — de leurs chefs, de leurs rois — s'est substituée à la suprématie des femmes. Les progrès de la culture ont contribué à l'accroissement et à la concentration des populations : une nourriture plus abondante permettait de faire subsister un nombre plus important d'individus et les incitait à se réunir en communautés plus vastes. C'est ainsi que se sont édifiées les premières cités.

Avec l'ère de la culture s'inaugure aussi l'ère de la guerre et de l'exploitation de la nature. Le cueilleur et même le chasseur s'intégraient à l'ordre naturel et entretenaient de bonnes relations avec les autres hommes. L'agriculteur, lui, contrevient à l'harmonie de la nature et, parce qu'il veut toujours plus de terres, entre en conflit avec ses voisins. En devenant carnivore, l'homme s'est fait tueur d'animaux, en devenant agriculteur, il s'est fait tueur d'hommes et destructeur de l'environnement. Paradoxalement, c'est en abandonnant notre bestialité de singes cueilleurs, c'est en nous faisant humains que nous avons déchaîné notre agressivité. *« Inutile de chercher dans nos gènes les semences de la guerre. Ces semences ont été enfouies il y a dix mille ans, lorsque nos prédécesseurs plantèrent pour la première fois des végétaux et se muèrent en agriculteurs »* (8).

Ce sont les hommes qui combattent. Non point en vertu d'une possible supériorité physique ou en fonction d'une plus grande agressivité naturelle — dans certaines peuplades, ce sont les femmes qui guerroient. Ils se battent parce que la chasse leur a donné l'habitude des armes et des talents de stratèges. Leurs actions valeureuses ajoutent à leur prestige et éveillent — ou développent — en eux le désir de commander, le besoin de soumettre.

Un jour, on découvre l'importance de l'homme dans la reproduction : sans sa semence, pas de maternité ! Alors, les choses s'inversent : la femme n'est plus qu'un réceptacle à féconder, la fertilité devient le propre du phallus. C'en est fait de la magie des femmes. Le pouvoir passe aux mains des hommes.

Et l'homme se fit dieu

Dès l'origine, les hommes ne cessaient d'envier aux femmes leur faculté de concevoir et le pouvoir qu'elle leur conférait. (Notons que le désir de maternité hante encore l'homme contemporain, si l'on en croit les rapports des psychanalystes et certaines enquêtes.) Ils tentent de s'arroger la maternité. Ils utilisent d'abord de petits moyens, comme de singer les femmes. Les hommes préhistoriques devaient agir comme on voit les peuples primitifs le faire : leurs chamans, dans le but d'acquérir le pouvoir des femmes, s'affublent de vêtements féminins et de bijoux (colliers, bracelets, etc.). Les prêtres celtiques — les druides — faisaient de même, qui revêtaient des robes. Et les prêtres chrétiens, qui adoptaient la soutane et se paraient de chasubles, de surplis et de bagues. Les assistants, afin de recevoir leur part de magie, se travestissaient en femmes et imitaient les danses rituelles des prêtresses.

Les événements évoluant en leur faveur, les hommes s'enhardissent : puisqu'il est révélé que la femme ne peut concevoir d'enfants sans l'homme, la déesse n'a pu créer le monde sans la contribution d'un dieu fécondant. Ils adjoignent à la déesse non plus des amants d'occasion, mais un dieu époux et père. Un peu plus d'audace et le géniteur devient le seul concepteur: le dieu mâle, désormais, a le pouvoir de créer seul l'univers, les humains et... les déesses elles-mêmes. Alors les divinités féminines passent au second plan et bientôt s'éclipsent. Le pouvoir de la femme régresse parallèlement.

Partout, dès lors, on adore des dieux et on vénère le Phallus. Aux Indes, au Mexique, en Polynésie, au Groenland, c'est un dieu qui engendre tout. En Egypte, Atoum, puis Ptah, puis Râ, le dieu-soleil, sont des *dei ex machina*. En Grèce, Zeus engendre toutes les divinités; Athéna sort de sa tête; on y adore Dionysos, Priape au pénis érigé. Partout, on vénère des ithyphalles, ou phallus en érection, on les fête, on les porte solennellement en procession. Le phallus devient l'emblème de la fécondité et de la force reproductrice de la nature.

Dans les pays nordiques, les Vikings déboulonnent Freyja, la déesse de la Fertilité, au profit de son frère Freyr à qui échoit la fécondité. Pour le peuple d'Israël, c'est Dieu le père qui a créé Adam avec de la terre; les Juifs, en promouvant un dieu mâle et unique, affirment leur identité face aux populations environnantes qui pratiquaient le culte de la déesse et de diverses divinités; ils condamnent les orgies rituelles non comme fautes sexuelles, mais en tant qu'idolâtrie de la grande déesse.

Dans certaines contrées, la prise du pouvoir sera plus radicale: on exterminera par le glaive et le feu toutes les femmes initiées, prêtresses, devineresses, sorcières, guérisseuses. Le peuple des femmes, terrorisé, se terrera. Ce sera le cas en Terre de Feu et chez les Aztèques.

En vérité, même aux moments les plus sombres de l'ère patriarcale, le culte de la grande déesse ne disparaîtra jamais. Au sein même des plus grandes religions, elle conservera, nous le verrons, une place importante. Fruit de ses désirs et de ses peurs, les divinités continueront de briller au firmament de l'homme.

La politique des mâles

Les hommes, ayant obtenu le pouvoir, feront tout pour le garder. Ils prendront toutes les dispositions pour contrôler les femmes ; les maintenir dans un état de subordination, les opprimer, les exploiter (9).

La domination des hommes est un phénomène universel qui concerne aussi bien l'Orient que l'Occident. Le gouvernement des cités et des nations, leur administration, leur justice seront aux mains des hommes. La législation sera cyniquement discriminatoire. L'accès à l'enseignement sera interdit aux femmes de peur que le savoir qu'elles auraient acquis ne menace les privilèges et l'autorité des hommes. Toute participation à la puissance économique leur sera refusée, l'argent donne trop de pouvoir et d'indépendance ; la femme sera donc reléguée à des tâches subalternes et sous-payées.

La famille, qui fut son royaume, deviendra sa prison. Elle sera l'élément de base de l'organisation patriarcale. L'homme, représentant Dieu et l'autorité administrative, en est le maître absolu. Il est propriétaire des personnes — femmes, enfants, esclaves — comme des biens. Il a le droit de châtiment et même de mort sur les êtres ; il a le droit de répudiation sur ses épouses.

La sexualité féminine est sévèrement, voire cruellement réprimée. Pour en protéger les hommes, on voile les femmes, on les séquestre, on les mutile. La femme adultère encourt la peine de mort, alors qu'aucun châtiment ne sanctionne l'infidélité des hommes. Chez les Juifs, chez les Arabes, en Sicile, elle sera lapidée ; au Japon, décapitée, tant par le samouraï que par le paysan ; en Europe, brûlée sur un bûcher.

Les religions, autrefois consacrées à la glorification de la féminité, deviennent le moyen le plus insidieux et le plus contraignant de la répression de la femme. Elles utilisent pour cela des règlements et des mythes. Ceux-ci ont pour but de discréditer la femme en la rendant responsable des malheurs de l'humanité : les Grecs désignent Pandore, les juifs et les chrétiens Eve. Bien entendu, la faute commise, et que tous nous expions, est prétendue de nature sexuelle. Dieu est le meilleur antidote à la peur des hommes. Et la base de la domination patriarcale.

Pour justifier leur domination et leur répression, les hommes avancent toutes sortes d'arguments fallacieux. Les prêtres, nous venons de le voir, dénoncent la faute originelle dont la femme se serait rendue coupable, les juges accusent ses « *tendances mauvaises* », les médecins soulignent sa « *faiblesse constitutionnelle* », le poids moindre de son cerveau et sa frêle musculature, les psychanalystes évoqueront sa moindre agressivité — voire sa passivité —, son masochisme et son narcissisme.

Au cours de la préhistoire, la biologie et les conditions de survie avaient provoqué la différenciation sexuelle des tâches. A l'ère patriarcale, les mâles reprennent à leur profit cette évolution naturelle et en font un phénomène institutionnel et, pire, culturel. Caricaturant les tâches et déformant les modifications qui en résultent, ils assignent à chacun un rôle sexuel stéréotypé : l'homme est chargé de tout ce qui relève de la direction, de la création et des grandes réalisations dans la société ; la femme est affectée au service domestique : soin des enfants, entretien de l'habitat. Ses attributions n'ont, du reste, plus l'importance et l'éclat des activités de ses consœurs préhistoriques.

Pour arrimer la femme à ce rôle, les hommes imposeront un modèle construit de toutes pièces à leur convenance: «la nature féminine». Le modelage commence dès l'enfance et se poursuit la vie durant, la pression sociale relayant l'éducation pour façonner le comportement souhaité. Le but est de forger des mentalités très différenciées et orientées au profit des mâles: par exemple, tandis qu'on encourage les mâles à développer leur agressivité et qu'on réprime leur sensibilité et leur sensualité, on refrène la combativité des femmes — faisant même de la passivité une vertu — et on flatte leur sensibilité, sinon leur sensualité. Il s'agit, *in fine*, de rendre la femme inoffensive.

A force, la femme intériorise l'image qu'on lui offre; comme cette représentation est privée de toute estime (intelligence moindre, nature émotive, désirs instinctifs, infantilisme, goût pour le sexe, etc.), la femme, croyant que ces mythes correspondent à la réalité, en arrive parfois à se mépriser. Elle acquiert une mentalité de «minorité», faite de mésestime — voire de haine — de soi et de ses semblables, associée à une profonde angoisse. Elle adopte alors ces tactiques typiques des minoritaires: elle se fait conciliante et séduisante pour plaire quand même et être acceptée, elle ruse pour obtenir les avantages refusés, elle renforce ses prétendues déficiences — faiblesse, ignorance — pour gagner la mansuétude. «*Les hommes,* a écrit La Bruyère, *sont cause que les femmes ne s'aiment pas.*»

Obsédés qu'ils étaient par la peur de la femme, et plus particulièrement de sa sexualité, l'essentiel de la politique des mâles consistera donc, par le biais de lois, mythes, légendes et religions, à réprimer la femme et sa sexualité.

Ainsi s'instaura et se conforta le patriarcat. Cette ère dure encore, et la peur de la femme obsède toujours l'homme.

Les raisons de la peur

Au fait, de quoi les hommes ont-ils peur ?

Chemin faisant, nous avons vu comment s'est fondée la peur des mâles. Il est temps maintenant d'en analyser précisément les raisons. Nous retrouverons les peurs « magiques » qu'on pourrait croire archaïques, mais qui persistent toujours, et les peurs « pratiques » — celle de perdre ses privilèges, par exemple. Mais, par-dessus tout, ce que craint l'homme, c'est de perdre le pouvoir. Tout oppresseur vit dans la crainte de la révolte des opprimés.

Dans ce qui constitue la femme et qui inquiète l'homme, il y a ce pouvoir fabuleux de perpétuer la vie, de créer en son corps un nouvel être et de le mettre au monde. Cela lui confère une puissance « magique », une autorité de fait sur ses descendants et un rayonnement dans la société. Ce pouvoir est exclusif — l'homme ne peut l'imiter — et inaliénable — l'homme ne peut le lui enlever.

La femme a autant de capacités intellectuelles et créatrices que l'homme, autant de capacités d'organiser la société et de gérer l'économie ; elle serait même capable de se battre. C'est parce qu'il le sait que l'homme a peur et a entrepris une vaste campagne d'infériorisation et de dénigrement et s'acharne à lui barrer les chemins de la connaissance.

Mais il y a plus : ce que redoutent surtout les hommes, c'est que les capacités féminines soient différentes des leurs. Le génie de la femme est autre : sa façon d'être, de penser, de sentir, ses relations avec les autres, ses rapports avec la nature et les animaux sont d'un autre registre. Non seulement elle pourrait prendre la place de l'homme mais, pire, elle pourrait lui imposer une pensée et une société nouvelles. Plus que d'être bouleversée, l'organisation patriarcale pourrait prendre fin.

Pour l'instant l'homme est en place, et ce qu'il

craint, pratiquement, c'est de perdre la direction de ce qui l'entoure et, plus que tout, ses privilèges : choisir sa destinée, avoir la part du lion, être servi, se réserver les emplois, en particulier les emplois « *nobles* », être payé plus, pratiquer l'adultère sans être lapidé, etc. Alors, il faut veiller à ne jamais abandonner une parcelle d'autorité aux mains des femmes, à ne jamais se mettre sous leur influence. Or, la sexualité et l'amour, voilà bien ce qui risque le plus de le livrer à la merci des femmes.

4

Ce sexe terrible et adoré

Adoré ou abhorré, toujours le sexe de la femme éveilla chez l'homme des émotions fortes et lui inspira d'étranges fantasmes.

La source de toute vie

L'expulsion d'un enfant par l'orifice sexuel avait à ce point sidéré nos ancêtres préhistoriques qu'ils avaient fait de la femme une magicienne. De cet ébahissement était né le matriarcat. Pour les hommes actuels, la maternité est toujours ce qui fait de la femme un être étonnant. Sous son apparente fragilité, la femme détient le pouvoir de donner la vie. Malgré sa puissance, l'homme ne peut faire ce que la femme fait. Quelque chose de plus fort que l'action où il se débat, quelque chose de fondamental lui échappe : la vie ne transite pas par lui, c'est le privilège de la femme.

Ce ventre, monde mystérieux grouillant de vie, c'est confondant et... animal. Et ce bébé qui apparaît dans le sang et les cris, c'est stupéfiant et plus animal encore. Par cette animalité, les femmes appartiennent à un règne qui n'est pas celui de l'homme : plus vrai, plus charnel, plus tellurique. Et par cela effrayant.

Alors, pour cet orifice d'où il est issu et duquel ses enfants jaillissent, l'homme manifeste des sentiments ambigus. Voyez l'attitude des maris qui assistent aux accouchements : qu'est-ce qui l'emporte, de l'admiration ou de la crainte ?

Un gouffre obscur

La femme est en creux. Creux de la vulve, creux du vagin, creux de la matrice. Creux secrets, siège de quelque mystérieuse alchimie. Creux impénétrables à la lumière. Creux hermétiques à la logique. Creux insondables où le désir de la femme s'éprouve comme une force qui aspire. Et donc lieux de toutes les fantasmagories masculines.

Abysses humides, aux effluves marins, le sexe de la femme fut toujours comparé à la mer. Comme elle, il fascine l'homme et le terrifie : attiré, ne risque-t-il pas d'être englouti ? Caverne sombre et ruisselante où la petite mort vous guetterait, il fut aussi comparé au monde souterrain et marécageux de l'enfer. S'y aventurer, c'est peut-être retourner à la nuit mortelle. La verge absorbée par le creux de la femme, le corps immergé dans ses bras, l'esprit saisi de vertiges, l'homme pourrait craindre de sombrer sans espoir de retour. Eros, dit-on, conduit à Thanatos.

Les dents de la mer

Le vagin n'abriterait-il pas, dans ses profondeurs, quelques grottes marines où se tapissent de féroces animaux ? Cette cavité, ourlée de lèvres comme une bouche, n'évoque-t-elle pas la gueule de quelque poisson glouton ? De tout temps l'imagination des hommes a prêté au sexe féminin de voraces intentions. Les Indiens croyaient que, la nuit venue, les vagins partaient brouter les cultures : les hommes les ayant surpris, ils les remirent à leur place et les fixèrent par le clou clitoridien. Leur Malekula est un monstre femelle dont le corps est fait de deux valves d'huître qui s'ouvrent et se ferment et de deux énormes pinces qui brassent l'eau : malheur à l'homme imprudent qui passe à sa portée, en un instant il est avalé.

Quasi universel est le mythe du vagin denté, « *vagina dentata* ». Tout homme qui y introduit son pénis risquerait de le voir mordre ou sectionner. Car le vagin peut se repaître de phallus. Parfois même c'est l'homme tout entier qu'il dévorerait. Ce vagin denté est au centre de nombreuses légendes dans beaucoup de pays : chez les Indiens d'Amérique du Nord et ceux d'Amérique du Sud, chez les Africains, chez les Hindous. Dans tous les cas, un héros survient, qui affronte le monstre. Il lui brise les dents avec un bâton ou les lui arrache avec une tenaille.

Fissure cachée sous la broussaille, le vagin, tels ces trous de la terre où nichent les serpents, n'abriterait-il pas quelque reptile ? Tant de peuples le croient... Pour les uns, le serpent vaginal est le pénis féminin qui fut sectionné et caché là. Pour d'autres, c'est un invertébré lubrique que la femme, insatiable de plaisir, a logé à cet endroit. Pour d'autres, enfin, cet animal est entré subrepticement en ces lieux tandis que la femme urinait dans la campagne. La verge qui s'aventure dans ce repaire sera cruellement pincée, voire impitoyablement coupée. Le venin injecté, s'il ne tue pas d'emblée le mâle imprudent, provoquera son impuissance et diverses maladies vénériennes. Ce mythe est également universel : on le trouve en Amérique, aux Indes, en Russie, en Bulgarie, en Polynésie et les gitans y croient aussi. Chaque fois, un héros va extirper le serpent de son antre, ou le percer d'une flèche dont on aperçoit encore la pointe : le clitoris.

Ces mythes ne sont pas des contes pour veillées :

les peurs sont réelles; à telle enseigne que les peuples adaptent leurs comportements à leurs croyances et inventent des coutumes. Prenons l'exemple de la défloration: le dépucelage, pense-t-on, comporte trop de dangers pour être abandonné à un mari jeune et inexpérimenté, la prime intromission sera donc confiée à un ou plusieurs tiers: soit un volontaire assez brave pour cela, soit un préposé ou un groupe de préposés dont c'est l'unique fonction et exemptés, en contrepartie, de travail; soit, enfin, à chacun des invités de la noce. Chez certains peuples, le dépucelage se pratique avec un instrument manié par un prêtre ou une femme.

N'imaginez pas que ces croyances appartiennent au passé archaïque de l'humanité. Elles sont encore bien vivaces, sous forme de fantasmes, dans le psychisme des hommes actuels; ce sont les manifestations des éternelles peurs masculines: peur de la castration, peur du cannibalisme sexuel. Le désir et l'amour d'une femme sont parfois si violents!

Le triangle maléfique

Le sexe de la femme est chargé de tant de magie que sa seule vue serait un présage et, comme il se doit, un mauvais présage. Que l'homme évite de le regarder, sous peine de s'attirer les plus grands malheurs. C'est pourquoi les femmes, dans les sociétés primitives, portent un petit cache-sexe, et non les hommes; ce cache, sans valeur pratique, n'a qu'une fonction: protéger les hommes de la vision néfaste.

D'ailleurs, il suffirait aux femmes d'exhiber leur zone taboue pour que détalent les assaillants; craignant de voir fondre sur eux les pires maux, les ennemis s'enfuiraient. Les Egyptiennes chassaient les mauvais esprits tapis dans les moissons en découvrant leur sexe. Dans de nombreux pays, les femmes agissent de même pour chasser diables et fantômes. Les troupes de Bellérophon — le vainqueur des Amazones —, qui s'apprêtaient à envahir la Lycie, détalent quand les femmes de la contrée, s'étant portées à leur rencontre, soulèvent leurs jupes. Dans nombre de tribus primitives, les combattants se faisaient précéder d'une rangée de femmes qui dénudaient leur vulve face aux assaillants. En Afrique, on prétend que si une paysanne est surprise par un lion, il lui suffit de montrer ses parties génitales pour que le fauve rebrousse chemin.

La peur fauve

La pilosité pubienne indisposerait, voire horrifierait, nombre d'hommes. Ces traîtres fourrés ne masqueraient-ils pas quelque fondrière où risquerait de s'abîmer celui qui s'y hasarderait ? Cette fauve toison n'a-t-elle pas quelque chose de sauvage, voire d'animal ? N'est-elle point le repaire des pulsions charnelles, de ces instincts bestiaux qui avilissent l'homme ? C'est ce que pensaient les Grecs, qui demandaient aux femmes de s'épiler. Un pubis poilu et odorant rappellerait par trop les Barbares hirsutes et malodorants ou, pire, les animaux velus aux âcres fumets. Un sexe de civilisé, d'un être qui tend aux plus hautes sphères de l'esprit, devrait être rasé et briqué.

Les odeurs du sexe de la femme ont toujours incommodé les misogynes. Saint Augustin, en rappelant que nous sommes nés entre urine et excréments — *« inter urinam et faeces nacimur »* —, voulait jeter le discrédit sur ces lieux où la concupiscence nous porte. Il est vrai que le périnée féminin est un carrefour commun aux émonctoires et au sexe. Il est vrai que le manque d'hygiène ou l'infection peuvent le rendre malodorant. Il est vrai aussi que le vagin est une cavité peu accessible aux soins et propice à la pullulation microbienne.

C'est pour cela du reste que, malins, les bons Pères s'efforcèrent de le maintenir dans un état peu attrayant. Pendant dix-neuf siècles, sous la pression de l'Eglise, par pudeur, par peur d'éveiller quelques émotions, les gens ont renoncé à se laver. «*Plus d'une sainte est vantée pour ne s'être jamais lavée, même les mains. Et combien moins le reste! La nudité d'un moment eût été grand péché. Les mondains suivent fidèlement ces leçons du monachisme...*» (10). Les religieux espéraient que les pestilences, en dissuadant les vils désirs des mâles, serviraient la chasteté. Las! La perspective d'un si grand plaisir étant plus forte que le dégoût, l'homme n'hésite pas à plonger «*ce membre qui lui est si cher*» dans le sexe féminin, «*en dépit des immondices et des ordures qui passent par ceste cloaque*» (11).

Mais à dénoncer les cauchemars des craintifs, on prendrait leurs peurs pour des réalités. Heureusement, les peuples d'Orient et les poètes d'Occident ont chanté la beauté du sexe de la femme, nous le verrons. En attendant, il nous faut évoquer une dernière aversion masculine: celle du sang menstruel.

Une peur couleur de sang

Le sang menstruel a, de tout temps, inspiré aux hommes crainte ou dégoût. A l'aube de l'humanisation, c'est lui qui, avec la maternité, rend la femme magique. En soi, le sang est un liquide sacré. Celle dont il sourd, comme d'une source, ne peut être que surnaturelle. Celle qui a le pouvoir d'en tarir le flux pour le transformer en bébé, puis en lait, est assurément divine. C'est pourquoi, à l'ère matriarcale, les hommes éprouvaient une réelle frayeur à l'égard d'un phénomène qui ne pouvait que relever des puissances de la nature.

A l'époque patriarcale, au contraire, le côté « naturel » des règles est ce qui indispose l'homme. C'est par elles que la femme s'engluerait dans l'animalité : telle une femelle, elle saigne périodiquement et inéluctablement. Et c'est par elles que la femme s'insérerait dans la nature : telles les marées qui fluent et refluent, telles les crues qui surgissent et régressent, elles obéissent à des forces primaires, fatales ou chaotiques.

Pour l'homme, la femme, enchaînée à son corps, à la nature, à la matière, ne pourrait jaillir vers les sommets éthérés de la spiritualité. Car l'homme est persuadé que les progrès de l'esprit passent par l'éloignement du corps. Trop incarnée dans l'organique, la femme ne pourrait se transcender et tendre à devenir, comme lui, un pur esprit. Alliée à des forces sauvages et fatidiques, elle s'oppose à la volonté de puissance et à l'ordre masculins.

Et ce sang qui s'écoule impressionne l'homme : c'est la vie qui s'en va. Introjectant cette menace de mort, d'aucuns s'évanouissent ; d'autres, mus par leur instinct de conservation, se détournent. Du reste, que pourraient-ils faire ? Rien ! Leur impuissance à maîtriser ce flot ajoute à leur angoisse. Et sait-on bien d'où il vient ? Le sait-on ? Profond mystère, qui redouble la frayeur des mâles. Et s'il venait de quelque phallus mordu par des crocs au fond de l'antre ? Si au moins ce sang était clair. Non, il est trouble et charrie des caillots, des débris. C'est un sang qui souille.

Décidément, la femme est un être par trop différent. Elle ne sent pas comme l'homme, elle ne pense pas comme lui et en plus elle saigne incongrûment. Et quand elle saigne, elle est encore plus bizarre et inquiétante. Tantôt anxieuse, irritable, elle se retranche en elle-même. Tantôt câline, voire excitée, elle cherche ou même exige la proximité de l'homme.

En vérité, ce qu'il y a de terrible dans les menstrues, c'est qu'elles rappellent à l'homme la différence suprême : l'incomplétude de son sexe limité au désir et privé de création. Alors il voudrait nier ces différences, rendre la femme semblable à lui : « *Tant qu'ils ne voudront pas reconnaître à la femme une altérité authentique, tant qu'ils la voudront identique (...) ils éprouveront de la peur; le différent, s'il n'est pas reconnu, est toujours une menace* » (12).

D'autres frayeurs

Bien d'autres raisons fondent la peur de l'homme face au sexe de la femelle. L'absence de proéminence effraierait certains mâles qui assimileraient le sexe de leur compagne à un sexe viril châtré ; ils se prendraient à redouter qu'une telle mésaventure ne leur survienne. L'on retrouve ici la peur de la castration.

Le risque d'être contaminé par un microbe éloigne les plus couards ; du reste, les misogynes se sont toujours servis des infections vénériennes comme d'un épouvantail.

5

Plus forte que le feu

Depuis des temps immémoriaux, l'homme redoute la riche sensualité féminine. Il craint en particulier qu'elle n'affaiblisse, voire ne lui ravisse son autorité.

L'amour, c'est épuisant

Le *Tao-tö-king*, écrit en Chine sous la seconde dynastie Tchow, vers 600 avant J.-C., affirme que «*la semence d'un homme est ce qu'il a de plus précieux. C'est la source de sa santé et même de sa vie. Toute perte diminue sa vitalité*» (13). Dans le *Sou-nu-king*, rédigé en 200 avant J.-C., voilà ce qu'on peut lire: «*Les hommes meurent jeunes aujourd'hui... Ils sont jeunes et passionnés et ils émettent leur king* (sperme) *d'une façon inconséquente quand ils ont un commerce sexuel. C'est comme s'ils coupaient les racines de leur vie et qu'ils en tarissaient la source... Comment peuvent-ils espérer vivre vieux?*» (14) Quelques siècles plus tard, vers 580 après J.-C., Soen-Sse-Mo, le plus célèbre médecin chinois, confirme: «*Si l'homme gaspille sa semence, il sera malade, et s'il l'épuise inconsidérément, il mourra*» (14).

Sautant quelques longitudes, interrogeons les

Pères. En 829, Jonas, évêque d'Orléans, rappelle que « *le mariage est une médecine instituée pour guérir la luxure. Remède efficace mais dangereux qu'il convient d'utiliser avec prudence; le guerrier, s'il en abuse, s'amollit* » (15). C'est au Moyen Age également que maître Clément de Bohême raconte la triste fin d'un sire : « *Cet homme qualifié de "famélique" mourut après avoir désiré soixante-dix fois une belle dame avant l'appel des matines. L'autopsie révéla la vacuité du cerveau, réduit à la grosseur d'une grenade, et la destruction des yeux* » (16).

Au XIXe siècle, les médecins occidentaux apportent leur caution. Forts d'un art qui se faisait science, ils se mettent à donner des « conseils d'hygiène » (11). Le sperme, prétendent-ils, c'est « *l'extrait le plus pur du sang* » (Dr Mayer, 1857) ou, mieux, « *c'est la vie à l'état liquide* » (Dr Réveillé-Parise, 1865). « *Chaque fois que l'individu consomme l'acte de procréation, il donne une portion de sa vie pour allumer une vie nouvelle* » (Dr Seraine, 1865). Nul doute qu'en dilapidant son précieux liquide l'homme ne s'épuise.

Or, à en croire les hommes, les femmes auraient un besoin insatiable de plaisir. Cette avidité les rendrait redoutables aux yeux des mâles.

La femme est très gourmande

Pour les anciens Chinois, « *la femme est plus forte que l'homme, du fait de son sexe et de sa constitution, de la même façon que l'eau est plus forte que le feu. La force Yang qui habite l'homme est rapide mais "volatile" et précaire, tandis que la force Yin qui habite la femme est lente mais durable et robuste* » (14). A partir de ce principe, les taoïstes chinois ont organisé leurs comportements sexuels avec un certain bonheur pendant cinq millénaires, comme nous le verrons.

Dans les autres pays, la crainte l'emporte. « *Cave*

amante», cet avertissement gravé sur une statue de Vénus, la plupart des hommes l'ont fait leur. Pour étayer leur crainte, je dirais même l'entretenir, ils se racontent des histoires : elles narrent comment une ou plusieurs femmes exploitent un homme, ou plusieurs, pour satisfaire leurs besoins sexuels.

Les Grecs inventèrent les aventures de Circé et d'Ulysse, de Dryape et d'Hylas ; les Romains celles de Séléné et d'Endymion. Et tant d'autres. Les mythologies de tous les pays colportent de semblables mésaventures. Partout on croit que les vampires sont les fantômes de femmes mortes insatisfaites, qui tentent d'assouvir leurs désirs charnels au-delà de la mort.

Les navigateurs évoquent avec terreur des îles peuplées uniquement de femmes en proie à des besoins sexuels inassouvissables. Malheur aux marins qui, par malchance, tombent entre leurs mains ! Voici ce que racontent, selon Malinowski, les habitants des îles Tobrides : «*Loin... au-delà de la mer... se trouve une grande île... On n'y trouve que des femmes... Elles se promènent complètement nues... Elles éprouvent d'insatiables désirs. Si, d'aventure, des marins s'égarent près des rives de l'île... elles restent à les attendre sur la plage... Les hommes débarquent et les femmes se jettent sur eux immédiatement. Elles arrachent la feuille qu'ils portent sur le bas-ventre... Elles ne leur laissent pas une seconde de répit... Lorsqu'une a terminé, c'est une autre qui se présente. Quand les hommes ne peuvent plus avoir de rapports avec elles, elles se servent du nez de l'homme, de ses oreilles, de ses doigts, de ses doigts de pieds. L'homme finit par mourir.*» (6)

Aux Indes, on raconte l'histoire de Simbala, le marchand qui en compagnie de trois cents compagnons fit naufrage au large d'une île que seules des femmes habitaient. Celles-ci recueillirent les naufragés, les séduisirent et les dévorèrent. Seul Simbala leur échappa. C'est d'ailleurs aux Indes que sévit le proverbe : «*On ne rassasie pas le feu avec le bois ; tous les cours d'eau ne suffiront jamais à remplir la mer : la mort n'aura jamais assez de vivants et les belles assez d'hommes* » (6).

Les Occidentaux croyaient eux aussi à la plus grande vivacité du désir féminin. Mais au lieu de s'ingénier à le satisfaire, ils n'ont cessé de l'étouffer. Les clercs médiévaux ont été les plus zélés à dénoncer la « concupiscence » féminine et à la réprimer.

Yves, évêque de Chartres, écrivait en 1076 : « *La luxure dans le couple vient de la femme ; elle doit être rigoureusement bridée.* » Etienne, évêque de Fougères au XIIe siècle, dit des femmes que, « *livrées à elles-mêmes, leur perversité se débonde, elles vont chercher leur plaisir auprès des gens de service ou bien elles le prennent entre elles* ». Il exhorte les maris à « *tenir les femmes très serrées* » (15). Le célèbre évêque de Worms, Burchard, rappelle en 1112 que la femme est un être lubrique, prompt à vendre son corps ou même celui de ses filles, voire de ses nièces ! Il met en garde les hommes contre les sortilèges dont elle use pour attiser leur « *feu viril* », afin d'assouvir ses « *insatiables besoins* » (15).

Que savaient de la femme ces Pères ? D'où tenaient-ils leur savoir et leur crainte ? De la confession, certes, mais aussi de leur propre expérience. Beaucoup avaient été mariés ; ils étaient entrés dans les ordres, de leur propre aveu, pour fuir la perversité et la lubricité de la femme et échapper à la lourde contrainte d'entretenir femme et enfants. Beaucoup aussi, avant que le mariage ne fût érigé en sacrement, vivaient maritalement, à la fois prêtres et époux. Enfin, selon Duby, « *l'horreur des femmes (était) entretenue dans les abbayes par ce que rapportaient de ces dévorantes les moines entrés sur le tard en religion... tel ce vieux noble du Beauvaisis qui se jeta dans Saint-Germer, épuisé, à demi mort : son épouse montrait plus de vigueur que lui dans l'office du lit conjugal. Désarroi des veufs, prenant en secondes noces des tendrons, désarroi des adolescents prenant en premières noces des fillettes: la femme terrorise»* (15).

La peur des clercs n'est que le reflet de la peur des hommes, y compris des plus braves, des plus nobles : «*Imaginons le chevalier du* XIe *siècle, tremblant, soupçonneux auprès de cette Eve qui chaque soir le rejoint dans son lit, dont il n'est pas sûr d'assouvir l'insatiable convoitise, qui le trompe sûrement et qui, peut-être cette nuit, l'étouffera sous la couette pendant son sommeil*» (15).

Oui, même mariée, incarcérée dans une institution bénie par l'Eglise, réglementée par l'Etat, il la redoute: «*L'épouse (y) demeurait suspecte. Une adversaire. Les hommes vivaient la conjugalité comme un combat, rude, requérant une vigilance assidue. Se devine, en effet, tapi au plus profond de la psychologie masculine, le sentiment que la femme est plus ardente, dévorante. Son mari craignait de ne pouvoir seul éteindre ses feux. Quand Jonas d'Orléans le mettait en garde contre l'épuisement qui le guette s'il ne se modère pas, il était sûr d'être entendu. Mais le mari savait aussi que la partenaire qu'il affrontait dans le champ clos du lit nuptial ne joue pas franc jeu, qu'elle feint, qu'elle se dérobe. Peur du coup bas, de la trahison*» (15).

Au XVIe siècle, Montaigne confirme: «*Elles sont, sans comparaison, plus capables et plus ardentes aux effets de l'amour que nous.*» A l'appui, il cite deux preuves historiques. Messaline, impératrice romaine, avait «*fourni réellement en une nuit à vingt et cinq entreprises, changeant de compagnies selon son besoing et son goust*» (17). Cela ne lui suffit pas car, citant Juvénal, Montaigne ajoute qu'au petit matin:

«*Encore ardente du prurit de la vulve turgescente*
Elle s'en va, fatiguée d'hommes, non rassasiée.»

Un jugement de la reine d'Aragon constitue pour l'essayiste une seconde preuve de la gourmandise féminine. La reine ayant à arbitrer un conflit opposant une femme et son mari «*pour donner reigle et exemple à tout temps de la modération... requise en juste mariage, ordonna par bornes légitimes et nécessaires le nombre de six par jour; relâchant et quittant beaucoup du besoing et désir de son sexe... En quoy s'écrient les docteurs: quel doit être l'appétit et la concupiscence féminine puisque leur raison... se taille à ce prix* » (17). Les médecins, justement, au long des XVIIe, XVIIIe et XIXe siècles, s'échinent à dénoncer le goût de la femme pour la précieuse liqueur masculine. Plus qu'avide, elle serait un vrai vampire, une mante religieuse! Selon Alain Corbin: « *Les médecins du XIXe siècle ne cessent de répéter qu'à l'état naturel la femme se trouve dotée d'une capacité de jouissance répétitive qui dépasse de beaucoup celle de l'homme. Cette supériorité évidente engendre une arithmétique anxieuse; plusieurs savants tentent de calculer les potentialités respectives des deux sexes, sans doute dans l'espoir d'exorciser l'angoisse que suscite l'image d'une femme insatiable. Le brave Pierre Larousse note péremptoirement dans son dictionnaire qu'une femme, en ce domaine, équivaut à deux hommes et demi* » (18).

Selon Michelet, un homme qui, au Moyen Age, était entré par mégarde dans un couvent russe, n'en sortit pas vivant. L'auteur rappelle que beaucoup de nonnes supportaient mal le célibat. Réprimés, leurs désirs étaient un vrai martyre. On tentait de les calmer par le jeûne et même des saignées. Mais beaucoup mouraient de pléthore (10).

Même les philosophes modernes reconnaissent la supériorité sensuelle de la femme. Au début du siècle, Bernard Shaw écrivait: « *L'homme n'est jamais plus gagnant dans le duel sexuel. On prétend généralement que les femmes ne prennent pas d'initiatives dans ce domaine. Quelle énorme farce... le monde tout entier n'est qu'un vaste piège destiné à faire succomber le malheureux homme... La chasseresse, c'est la femme et la proie, c'est l'homme...* » (19)

Plus près de nous, un littérateur témoigne des prétendues exigences féminines. Léautaud, dans son *Journal littéraire* paru en 1954, narre comment, à cinquante ans, il rencontra une femme qui le séduisit. Il se réjouit qu'elle fût « *une femme passionnée, merveilleusement organisée pour le plaisir, répondant tout à fait à mon goût de ces choses* » ; il ne tarit pas d'éloges sur celle qu'il nomme : « Madame ». Sept ans plus tard, il déchante ; il a vieilli et n'arrive plus à faire l'amour aussi souvent ; fatigué, amer, il appelle « vice » la sensualité de cette femme qu'il surnomme désormais « la panthère ». Enfin, deux ans plus tard, épuisé, craignant que des rapports trop fréquents ne lui soient fatals, il les espace le plus qu'il peut ; « le fléau », tel est, dès lors, le nom de la femme.

Le témoignage le plus crédible — car il n'est pas d'un misogyne — est celui de Jolan Chang, l'auteur du célèbre *Tao de l'art d'aimer*, paru en 1977. Il y confesse la grande peur qui le saisit lors de sa lune de miel. « *C'est peut-être le mot "désarroi" qui traduirait le mieux la situation dans laquelle nous nous trouvions... Chaque fois que nous faisions l'amour, j'éjaculais, et cela trois fois par jour environ. Mais, en dépit de tous mes efforts, il semblait que j'étais seulement capable d'éveiller un désir insatiable chez ma compagne... J'étais perpétuellement épuisé et dormais de longues heures. Mais je m'apercevais que ma partenaire n'était toujours pas comblée.* » Ce n'est que beaucoup plus tard qu'il se rappela que « *les maîtres du tao (...) insistaient tout particulièrement sur le non-gaspillage de la semence et sur la régulation de l'éjaculation, deux impératifs dont le respect garantissait une longue vie* » (14).

Une peur multiple

La peur qu'éveille en l'homme la sexualité féminine a de multiples facettes :

— L'homme craint d'être épuisé et de ne pas pouvoir tenir ses rôles — celui de chef de famille, de chef de clan, de chef d'entreprise — ou de ne pas pouvoir remplir ses tâches de travailleur — chasser, cultiver, produire, combattre les ennemis.

— L'homme craint également que la fréquentation des femmes ne l'amollisse. A leur contact, il devient plus tendre, plus sentimental, plus sensible, plus sensuel. Ce qui constitue autant de tares quand il faut se battre dans la jungle de la vie. Mais, à bien y réfléchir, ce que l'homme redoute, c'est le réveil de sa propre féminité. Il a eu tant de mal à la mater. Découvrir qu'au fond on est encore tendre, sensible et sensuel, c'est constater qu'on peut être fragile, vulnérable, paisible et, horreur! doux ou, pire, douillet, et craindre d'être ou de paraître moins viril, plus faible et donc de s'exposer à être battu, dominé, spolié, tué par des concurrents ou des événements. Les peuples les plus guerriers ont été les plus méfiants vis-à-vis de l'amour et les plus rudes pour la femme. Ils «*craignaient les effets débilitants de l'amour physique*» (20). Aussi les hommes de guerre pratiquaient-ils une certaine continence, comme le font aujourd'hui certains sportifs pour garder leur forme. Les Barbares et, en particulier, les Germains, interdisaient à leurs jeunes combattants «*d'avoir commerce avec une femme avant l'âge de vingt ans*». Les aristocraties guerrières agirent de même: «*Les traités d'arts militaires italiens du XVI*e *siècle mettent encore la chasteté au nombre des vertus nécessaires au bon capitaine.*» A la peur de voir leurs forces physiques s'épuiser dans l'activité amoureuse et leur agressivité s'émousser dans la volupté, s'ajoutait «*la méfiance d'ordre magique qu'ils (ces guerriers) ressentaient à son égard (la femme). Car toute familiarité avec elle passait aussi pour désacraliser le guerrier, pour abattre son courage de façon surnaturelle*»... «*Pendant la croisade contre les Albigeois, les chevaliers du Nord, plus rudes, plus ennemis du beau sexe que ceux du Midi, méprisaient les nobles occitans parce que, prétendaient-ils, ils se laissaient* *trop affaiblir par l'amour à la veille de combattre»*... *«La femme ne pouvait qu'être la récompense du vainqueur, sa servante, son délassement aux heures d'inaction, lorsqu'elle ne représentait plus pour lui un danger»* (20).

— Les hommes appréhendent aussi de ne pas pouvoir satisfaire les besoins sensuels de cette gourmande : ne pas pouvoir bander comme il faut, quand il faut, le temps qu'il faut, autant de fois qu'il faut. Rien n'est moins obéissant qu'une érection et rien n'est plus fragile. Le pénis vous joue de ces tours ! Il vous lâche à la porte du paradis, ne répond pas aux injonctions, a des envies et puis renâcle et, pis encore, il s'empresse de s'épandre quand il n'est pas temps. C'est qu'il a des états d'âme, même qu'il a peur de la peur ! Les jeunes eux-mêmes craignent les caprices de leur pénis. C'est pourquoi ils fulminent contre cette sacrée *«capote»* : le temps de l'enfiler et le fier membre se recroqueville. Et s'il ne suffisait que de bander, mais il faut aussi caresser longuement et avec raffinement. Et il faut être tendre. Et il faut être sauvage. Allez savoir quand il faut être tendre, quand il faut être sauvage !

Aussi la femme est trop souvent insatisfaite. Triste d'abord, elle devient à la longue amère et méprisante. Et l'homme de se morfondre : serais-je un mauvais mâle ? Et l'homme de s'inquiéter : si elle allait s'assouvir auprès d'un autre mâle ? Alors, il s'échine pour décrocher son brevet de virilité, pour assurer la paix du ménage. Et le précieux sperme de ficher le camp. Et le pénis qui ne répond plus (la phase réfractaire). Epuisé, angoissé, infériorisé, l'homme ne se sent plus d'attaque pour le boulot. A moins que, pour se prouver qu'il est un homme, il n'aille relever quelque pari stupide, gagner, qui un trophée, qui un contrat, ou même livrer quelque guerre. Et concocter quelque loi qui fera taire la femme et son corps.

— L'homme redoute aussi la jouissance féminine. Cette ferveur, ces chants, ces cris, ce déchaînement superbe, cette extase dont il se demande si elle relève du mysticisme ou du démonisme, du merveilleux ou du pathologique. Et si elle s'y abîmait sans retour? Pourvu que les enfants n'aient rien entendu... Et qu'il lui reste assez de forces pour préparer le dîner!

— L'homme s'inquiète aussi de son propre plaisir : ne risque-t-il pas, ce plaisir, de le livrer corps et âme à la femme? Il atteint un tel degré! Dans les bras de la femme, le voilà qui brûle. Dans le creuset de son corps, le voilà qui fond. Coulée d'or et de sang. Soudain, une éruption de volupté l'emporte, le soulève, l'entraîne, le projette, le pulvérise. Le voilà poussière de lave entre Sirius et Cassiopée. Alors il pourrait vouloir renouveler ce plaisir, encore et toujours. Et se soumettre à la femme comme à une drogue. Et en oublier ses devoirs et le parti des mâles.

— L'homme appréhende aussi que les convoitises qu'éveille la femme chez les uns et les autres ne soient source de rivalités et de conflits, et n'attentent à l'ordre public et social, provoquant l'éclatement des couples, les hostilités entre les citoyens, voire entre les tribus et les pays.

Finalement, ne serait-ce pas de leur propre sexualité que les hommes auraient peur, la femme n'étant à vrai dire que le révélateur de leur formidable pulsion sexuelle? Une pulsion qui risque d'accaparer leurs forces au détriment du travail et de détourner leur vigilance du pouvoir.

Dévalorisé souvent, trompé parfois, amolli, fatigué, anxieux, comment voulez-vous que l'homme en impose à sa femme, à ses collaborateurs, à ses ennemis et remplisse sa tâche avec autant de vigueur? Au-delà de lui, c'est toute l'organisation patriarcale qui risque d'être ébranlée. La peur d'un retour au matriarcat obsède l'homme. Et cette peur n'est pas théorique : c'est la peur de perdre l'autorité dans la famille, au bureau, à l'usine, au magasin ; la peur de perdre le privilège des salaires plus élevés, des promotions prioritaires ; la peur de perdre tous les droits légaux qui l'avantagent. En un mot, toutes ses prérogatives.

La femme est-elle vraiment si sensuelle ?

Qui a vu et senti l'incroyable force de l'amour, du désir et du plaisir féminins ; qui a été recueilli, enlacé, étreint, retenu par une femme amoureuse peut être légitimement interloqué, sidéré, effrayé ; qui a reçu les confidences d'une femme en désir, ce gonflement des nymphes, leurs battements, leurs bâillements, leurs ruissellements, cet appel lancinant jusqu'à être douloureux ; qui a tenu dans ses bras une femme folle d'amour, soulevée par les vagues successives du plaisir, senti la puissance imprévisible de son étreinte, connu ses griffes, entendu ses cris, vu le déchaînement de son corps, participé à l'éclatement de son être, celui-là est confondu par l'énergie instinctive que recèle la femme. Ses sentiments sont fougueux, son désir térébrant, son plaisir éruptif. Ô Femme, faut-il vous craindre ou vous envier, vous fuir ou vous admirer ?

Incontestablement, la femme a une sensualité supérieure à celle de l'homme. Sa peau est en tout point hypersensible : notre compagne se trouble d'un frôlement de la main, d'un baiser dans le cou. Est-ce inné ? Sans doute. Cependant, cette prédisposition est favorisée par les rôles que lui assignent la nature et la société.

La maternité, merveilleux corps à corps, véritable école de caresses, érotise sa peau, et lui apprend aussi la tendresse, et la délicatesse. Et, surtout, elle lui donne la permission de jouer, joyeuse et spontanée. Dès lors la femme s'accordera le droit de ressentir et d'exprimer ses émotions, de vivre sa sensibilité, celle de son cœur aussi bien que celle de sa peau.

Tenues de rester au foyer, les femmes s'emploient à des tâches moins ardues que la chasse et la culture que pratiquent les hommes, ce qui épargne la sensibilité épidermique de leurs mains et de leur corps. De plus, à la surface de la peau, la femme possède en propre des zones exquisément érogènes : les seins. Leur stimulation leur procure des jouissances extrêmes et émeut allégrement le sexe jusqu'à parfois y déclencher un séisme.

Le sexe féminin lui-même est un ensemble complexe de tissus érectiles dont le volume total est bien supérieur à celui de l'homme. Il comporte trois points éminemment érogènes : le clitoris, le point G et le cul-de-sac vaginal ; grâce à cet « équipement » voluptueux et à sa nature particulière, la femme est capable d'orgasmes nombreux, itératifs ou séparés. Souvent deux ou trois. Parfois dix ou plus. Ses orgasmes, intenses, s'accompagnent de cris et de mouvements impressionnants. Une lame de fond semble l'emporter corps et âme.

Il est donc vrai que les potentialités érotiques de la femme sont admirables, en dépit de leur répression millénaire. Mais elle n'est point cet être insatiable que décrivent les misogynes. L'homme peut parfaitement la combler sans s'épuiser, nous verrons comment. Le *Sou-nu-king* le disait déjà : « *Tout affaiblissement de l'homme doit être attribué à sa façon défectueuse de faire l'amour* » (14).

6

La peur d'aimer

C'est la peur que son désir et sa passion pour une femme n'aliènent sa liberté. Qu'envoûté, attaché, il n'en devienne l'esclave. Lui, le maître, mené par le bout du nez !

Les sirènes

Sur une île au large de l'Italie, des sirènes chantaient. Fascinés par leurs suaves mélodies, les navigateurs brisaient leurs vaisseaux sur les récifs et sombraient. Ulysse, afin de les entendre sans leur succomber, ayant bouché les oreilles de ses compagnons avec de la cire, se fit attacher au mât. Et passa.

Sur une falaise dominant le Rhin, peignant inlassablement ses longs cheveux blonds, elle chantait aussi, la Lorelei. Emerveillés, les bateliers égaraient leurs barges dans les tourbillons. Et coulaient.

Dans tous les pays, d'Europe aussi bien que d'Amérique, une légende parle d'une femme qui, assise sur un rocher ou surgissant de l'onde (la mer, un fleuve, un lac), chante. Attiré, l'homme s'approche. Aussitôt il est précipité à l'eau. Et s'enfonce à tout jamais dans les profondeurs.

Insaisissable, mystérieuse, insondable, dangereuse, mais toujours fascinante, la femme est semblable à l'eau. Face à elle, l'homme est saisi de vertige, ce même vertige qu'il éprouve face à l'océan, sur les rives d'un fleuve ou les bords d'un lac. Sensation terrible et agréable, grandiose, comme religieuse. Déjà il pressent la chute, la redoute, mais la souhaite aussi. Les bras d'une femme sont des abysses, son sexe une marée de désir. En cédant aux charmes d'une femme, l'homme se jette à l'eau, au risque de s'y diluer, de s'y perdre.

Le plaisir qu'elle procure, c'est la possession absolue. Et la dépossession totale. Etre à la femme, c'est ne plus s'appartenir. «*La nature a livré l'homme à la femme grâce à la passion... Toute la puissance de la femme repose dans la passion que l'homme peut éprouver pour elle... Il n'a le choix qu'entre le rôle d'esclave et celui de tyran*» (21).

La passion conduit l'homme à la soumission, puis à la perte extrême: la mort. Pâris, roi de Troie, emporté par son désir pour Hélène, meurt. Et meurt Hippolyte qui s'était épris de Phèdre. Pour les beaux yeux de Marguerite, Faust connaîtra le même sort. C'est qu'il y a quelque chose de fatal dans la beauté d'une femme. La passion qu'elle engendre scelle un pacte avec quelque puissance maléfique. Aphrodite pour les Grecs, Satan pour les chrétiens. Aimer une femme, c'est se damner. Entendez par là se condamner à être l'esclave de celle qui engendre le désir. C'est ce que prétendent les hommes, car ce sont eux qui inventent ces légendes. «*L'antiféminisme grec n'était pas fondé sur l'hostilité envers la femme* "per se", *mais sur le refus de tout esclavage...*» (6)

Les tigresses

Les romantiques n'ont pas inventé la «femme fatale», ils l'ont rendue cruelle, voire sanguinaire. Au XIXe siècle, près de leurs maîtresses, les hommes ne craignent plus d'être immergés ou asservis : ils redoutent d'être dévorés. Pire que morts, pire que vassaux, pire que martyrs, même, les voilà pâtures. La Salammbô de Flaubert, la Cléopâtre de Gautier, la Carmen de Mérimée sont des mantes religieuses. Swinburne parle ainsi de sa Vénus : « *Ses lèvres sont rouges du sang des hommes dont elle a sucé la sève avec ses petites dents.* » Et de sa Dolorès il décrit « *la cruelle bouche écarlate comme une fleur vénéneuse* ». Pour Baudelaire, les femmes sont des « *bêtes féroces* », de « *belles félines* », des « *monstres polyphages* », des « *tigresses* », des « *vampires* ».

Ces histoires de cannibalisme féminin ou d'engloutissement, ce n'est plus seulement la cavité vaginale qui les inspire, c'est l'appréhension fantastique d'être englouti ou dévoré affectivement. Et de voir ses forces aspirées, son temps mangé par une passion. Quant à la soumission de l'homme, elle s'explique par la volupté que lui procure la femme et qui le lie à elle. En effet, cet attachement, que l'on a jusqu'alors décrit en termes psychologiques, peut également s'analyser comme un processus physiologique très contraignant : il serait une authentique « dépendance ». Le plaisir provoque la sécrétion dans le cerveau de véritables drogues, les neurohormones hédoniques ; ces substances entraînent une réelle assuétude : dès que le plaisir s'interrompt, le taux des endomorphines baisse et un état de manque apparaît, qui contraint l'être à rechercher le plaisir afin d'accroître à nouveau le niveau de ses drogues internes. Le plaisir engendre le besoin de plaisir. C'est cela « *avoir une femme dans la peau* ». Voilà comment l'homme perd le contrôle de sa destinée.

Les vénéneuses

Dans les aventures précédentes, la femme provoquait la mort sans intention de la donner. La mort de l'homme était l'issue inéluctable d'une passion. Le phallocide n'était pas perpétré délibérément par la femme.

Il arrive pourtant que la femme cause volontairement la mort de l'homme. Ayant attiré le mâle à l'aide de ses charmes, elle l'exécute tandis qu'il est à sa portée. Parfois elle agit pour son propre compte dans le but de se venger d'un affront, d'une trahison, d'un abandon. D'autres fois, elle sert les desseins d'un chef qui veut détruire un ennemi ou un rival.

Le poison, dit-on, est l'arme des femmes. En Inde, Sandracottos, premier souverain de la dynastie Maurya, en 313 avant J.-C. échappa de peu à la mort : son principal ennemi lui avait envoyé une messagère de mort ; c'était une jeune fille nourrie de poisons depuis sa naissance, de telle sorte qu'elle en était entièrement imprégnée ; elle-même n'en avait pas souffert car les toxiques lui avaient été administrés à doses infimes d'abord, puis progressivement croissantes. Elle y était devenue insensible, « mithridatisée ». Mais, à son contact, tout être mourait. Son souffle à lui seul tuait ; *a fortiori* son étreinte et ses baisers, car sa transpiration et sa salive étaient saturées de poisons. Heureusement, les fidèles du roi déjouèrent le complot et détournèrent la messagère vers un autre rival du roi qui, à son approche, s'effondra, foudroyé.

De nombreuses légendes font état de telles demoiselles mortifères, rendues « vénéneuses » par absorption graduelle de poison. Ce qui semble plus probable, c'est l'utilisation de pommades empoisonnées dont on oignait le corps de l'amante. C'est ainsi que Venceslas II, roi de Bohême, mourut, en 1305, dans les bras de sa maîtresse achetée par des ennemis. Il en fut de même de Ladislas, roi de Florence.

Plus rarement les femmes utilisent le fer. Selon les Ecritures apocryphes, c'est par le glaive que Judith, une jeune femme juive, exécuta Holopherne, envoyé par Nabuchodonosor pour combattre Israël. L'ayant séduit par sa grande beauté, elle profita de l'assoupissement dans lequel l'avaient plongé le vin et le plaisir des sens pour lui trancher la tête. Toujours selon les Ecritures, c'est également avec une lame que Dalila coupa les cheveux de Samson abandonné entre ses bras.

La liste est innombrable, des maîtresses qui assassinèrent leurs amants à l'acmé de leur plaisir. Ou qui leur soutirèrent de mortels secrets. De tout temps, les Etats utilisèrent des espionnes.

Les castratrices

Au lieu de s'en prendre à l'homme tout entier, la femme parfois cible ses traits sur les chers attributs de la virilité : les testicules. C'est du moins ce que l'homme redoute.

Déjà chez le garçon existerait une peur de la castration ; l'enfant craindrait que son père ne le châtre pour le punir de désirer sa mère : c'est le complexe de castration. Pour les psychiatres actuels, l'enfant, en réalité, se sentirait beaucoup plus menacé par sa mère que par son père : n'est-ce pas elle qui élève le garçon, s'occupe de son corps, de ses organes génitaux en particulier, lui impose une discipline, réprime ses instincts, entre autres la masturbation ? Par la suite, les femmes qui prennent le relais de l'éducation de l'enfant mâle — parentes, nurses, institutrices — se montrent également castratrices. Heureux le garçon qui, surpris en train de s'autoérotiser, échappe à la menace fatidique : « Si tu continues, on te coupera le zizi ! »

Le petit homme se débarrassera difficilement de la crainte engendrée par les menaces — tacites ou proférées — de la mère ou de ses consœurs, car il n'ose s'insurger contre elles : on ne se bat pas contre une femme. L'impuissance liée à la peur de la mère, et subséquemment de la femme, est tenace. Par contre, l'impuissance liée à la peur du père se résout plus facilement car l'hostilité du fils envers son père débouche légitimement sur une révolte : on peut se battre d'homme à homme. Sont particulièrement mutilatrices : les mères frustrantes ou culpabilisantes ou persécutrices, mais les protectrices et les séductrices ne le sont pas moins.

Voilà le mâle devenu adulte : sa « virilité » n'en demeure pas moins à la merci des femmes. Chaque fois qu'il sera en position de faiblesse, il devra s'abandonner à leurs mains. Amoureux, il est à la merci de son amante, malade, de son infirmière, vieux, de sa gouvernante ou des aides-soignantes. La peur infantile de la castration sera réactualisée chez l'homme en maintes occasions. Bien sûr, c'est dans la relation sexuelle que le risque est le plus grand : face à la cavité vaginale, il éprouvera la peur que sa verge n'y soit engloutie ; confronté à l'appétit sexuel de la femme, il craindra qu'elle ne s'empare définitivement de ses attributs.

Il est des cas où l'homme croit qu'une sorcière, par magie, lui a volé ses organes génitaux. C'est une croyance répandue en Polynésie. En Europe, c'était un des méfaits attribués aux sorcières. Dans le *Malleus Maleficarum*, les inquisiteurs H. Krämer et J. Sprenger écrivent : « *Les sorcières, avec le secours du démon, peuvent réussir à supprimer le membre viril... on possède de nombreux témoignages sur ce point* » (6). Dans ces cas, la sensation d'être privé de ses organes s'explique par un processus de « *conversion hystérique* » : certains hommes névrosés, reportant leur anxiété sur cette partie de leur corps, prétendent ne plus la sentir.

Jusque-là, les menaces d'émasculation n'étaient que de purs fantasmes masculins. Cependant, il existe des cas où une femme peut être castratrice de façon délibérée, par exemple en dévalorisant un homme : en dépréciant ses qualités, en méprisant ses attitudes, *a fortiori* en ridiculisant son pénis, une femme peut tuer l'ego et le sexe d'un homme.

Le sujet victime de ces vexations sent sa verge se recroqueviller, ce qui aggrave son infériorité. Le voilà installé dans l'impuissance. Et parfois au bord du suicide. Ces comportements féminins se voient chez les femmes en conflit avec leur propre sexe et qui veulent alors blesser celui qui souligne leur féminité. Ils seraient aussi dictés, chez certaines, par un ressentiment lié à la défloration.

D'aucuns prétendent que, même développées dans l'estime réciproque, les relations sexuelles comportent un risque de dévirilisation. En soi, le coït serait castrateur : la dépense physique, la décharge nerveuse et la perte du sperme affaibliraient l'homme. D'autant que la femme en redemanderait. Les rapports sexuels seraient une victoire de la femme sur l'homme.

Les femmes nous envient-elles notre pénis ? Selon Freud, la femme serait un être châtré de sa verge ; en conséquence, toute fillette, toute femme rêverait d'obtenir pour elle cette merveille : c'est ce que le médecin viennois appela « *l'envie de pénis* ». De là à penser qu'elles veulent nous le voler...

En réalité, « *l'envie de pénis* » n'est qu'une invention d'un XIXe siècle phallocratique qu'apeuraient les premières velléités d'émancipation des femmes. Tout système patriarcal étant axé sur la soi-disant supériorité que conférerait à l'homme la possession de l'appendice phallique, toute tentative de libération de la femme est forcément interprétée comme une tentative d'annexion du phallus. Pour l'homme, prise du pouvoir égale prise du phallus. Les psychanalystes et les psychiatres actuels confirment qu'aucun fait clinique (fantasmes, rêves, hallucinations des psychotiques) ne fait état de la volonté d'une femme de s'emparer d'une verge pour s'en parer. Les anthropologues n'ont du reste jamais trouvé trace de ce désir dans les mythes. La grande déesse a bien envie de pénis, mais c'est pour jouir, non pour se le greffer ; elle veut en user, non le posséder. Et pour cela elle n'a qu'à tendre la main. De même, si la femme convoite notre verge, ce n'est pas pour se l'attribuer, mais pour le plaisir et par amour.

La peur de la castration est profondément ancrée dans l'inconscient masculin. Non avouée mais universelle, elle se manifestait jadis sous forme de mythes et de légendes. Elle hante encore rêves et fantasmes des hommes. C'est une composante majeure de leur peur.

Les ogresses

Des mères qui dévorent leurs propres enfants, des femmes qui se repaissent d'enfants — volés, achetés ou offerts —, il en existe dans toutes les cultures. Déesse, être mythique ou femme réelle, l'ogresse est un personnage universel.

La déesse mère était, d'une certaine façon, une ogresse. A l'ère matriarcale, on lui offrait en holocauste des nouveau-nés pour entretenir sa fertilité. Ainsi, jusqu'en 1830, en Inde, on sacrifiait un enfant mâle à Kali la noire chaque vendredi.

Les mythologies de tous les pays sont riches en ogresses. En Grèce, les monstresses pullulèrent : Poiné, dont le buste était celui d'une jeune femme et le bas du corps celui d'un serpent, battait la campagne à la recherche d'enfants à manger. Les ménades et les bacchantes faisaient de même. Leucippe, fille de roi, prise d'un délire bacchique au cours d'un banquet, offrit son enfant ; il fut partagé entre les convives, et elle-même goûta de sa chair.

En Israël, il y eut Lilith. C'était la première femme que Dieu avait créée. Il l'avait faite comme l'homme, avec de la poussière. Se fondant sur cette origine commune, elle se considérait comme l'égale d'Adam et refusait de se soumettre. Elle s'enfuit du paradis et s'unit à Samaël, chef des anges déchus. Les bons anges lancés à sa poursuite lui ordonnèrent de revenir sous peine de faire mourir chaque jour cent de ses enfants. Elle préféra cette punition à la soumission à Adam. Pour se venger, elle se mit à dévorer les bébés.

Les contes constituent, en Occident, les mythologies des temps modernes ; ils abondent en ogresses. Notons que, dans les récits, ce sont les femmes qui tiennent le plus souvent le mauvais rôle. Chez les frères Grimm, il y a seize méchantes mères pour trois méchants pères, vingt-trois vilaines sorcières pour deux vilains sorciers, treize horribles épouses pour un horrible époux.

Les mythes et les contes mis à part, a-t-il réellement existé des femmes qui ont mangé leurs enfants ? Dans tous les pays, on le prétend. En Europe, par exemple, du XIIe au XVIIIe siècle, on croyait fermement que les sorcières volaient les enfants pour s'en repaître. Ces croyances devaient bien avoir quelque fondement. Sans doute les gens étaient-ils frappés par le spectacle des femelles d'animaux dévorant leurs petits, telles la truie, la chatte, la chienne ; ils en déduisaient que toute femme peut avoir un comportement aberrant. Sans doute les gens furent-ils aussi impressionnés par la mort suspecte et la disparition de beaucoup d'enfants. Parfois le petit était mort accidentellement ou des suites d'une maladie ; la mère, redoutant les reproches du mari d'autant qu'elle avait pu commettre quelque négligence, cachait le cadavre de l'enfant et accusait les sorcières. Dans d'autres cas, la mère tuait délibérément sa progéniture, par pitié ou désespoir, lorsque des périls la menaçaient : la faim, le froid, une affection pénible ou incurable, l'invasion d'ennemis cruels. Certaines de ces exécutions étaient des formes d'euthanasie, d'autres, en cas de famine, visaient à supprimer des bouches à nourrir, voire à fournir de la nourriture aux affamés. A cela il faut ajouter les meurtres d'enfants naturels et les crimes des démentes.

Toutefois, si de tels actes furent réellement perpétrés, ils ne suffisent pas à expliquer les croyances populaires et le foisonnement des fictions. En vérité, l'ogresse est aussi une création de la peur de l'homme quand il était enfant : au fond de lui, il est persuadé que la femme peut être dangereuse.

L'enfance est pour l'être humain la période de sa vie la plus exposée : immature, nu, impotent, il est incapable de se couvrir, de se nourrir, de se mouvoir ; il est totalement livré au bon vouloir de sa mère. Elle peut le faire souffrir de cent façons, le tuer, même. Des angoisses de l'enfant naît le fantasme de l'ogresse. Cette vision cauchemardesque de la femme continue d'obséder l'adulte, à son corps défendant.

Les mauvaises mères

Pour le petit, la mère n'est pas forcément bonne et, ayant en premier la charge de l'enfant, elle a la tâche de s'opposer à certaines de ses activités instinctives : orales, anales, agressives, masturbatoires. Cette action répressive peut la faire percevoir de façon négative par le bébé. Par ailleurs, toute femme n'est pas automatiquement une excellente mère et n'offre pas forcément les soins et la tendresse optimaux : comme l'a montré Elisabeth Badinter, l'amour maternel n'est pas un instinct au sens strict, c'est un sentiment, et, comme tel, il peut se développer largement, peu ou prou.

Inversement, il existe chez les mères d'authentiques pulsions agressives. La pulsion cannibalique n'est pas propre à la mère, c'est une modalité de la pulsion orale qui pousse tout être à ingérer tout ou partie d'une personne pour s'identifier à elle ou s'en approprier les qualités. Le plus souvent, le cannibalisme est sublimé en acte d'amour : quelle mère n'a pas déclaré à son petit : « *Je te mangerais tellement je t'aime !* » Toutefois, certaines femmes, si l'on en croit les révélations faites aux psychanalystes, ont des envies de dévoration réelle. La pulsion de mort, c'est-à-dire l'envie de détruire l'autre, est aussi une réalité psychique inhérente à tout être ; les mères n'y échappent pas. L'infanticide en est l'extrême passage à l'acte. Mais il en existe d'autres, comme les actes de sadisme et, sur un registre moindre, les comportements brutaux ou même les négligences (manque de soins, exposition aux intempéries, etc.). Parfois la mère, consciente de la pulsion, l'inverse en phobie de faire mal à l'enfant et craint en permanence de le laisser tomber, de le blesser, de le noyer.

Il est un cas particulier de mauvaises mères, ce sont ces femmes que l'on dirait très bonnes mères : elles aiment tellement leurs enfants qu'elles voudraient se les attacher pour la vie. Ah, ce petit, s'il pouvait ne jamais grandir ! Et puis tant pis s'il grandit, elles en feront un fils-amant ; elles écartent les pères, comme elles tenteront d'écarter les flirts et les brus. Ces mères possessives sont d'une certaine façon dévorantes.

Nocives seront aussi les mères fatiguées, débordées, anxieuses. Celles qui haïssent les hommes comme celles qui les aiment trop, et, partant, jouent les séductrices auprès de leurs garçons. Celles aussi qui détestent leur propre sexe, leur féminité. Nuisibles, les absentes pour cause de travail, de mondanités, de drague. Eminemment nuisibles les dépressives, les névrosées, les psychopathes. Toutes ces mères sont maléfiques par défaut : elles frustrent les enfants de bons soins et d'affection. Elles le sont aussi activement, sans en être conscientes : leur attitude est hostile, leurs gestes sont brusques. L'enfant perçoit tous ces signes de rejet.

Cependant, même si sa mère est parfaite, l'enfant peut se sentir quand même frustré. Car c'est un éternel insatisfait et il nourrit contre elle des griefs incessants : « *J'inclinerais plutôt à penser que la soif d'un enfant pour sa première nourriture est inextinguible, de sorte qu'il ne surmonte jamais la perte du sein maternel. Je ne serais nullement surpris en interrogeant un quelconque primitif, ayant probablement tété sa mère jusqu'à l'âge de parler et de courir, de l'entendre déterrer des récriminations identiques* » (22).

En réalité, la méchanceté prétendue de la mère est souvent une invention des fantasmes infantiles. Selon Melanie Klein, bébé fantasmerait un « bon sein », généreux de son lait, doux et chaud, et un « mauvais sein » qui par son absence l'affame, le condamne à la solitude et à l'angoisse. La mauvaise mère, cette monstresse qui porte le mauvais sein, l'enfant fantasme de la détruire et l'agresse par ses cris ou même en la mordant. Mais il craint qu'en retour la mère ne le tue.

Ce qui panique également l'enfant, c'est qu'il s'aperçoit que sa mère refuse de poursuivre la fusion *in utero* et qu'elle a une existence indépendante de lui. Elle est une entité extérieure à lui, différente de lui. Cette défusion, indispensable à la formation du moi, est néanmoins source d'angoisse et de ressentiment.

Il est pour le garçon une dernière cause de déception : si l'on en croit Freud, le garçon nourrirait un certain désir pour sa mère. Or, la frustration est inhérente à un tel désir. Non seulement sa mère refuse de le satisfaire, mais elle donne au père ce dont elle le prive. Pire, elle lui interdit de s'autosatisfaire par la masturbation. Déçu, le voilà un peu plus haineux, un peu plus craintif envers cette femme.

Ces déboires, ces blessures infantiles auront de graves conséquences chez l'homme adulte. Ils détermineront son attitude vis-à-vis des femmes. Souvent l'ambiguïté de l'enfance persiste : la femme, on l'aime et on la déteste à la fois, mais toujours on la craint. C'est quelqu'un qui fait du bien et qui fait du mal ; qu'on désire mais qui risque de vous rejeter, qui vous donne du plaisir, mais qui le refuse aussi. L'homme perpétuant les exigences de l'enfant, la tâche de l'amante est tout aussi difficile que l'était celle de la mère. S'il fut comblé, il exige que cela continue. S'il fut frustré, il voudrait bien se rattraper. A moins qu'il ne se soit forgé une cuirasse d'insensibilité et que de frustré il ne se soit fait frustrant.

On le voit, la femme dans son rôle *a priori* le plus bénéfique et le plus gratifiant, celui de mère, peut paradoxalement inspirer à l'homme plus de haine que de reconnaissance, plus de peur que d'apaisement. Les mythes, les contes et les rumeurs en témoignent. Et nombre d'œuvres littéraires font le procès de celle qui déçut les espoirs insensés de l'enfant : *Vipère au poing*, d'Hervé Bazin, *Le Nœud de vipères*, de François Mauriac, *Une génération de vipères*, de Philippe Wylie. Bizarre : tous ces hommes désignent la mère du même nom amer !

7

La répression: l'arsenal

Depuis l'aube du patriarcat, les hommes ont mis en place un arsenal d'armes répressives pour faire échec à la femme, assurer la prééminence masculine et sauvegarder leur ordre. Tous les pouvoirs — le civil, le religieux et le médical — se sont alliés pour fourbir les armes et coordonner les actions, l'ordre moral étant garant de l'ordre social, et réciproquement.

Les armes, ce sont les lois, civiles et religieuses (orales et écrites), les règlements, les traditions, tout ce qui interdit ou oblige. Ce sont aussi les légendes qui illustrent, les préjugés qui contraignent. Ce sont enfin les actes physiques qui s'en prennent au corps de la femme ou même à sa vie. Le but est d'organiser l'infériorité psychique et statutaire de la femme, de limiter sa liberté et de consacrer sa soumission. En un mot, d'établir son apartheid.

Il serait trop fastidieux de faire l'inventaire de l'arsenal patriarcal. Mieux vaut dénoncer les armes les plus perfides ou les plus terribles.

L'arme absolue: Le mariage

Nulle part comme dans le mariage patriarcal ne s'opère la collusion entre la religion et l'Etat mâles: le mariage est une institution conforme à la volonté du Dieu Père et indispensable à l'ordre phallocratique.

Hincmar, archevêque de Reims en 845, face à la désagrégation du royaume, déclare que « *le retour à l'ordre exige que soit plus rigoureux le pacte conjugal* ». C'est, ajoute-t-il, « *dans le mariage que la rouerie de la femme s'atténue* » (15). Jonas, évêque d'Orléans, prêche ouvertement une morale d'Etat et énonce sans ambages que le mariage est aussi le support de l'ordre politique. Pasteurs et princes œuvrent pour la même cause.

L'institution matrimoniale a pour but d'assurer dans l'ordre la répartition des femmes entre les hommes, d'attribuer aux enfants un nom et un patrimoine et, subséquemment, de réglementer la répartition des biens. Elle vise aussi, et surtout, à organiser l'inégalité au détriment de la femme. C'est la clé de voûte patriarcale. De fait, « *la morale matrimoniale que les prêtres enseignent aux laïcs... est une morale d'homme prêchée aux mâles, seuls responsables. Elle tient en trois préceptes : monogamie, exogamie, répression du plaisir* » (15). Les hommes prêtres y trouvaient leur compte : la maîtrise de la concupiscence. Les hommes laïcs y trouvaient leur intérêt : le contrôle de la sensualité féminine.

La pureté du lignage et l'honneur de la maison faisaient un devoir aux maris de protéger leurs épouses de toute tentation : « *Le grand péril était qu'elles s'abandonnent au péché, au péché de la chair, à quoi leur tempérament les incline. Pour se garder de la honte, les laïcs jugeaient nécessaire de contrôler strictement la sexualité féminine. Comme les prêtres, ils tenaient le mariage pour un remède à la fornication ; à celle qu'ils redoutaient : celle des femmes* » (15). Le mariage comme sacrement illustre la concordance parfaite entre les intérêts des clercs et ceux des chevaliers. Qu'il soit d'Eglise ou de cour, « *l'homme domine, il mène le jeu. Cette éthique est la sienne, édifiée sur un sentiment primordial : la peur des femmes* » (15).

Les armes antiséduction

Tout ce qui contribue à rendre la femme plus féminine inquiète — et fascine — les hommes. Tous les documents anciens d'Asie, de Mésopotamie et de Grèce dénigrent les fards et mettent en garde contre leurs sortilèges. Durant toute l'ère chrétienne, les hommes, par leurs bras séculiers, l'Eglise et la médecine, ont condamné l'usage des cosmétiques qui confèrent aux femmes un pouvoir d'ensorcellement. «*La misogynie peut prendre les fards pour prétexte, elle a de plus profonds ressorts: la peur d'être séduit, soumis, court à travers tous les discours masculins. Elle semble bien être une constante de cette histoire. Les rapports des hommes, des femmes et de la beauté se laissent raconter comme un combat entre le désir d'être séduit et la crainte d'être englouti*» (23). Eustache Deschamps, dont *Le Miroir du mariage* est un plaidoyer pour le célibat, écrit: «*Beauté de femme est commencement de rage et pervertissement d'homme.*» Nul doute qu'il reflétait le sentiment des hommes.

Pour prémunir l'homme contre la séduction féminine, il est un moyen particulièrement insidieux: rappeler que la beauté n'est qu'une façade, que derrière les apparences est la réalité organique; rappeler surtout que la beauté est éphémère, qu'au-delà de l'instant le corps livré à la vieillesse ou à la mort n'est que laideur et pourriture. Ces raisonnements, véritables antidotes à l'envoûtement par la femme, se retrouvent dans toutes les civilisations. La peur masculine est vieille comme l'humanité, et universelle. Dans un conte suédois antérieur à J.-C., un personnage, Skogsmugna, se présente à un chasseur sous les aspects d'une séduisante vierge; ce n'est qu'une apparence car son dos offre l'horrible spectacle de la putréfaction et son corps est creux comme un arbre pourri. De nombreuses légendes danoises et allemandes de la même époque mettent en scène de semblables personnages.

Au Moyen Age, la misogynie s'exacerbant, de tels contes foisonnent. Dans l'un d'eux, un chevalier étreint une jolie damoiselle ; quand ils se sont unis, la femme se transforme en une monstresse noire et ridée. Dans un autre, un poète fait la cour à la dame de ses pensées, elle se retourne : la chair de son dos est rongée d'asticots. Dans un autre encore, un magicien enlace une fille accorte que lui a adressée le diable ; soudain, il aperçoit qu'il tient dans ses bras un squelette.

La statuaire médiévale exprime de façon plus frappante encore la même pensée. Voyez ces statues de femmes nues : leur dos n'est qu'une vaste plaie rongée par les vers et grouillant de crapauds. Au portail de la cathédrale de Worms se dresse une telle femme qu'un chevalier adore, lui étreignant les genoux avec passion. De nombreuses statues funéraires figurent des femmes en voie de décomposition.

Au XVIe siècle, les poètes comme les peintres et les sculpteurs redécouvrent la beauté du corps féminin. Ils en chantent les charmes dans des « blasons » : blason de la bouche, blason de la cuisse, blason du tétin et de la main, etc. Ecoutez celui du ventre :

> « *Ventre rond, ventre joly*
> *Ventre plus blanc que n'est l'albâtre*
> *Ventre qui est plain de bonheur*
> *Ventre qui bien sçais en tout temps*
> *L'homme attirer où tu prétends.* »

C'était trop beau. Il fallait aussitôt qu'ils sécrètent un contrepoison : à chaque blason, ils opposaient un « contre-blason » qui tournait en dérision les parties précédemment vantées. Voici ce que dit du ventre le poète alors :

> « *A ventre y a des vers en abundance*
> *Le ventre est plain de vile substance*
> *ô ventre plain de lye et matière,*
> *Ventre premier pourri au cymetière* » (24).

En 1511, Baldung Grien réalise une toile — actuellement au musée du Prado — qui figure *Les*

Trois Ages de la vie et la mort : accolées à une resplendissante jouvencelle, une vieillarde horrible et la mort en son épouvantable squelette visent à modérer l'ardeur des mâles.

Goya, en 1786, en peignant *Les Vieilles* — qu'héberge le musée des Beaux-Arts de Lille —, soulignait à son tour le caractère éphémère de la beauté, contribuant ainsi à exorciser la peur des hommes. Dans *Faust*, de Goethe, les lamies, ces démones qui tentent de séduire Méphisto lui-même, ont le dos en état de décomposition.

La nécessité d'une parade à l'envoûtement féminin n'est nullement dépassée. A preuve : dans une des plus fortes scènes d'amour de la littérature, il a fallu qu'Albert Cohen pourvoie son héros d'un subtil moyen de se retenir de sombrer totalement sous l'emprise de la belle : « *Et il l'embrassait follement à son tour, soudain épouvanté par les os du squelette, qu'il sentait sous les belles joues, et de nouveau il baisait la jeune poitrine que la mort figerait... Je t'aime... disait-elle. Mais si deux dents de devant m'avaient manqué... deux misérables osselets, serait-elle là, sous moi, religieuse ? Deux osselets de trois grammes chacun, donc six grammes. Son amour pèse six grammes, pensait-il, penché sur elle et la maniant, l'adorant* » (25).

Et que dit la chanson ? « *Si tu t'imagines, fillette, fillette, si tu t'imagines qu'ça va durer...* »

Certaines civilisations n'ont nul besoin de ces contrepoisons subtils ; leurs armes antiséduction sont plus radicales : obliger la femme à se cacher le visage sous un voile ou la séquestrer dans un local : le gynécée dans la Grèce antique, le harem dans les pays musulmans.

Les mises en garde historiques

Il est fréquent que les hommes puisent dans l'histoire des preuves de la nocivité de la femme, qui se révélait une menace pour la discipline des peuples et des armées. Nous en verrons des exemples dans l'histoire de la Chine ancienne. En France, les historiens proposent, non sans délectation, l'échec de la deuxième croisade comme témoignage des effets malheureux de la lubricité féminine. Le roi Louis avait emmené en Terre sainte son épouse Aliénor, qu'il aimait passionnément. Or cette reine, pourvue d'un tempérament brûlant, ne pouvait être satisfaite par un époux à qui elle reprochait d'avoir des « mœurs de moine ». Ce qui devait arriver arriva : elle sema le trouble et la zizanie chez les chevaliers et finit par se faire enlever par Raymond d'Antioche. Le pieux pèlerinage et la sainte guerre se transformèrent en désastre. Au lieu de s'en prendre à la « luxure » de la femme, les censeurs auraient pu accuser l'incapacité érotique du roi et l'ardeur des chevaliers. Quant à Aliénor, elle avait bien le droit de préférer les jeux de l'amour aux joutes meurtrières et stupides de deux religions patriarcales qui ne la concernaient d'aucune façon.

En Europe, il est courant de citer, pour stigmatiser la rouerie féminine, les espionnes célèbres que furent Dalila et Mata-Hari. Pourtant la gent masculine a fourni des milliers d'espions et de traîtres qui, eux, n'ont pas usé seulement de la séduction, mais aussi de la corruption et du meurtre. Or, de ceux-ci, on a fait des patriotes et des héros, voire des hommes d'Etat.

La dévalorisation

Pour affaiblir un ennemi, rien de tel que de le dévaloriser. C'est pourquoi, depuis toujours, l'homme prête à la femme les pires défauts. Un passage du Talmud — le second livre d'enseignement judaïque après la Bible — en dresse une liste assez complète, sinon exhaustive : « ... *En dépit de toutes les précautions qu'Il (Dieu) avait prises, la femme possède justement tous les défauts qu'Il avait voulu évi-*

ter», et le narrateur de la qualifier d'orgueilleuse, curieuse, causeuse, envieuse, coureuse, arrogante, lascive, indiscrète, faiseuse d'histoires. Adam, se réveillant de son profond sommeil, «*comprit immédiatement la véritable nature de cette belle créature. Il sentit très vite qu'elle n'hésiterait devant aucun moyen pour parvenir à ses fins*».

D'une façon générale, les hommes accusent les femmes d'être «immorales»: «*Les femmes ont été, à travers les âges, taxées d'immoralité non seulement au sens sexuel le plus étroit, mais encore au sens le plus large à cause de leur mépris des lois et de leur conception très particulière du bien et du mal*», affirme Lederer (6). En réalité, les hommes appellent immoralité un comportement non conforme à *leur* moralité.

Sous le règne de la déesse, les femmes avaient leur éthique: était «bien» ce qui était bon pour le corps et pour les enfants et ce qui s'accordait à la nature; elles se souciaient de l'utilité des choses et des gens, non des principes; quand le groupe dépassa une certaine dimension, les femmes chefs de clan durent passer la main aux hommes. Ceux-ci organisèrent la société à leur façon et lui imposèrent une nouvelle éthique. L'organisation phallocratique exclut la femme de tous les postes de décision. La morale masculine se référa à d'autres valeurs. Ce qui importait, ce n'était plus ce qui était bon ou mauvais pour le corps et la famille, mais ce qui était bien ou mal pour la collectivité et, notion nouvelle, pour l'*esprit*.

Dès lors, les femmes ne se sentirent plus concernées par les règles morales et sociales créées par les mâles. Le reniement par ces derniers du biologique, leur répartition des biens, leurs raisonnements logiques, leurs principes vertueux, leurs codes d'honneur, leurs théories de rédemption leur semblèrent une vaste mystification. Du reste, malgré son inspiration idéaliste, cette éthique aboutissait à la répression de l'individu, de la femme en particulier, et à la guerre entre groupes et entre nations. La femme n'a toujours eu que mépris et répugnance pour tout cela.

Fondamentalement, elle reste fidèle à sa morale à elle. Ses seules références sont l'amour qu'elle voue à un homme et à leurs enfants, la paix domestique, le bien-être de tous et le respect de la nature. L'amour et les enfants d'abord, Dieu et la société après.

Montaigne reconnaissait justement que *« les femmes n'ont pas tort du tout quand elles refusent les règles de vie qui sont introduites au monde, d'autant que ce sont les hommes qui les ont faictes sans elles »* (17). Même Freud comprenait leur attitude : *« On est tenté de conclure que les femmes sont inaccessibles à la moralité, telle que nous l'entendons ! Leur surmoi est incapable de devenir inébranlable, impersonnel, indépendant de ses origines affectives... Elles n'ont pas le même sens de ce qui est juste que les hommes »* (26).

Il est un défaut que l'homme reproche tout particulièrement à la femme, c'est d'en prendre à son aise avec la vérité : mensonge, fausseté, tromperie, duperie, trahison sont les travers les plus fréquemment dénoncés. Ici aussi il faut considérer que les hommes en jugent en fonction d'un système de valeurs, ou d'un code, qui leur est propre. Et il faut se souvenir que les femmes agissent, elles, en opprimées d'un système dominé par les mâles. Elles sont obligées de composer, voire de tricher, avec une organisation qui n'est faite ni pour elles, ni par elles. Elles mentent ou désobéissent comme le font les minorités raciales dans un pays raciste, ou les enfants face à des parents tyranniques. Elles mentent... comme les hommes le font eux-mêmes.

Il ne faut pas oublier, enfin, que tout ce qui a été dit ou écrit sur les femmes l'a été presque exclusivement par les hommes, écrivains, essayistes ou prédicateurs.

Ne me touchez pas

La proximité d'une femme peut être fatale. A éviter absolument! Pour se protéger, les hommes ont inventé la notion de «souillure»: au contact d'une femme, l'homme perd sa «pureté» et de ce fait sa vigueur et sa vaillance; il est alors inapte à remplir sa mission. C'est pourquoi l'homme devra s'interdire d'avoir des relations sexuelles la veille d'actions importantes: combat, chasse, pêche, expédition, transaction commerciale, intervention chirurgicale, etc., sinon il mourra ou échouera. Cette crainte d'être «*contaminé*» est en réalité la peur d'être épuisé. N'est-ce pas sous le prétexte que ses forces en seraient amoindries qu'Ulysse résista aux avances de Circé?

Il n'est pas seulement interdit à la femme de toucher l'homme, il lui est aussi interdit de toucher ses aliments, ses armes, ses outils. Ce contact porterait malheur au mâle. En vérité, il s'agit d'empêcher que la femme n'empiète sur ses prérogatives.

C'est aussi pour cela que les femmes sont exclues des cérémonies religieuses. Dans un régime patriarcal, seuls les hommes peuvent approcher les dieux mâles. C'est d'eux que les hommes tiennent leur pouvoir. Toutefois, dans certaines religions, les femmes sont admises sous réserve: dans certaines synagogues et mosquées, les femmes peuvent entrer mais sont parquées derrière un écran; dans les églises catholiques, les femmes devaient se couvrir la tête; devant le pape, elles doivent toujours se voiler. Sans doute est-ce par peur que la femme ne trouble les clercs et les fidèles.

Qu'un sang impur...

La femme menstruant, qu'on la dise sainte ou impure, est taboue, donc intouchable. C'est un fait universel, que l'on observe chez les Indiens d'Amérique, chez les Polynésiens ou chez les Juifs. Partout les hommes, pour juguler leurs craintes, adoptent les mêmes attitudes, les mêmes interdits. Dans la plupart des tribus primitives, pour éviter qu'elle ne contamine l'homme, la femme réglée est mise à l'écart du village, enfermée dans une hutte ou dans une cage suspendue. Les alentours sont purifiés par des fumigations. De même les filles pubères, à l'arrivée de leurs ménarches, sont exclues du groupe et exilées au milieu des bois ou dans le désert. Quand elles ne sont pas mises en quarantaine, les femmes menstruant font l'objet d'interdits destinés à protéger la gent masculine de leur souillure. Elles n'ont pas le droit de toucher les hommes, leur contact porte malheur, rend malade ou impuissant. Elles n'ont pas non plus le droit de toucher la nourriture et les récipients qui la contiennent, ni même de manger avec les mâles, pour les mêmes raisons. Il leur est défendu de toucher les armes, sinon le chasseur ou le guerrier mourra dans l'action ; non plus que les objets rituels, sous peine d'irriter les dieux. Surtout, qu'elles ne touchent pas la terre et ne fassent pas d'ombre sur les champs pour ne pas compromettre les récoltes ! Quant au bétail, qu'elles ne l'approchent pas, car il tomberait malade ou deviendrait stérile.

Chez les Juifs, la Bible interdit d'avoir des relations sexuelles avec une femme pendant ses règles (Lév., 20, 18). Le Talmud défend à la femme menstruant de toucher un homme et de marcher près de lui. La tradition lui défend même de toucher les objets appartenant au mari ou à tout autre homme, sous peine de les rendre impurs ; non plus que certains aliments, qui sinon se gâteraient. Elle doit se rendre aux bains publics pour procéder à des purifications rituelles. Dans toutes les populations, la liste des maux et des maladies provoqués par le contact d'une femme réglée est innombrable.

En ce qui concerne les rapports sexuels pendant les règles, beaucoup d'hommes les refusent. Que les menstrues surviennent, et soudain l'état de grâce d'une rencontre s'achève, le désir de l'homme s'éteint et sa verge s'étiole ; l'enthousiasme fait place à la gêne et à l'impuissance. Ceux qui acceptent le coït en cette période le font sous la poussée irrésistible du désir ; ils le font *malgré* les règles ; encore faut-il que, la femme s'étant méticuleusement nettoyée, on fasse comme si elles n'existaient pas. Ce qui revient pour l'homme à nier une phase de la vie féminine et la féminité ; et pour la femme à se renier.

Les femmes souhaiteraient que les hommes cessent de considérer les règles comme un phénomène répugnant, qu'ils respectent l'identité féminine dans tous ses aspects, dans toutes ses différences.

Cachez ce sexe

Nos ancêtres préhistoriques, dès qu'ils surent dessiner ou graver — à partir du paléolithique supérieur, c'est-à-dire 30 000 avant J.-C. —, se mirent à figurer la femme et tout particulièrement son sexe. Soit ils représentaient la femme dans sa totalité en soulignant les seins, le bassin et le sexe, soit ils ne représentaient que le sexe. Les parois des grottes abondent en vulves gravées dans leur vérité anatomique ou, plus souvent, stylisées : ovales fendus d'un trait ou triangles pointe en bas, fendus d'une demi-bissectrice. Chacun s'entend à reconnaître dans ces graphismes des symboles de fertilité. Mais sans doute sont-ils aussi des signes érotiques tracés par des adorateurs de la féminité.

Depuis l'époque historique, seul l'Orient osa figurer le sexe féminin. Là il n'était ni sale, ni laid. On le représentait souvent de façon poétique, l'assimilant le plus souvent à une fleur ou à un fruit : lotus, glaïeul, pêche, prune, noix de coco. On trouve également nombre de dessins et de statues offrant les merveilleux plis et replis sexuels dans leur authenticité organique. A l'inverse, on ne compte plus les formes stylisées en triangles pointe en bas. La divine vulve était l'objet d'un culte prodigieux.

En Occident, non seulement on ne représente jamais l'admirable configuration interne de la vulve, mais on feint d'ignorer son aspect extérieur. Car, enfin, à cuisses fermées, c'est bien un triangle replet et touffu (le mont de Vénus), fendu d'une demi-bissectrice (l'incisure antérieure des grandes lèvres)! Or, que voit-on le plus souvent, sur les statues, sur les tableaux? Une zone lisse sans bombement, sans poils, sans fente... Plastique mensongère qui, depuis vingt-cinq siècles, nie le sexe de la femme.

Ce sont les Grecs qui, au siècle de Périclès, ont inventé cette censure. Pour couper les ponts entre l'homme et ses origines animales. Pour se détacher de l'emprise de la déesse mère, de cette civilisation matriarcale qui leur collait aux talons. Pour se différencier des peuplades agrestes, sales, hirsutes et incultes qui les entouraient. Dans un suprême effort, ils voulaient, dans tous les domaines et en particulier dans les arts, arracher la pensée à la chair. Que la logique triomphe du biologique. Que le monde soit dit mais non senti. Conformant leur esthétique à cette nouvelle éthique, ces citadins propres, rasés et cultivés sculptèrent des femmes sans vulve. La vulve inesthétique? Allons donc! N'est-ce pas encore la peur qui la fait voir ainsi? Faire le corps féminin lisse et plein, ce serait alors exorciser toutes les peurs.

Le christianisme prit le relais de la misogynie grecque, en l'amplifiant: la vulve était bestiale, elle devient impure, elle était laide, elle se fait peccamineuse. Plus aucune femme ne sera velue ni fendue pendant deux millénaires.

Qu'en est-il en ces temps de libération des mœurs? Officiellement le triangle sacré et la somptueuse efflorescence sont toujours tabous. La liberté, en réalité, ne profite qu'aux fabricants d'images pornographiques. Décidément, entre l'interdit et la licence, l'Occident ne trouve pas de voie. Comme s'il ne pouvait concevoir un sexe tout à la fois authentique et transcendant.

La fleur assassinée

Un orifice, ça s'obstrue ! Ce raisonnement simple et monstrueux, l'homme l'a tenu. De tout temps, sous toutes les latitudes, certains placèrent devant l'entrée une plaque de métal maintenue par des sangles. Ces « ceintures de chasteté » s'utilisèrent — et s'utilisent toujours — tant en Orient qu'en Afrique ou en Occident. D'autres, plus sadiques encore, oblitèrent le passage en cousant les grandes lèvres après en avoir tranché les bords. Cette « infibulation » se pratique chez les jeunes filles ; le soir des noces, l'acquéreur, d'un coup de poignard, ouvre la voie.

Un bouton, ça se coupe ! Autre idée simple et monstrueuse qui vint à l'homme : la clitoridectomie s'est pratiquée dans l'Egypte ancienne, en Afrique noire et au Proche-Orient ; elle fut courante en Europe aux XVIe, XVIIe, XVIIIe et XIXe siècles. Elle continue de sévir en Afrique noire et au Proche-Orient.

Les hommes usèrent encore plus largement de la clitoridectomie « religieuse » : elle consiste à décréter que la stimulation de l'organe par la femme elle-même ou par un tiers est immorale. C'est ainsi qu'en Occident la masturbation, l'onanisme, est qualifiée de péché et qu'en Afrique la titillation clitoridienne, sous toutes ses formes, est considérée comme impure.

Au moment où la notion de péché perdait de son efficacité, les psychanalystes inventèrent la clitoridectomie « psychique » : elle consistait à affirmer que le clitoris est un organe vestigial et son plaisir, mineur et dégradant et que seul le vagin peut procurer un plaisir authentique.

Pourquoi les hommes se sont-ils acharnés sur ce

sacré bouton ? Parce qu'il est un organe dangereux et inutile pour eux. En l'excisant, ils voulaient réduire la « lubricité » de la femme, c'est-à-dire son envie de jouir et sa possibilité de le faire, et prévenir ses épuisantes exigences et ses infidélités. Pour sauvegarder leur tranquillité et l'ordre public, ils voulaient aussi s'opposer à l'autonomie érotique de la femme. Le clitoris offre à sa porteuse une possibilité d'autosatisfaction qui la rend indépendante de l'homme. Or, une femme qui détient l'autonomie de sa jouissance risque de revendiquer une certaine autonomie d'existence. Ce qui pourrait remettre en cause l'organisation patriarcale de la société. « *Qui possède ce désir autonome pour soi en vient à désirer le reste, c'est-à-dire prendre prise sur le monde, sur le concret, vouloir décider, faire... Seul l'homme... décide du reste* » (27). Pas question que les femmes s'arrogent les droits masculins.

Officiellement, les tortionnaires n'avouent pas leurs vraies motivations. Ils avancent que le clitoris est un organe de pur plaisir que ne légitime aucunement la fonction reproductrice. Et qu'il n'est pas équitable que la femme ait une seconde zone érogène quand l'homme n'en a qu'une. A vrai dire, cette mutilation n'est-elle pas une manifestation extrême de la domination de l'homme sur la femme ? Une haine-peur ?

La femme assassinée

Pour se protéger de la femme, pour sauvegarder son pouvoir, l'homme ira jusqu'à l'extrême : l'assassinat de sa compagne. Les femmes ayant enfreint certaines lois ou commis certaines « fautes » — l'adultère, par exemple — sont punies de mort ; selon les pays : la décapitation, le lynchage, le bûcher.

En Europe, entre le XIIe et le XVIIIe siècle, l'exécution des femmes accusées de sorcellerie prendra l'ampleur d'un génocide. Nous y reviendrons.

DEUXIÈME PARTIE

La peur à travers les siècles

Selon les époques, selon les pays, la peur que ressentent les hommes et sa conséquence : la répression de la femme ont pris des aspects particuliers, des allures diverses. Les femmes ont résisté comme elles ont pu, se sont révoltées parfois ; certaines valeurs féminines ont perduré, certaines déesses resurgi.

Connaître l'histoire de cette guerre cruelle que les hommes ont livrée aux femmes devrait nous permettre d'y mettre un terme.

1

La Chine: le paradoxe

La peur des hommes est-elle un phénomène universel ? Nous ne pouvons l'affirmer sans interroger l'une des plus anciennes et des plus remarquables civilisations du globe : la Chine.

La Chine est un paradoxe. Elle a raffiné les moyens de la jouissance féminine jusqu'à en faire un art : c'est l'érotique taoïste. Par ailleurs, elle a conçu un système philosophique misogyne : le confucianisme.

La nuit des temps

L'ancêtre des habitants du Céleste Empire fut un *Homo erectus* venu d'Afrique, après une marche forcée de cinquante mille ans. On sait peu de chose des temps qui précédèrent l'écriture. Les idéogrammes ultérieurs font état d'empires mythiques. Le plus fascinant fut celui de « l'Empereur jaune », véritable âge d'or de la Chine.

Sans doute la Chine préhistorique, à l'instar de tous les pays, fut-elle un état matriarcal. Ce sont les femmes, si l'on en croit la légende, qui détenaient le savoir sexuel : même le fameux « Empereur jaune » recourait à l'enseignement d'une préceptrice du sexe, la non moins fameuse Sou-Nu, la fille aux cheveux de jais.

Au temps du matriarcat

Les premières dynasties historiques furent matriarcales, celle des Hsia — de 3000 à 1660 avant J.-C. —, comme celle des Yin — de 1660 à 1100 avant J.-C. La succession des souverains se faisait sur le mode matrilinéaire. Les enfants portaient le nom de leur mère. Le rôle du père dans la génération étant inconnu — comme l'était peut-être le père lui-même —, les seuls liens sûrs étaient ceux qui liaient les enfants à leur mère.

Dans les écrits, sur les peintures érotiques, la femme figurait en rouge, l'homme en blanc. Or le rouge symbolisait le pouvoir créateur, la vie, la lumière, la puissance sexuelle, le bonheur. Le blanc, lui, exprimait les influences négatives, la mort, la faiblesse sexuelle. «*Cette association de couleurs donne à penser que dans les temps archaïques, on considérait la femme comme sexuellement supérieure à l'homme*» (13). De fait, la femme demeurait «*la gardienne des arcanes du sexe et la dépositaire de toute connaissance sexuelle*» (13). Déjà on pensait que, pendant l'union sexuelle, les forces vitales de l'homme se nourrissent et se renforcent de celles de la femme; forces qui résident en particulier dans ses sécrétions vaginales.

En ce temps-là, on croyait qu'une force universelle, «*Ky*», animait le monde et organisait la nature selon un ordre suprême. Chaque être, chaque chose recevait une parcelle de cette énergie: c'était leur «*Tô*». La femme avait un «*Tô*» particulièrement intense, ce qui lui conférait certains pouvoirs magiques. On lui prêtait, entre autres, le pouvoir d'ensorceler l'homme. On lui prêtait aussi le don de prophétie. Les rapports sexuels avaient une signification cosmique: l'union de la femme et de l'homme était la réplique de l'union d'autres forces jumelles de la nature, telle l'union du ciel et de la terre par l'intermédiaire de la pluie.

Ces croyances, en s'étoffant, donneront naissance à la plus importante «*religion*» de la Chine, celle qui guidera ce peuple pendant des millénaires : le taoïsme. Nous y reviendrons.

L'avènement du patriarcat

Comme cela s'est produit ailleurs, l'extension de l'agriculture, l'édification des cités, la découverte du rôle masculin dans la procréation ont ruiné le pouvoir féminin.

La transition entre le matriarcat et le patriarcat se situe sous la première dynastie Tchow (1100 à 770 avant J.-C.). L'homme prend le pouvoir, mais la femme conserve une profonde influence et les mesures coercitives prises à son égard ont sans doute pour objet de réduire cette influence. Les valeurs s'inversent : l'homme, prétend-on, est un être supérieur, fort, actif, porteur de lumière ; la femme est un être faible, passif et symbole d'obscurité. Le père devient le chef tout-puissant d'un système familial solidement structuré: Il a le droit de châtier, voire d'exécuter femmes, enfants et domestiques ; et le droit de répudier ses femmes. Les jeunes filles ne sont plus consultées sur le choix de leur mari. Toutefois, l'épouse principale conserve un rôle important dans la maison.

La polygamie devient une institution officielle. A l'épouse principale l'homme adjoint des épouses secondaires et des concubines. Pourquoi ? La femme, par sa fécondité, est identifiée à la terre ; de même qu'il désirait accumuler des champs, l'homme voulait posséder plusieurs femmes. De plus, la femme recelait une puissante énergie sexuelle où l'homme puisait un regain de force. C'est à cette époque que s'instaure la séparation des sexes : les femmes, dès l'âge de dix ans, doivent vivre dans des appartements privés.

Toutefois on reconnaît encore, implicitement, que la femme détient un certain pouvoir, lié à la fécondité de ses entrailles. C'est pourquoi on plaçait, parmi les offrandes funéraires, des coquilles de couris : en forme de vulve, elles regorgeaient d'énergie créatrice. C'est pourquoi aussi, quand il s'agissait de prendre des décisions importantes, les hommes descendaient dans des cavernes : là, au sein de la terre, féconde comme la femme, ils ne manqueraient pas d'idées.

Sous la seconde dynastie Tchow (770 à 222 avant J.-C.), le patriarcat relâcha sa vigilance. Les femmes mariées agissaient avec la plus totale indépendance et avaient des aventures amoureuses. Même dans les palais, régnait la plus grande licence. Les hommes, alors, se mettent en tête que l'excès de plaisir sexuel affecte leur santé. Les médecins renchérissent, tel celui appelé auprès du prince Tsin malade : « *Si l'on commet des excès dans ses rapports sexuels, une fièvre interne se déclarera, et l'esprit en sera affecté. Or tu ne pratiques pas la modération dans l'acte sexuel. Comment pourrais-tu éviter de tomber malade ?* » (13)

Certains hommes s'avisent également qu'une trop grande liberté de mœurs peut affecter le fonctionnement de l'Etat : les fonctionnaires, épuisés, perturbés ou malades, le serviraient mal ; et les intrigues de palais, ourdies sous l'influence des femmes, mineraient son autorité. Les hommes alors se divisent en deux camps. Les plus justes souhaitent préserver la liberté des femmes et l'harmonie des relations sexuelles : ils soutiennent la philosophie taoïste. Les plus peureux sont partisans de réprimer la femme : ils deviennent les adeptes d'une nouvelle philosophie qui apparaît, le confucianisme. Les deux courants coexisteront dès lors, chacun l'emportant sur l'autre à tour de rôle, jusqu'au milieu de notre siècle.

Le taoïsme

Plus qu'une religion, le taoïsme est une philosophie. Le «*Tao*» est analogue au «*Ky*» de l'époque matriarcale: c'est un torrent continu de forces cosmiques dont les eaux changeantes tourbillonnent dans l'espace et le temps. Dans ce flot on peut distinguer des forces jumelles: le Yin et le Yang. Chaque être, chaque chose est traversé par ces courants et devient à son tour un flux complexe. Certains reçoivent plus de Yin ou plus de Yang. La femme recèle plus de Yin que de Yang; chez l'homme, c'est l'inverse.

Depuis la prise du pouvoir par les hommes, nous le savons, les valeurs se sont inversées: de positif, le féminin est devenu négatif; le masculin, de négatif, est devenu positif. Si bien que le Yin correspond désormais à l'ombre, à la terre, à la lune et à l'eau; et le Yang à la lumière, au ciel, au soleil et au feu. Mais les taoïstes soulignent que, de même que l'eau est plus forte que le feu, le négatif l'emporte sur le positif. On remarque aussi que dans le binôme Yin-Yang, le Yin est toujours nommé en premier; c'est un vestige du matriarcat.

Le but du taoïsme est de vivre en harmonie avec la force Tao. A suivre son cours, on trouve le bonheur. L'homme trouvera les voies du Tao par la méditation ou bien en s'accordant avec ce qui contient le plus de forces primordiales: la nature et la femme. La nature, l'homme y est devenu étranger, disait déjà le *Yi-king*; il lui faut se rapprocher des éléments naturels et tenter de vivre plus simplement. Quant à la femme, elle qui crée la vie, elle déborde de forces vives. Vénérons-la et unissons-nous à elle. L'union sexuelle de l'homme et de la femme fusionne leurs flux Yin et Yang, le courant de leur conscience et les essences de leurs corps. Cette harmonisation complète, c'est le Tao retrouvé.

Pour atteindre ce sommet, il faut pratiquer l'acte sexuel selon un certain art. Le but est de prolonger l'union afin de donner à l'harmonisation le temps de s'établir. Le but est aussi de procurer à la femme le maximum de plaisir: parce que c'est équitable et parce que la volupté lui fait distiller en grande quantité cette essence Yin si bénéfique à l'homme. Oui, c'est en prolongeant l'union que l'homme permet à la femme d'accéder à une plus grande jouissance: «*La femme appartient au Yin, la particularité de ce Yin est de s'éveiller doucement et aussi d'être lentement satisfait*» (28). Pour prolonger l'acte, l'homme doit éviter d'éjaculer. En effet, après l'émission, le désir et les forces de l'homme s'amenuisent: «*L'homme appartient au Yang, la particularité de ce Yang est de s'éveiller vite mais aussi de se retirer facilement*» (28). L'acte sexuel, acte naturel qui s'intègre à l'ordre naturel, n'est jamais culpabilisé. Mieux, c'est un acte sacré qu'il faut entourer de décence et de décorum.

Ces principes fondamentaux vont présider aux rapports entre les sexes, en Chine, pendant trois à quatre mille ans. C'est eux qui ont inspiré aux Chinois des égards envers la sensualité féminine.

« L'art de la chambre à coucher »

L'érotique taoïste est exposée dans des manuels illustrés qui enseignent «l'art de la chambre à coucher». Les premiers parurent sous les Han antérieurs (206 avant J.-C.). Le plus célèbre fut le *Manuel du sexe de la fille de candeur*. D'autres paraîtront, constitués le plus souvent d'extraits commentés des premiers. Jusqu'au XIXe siècle, ils revêtent la forme d'un dialogue entre «L'Empereur jaune», le fameux empereur mythique de l'âge d'or, et Sou-nu, la fille de candeur, gardienne des arcanes du sexe et préceptrice du souverain.

D'entrée, ces ouvrages donnent la signification cosmique de l'union sexuelle. Puis ils présentent les avantages de l'art d'aimer taoïste: vivre heureux jusqu'à un âge avancé et obtenir une splendide progéniture, mâle de préférence. La partie « technique » (préliminaires, baisers, caresses, maîtrise de l'éjaculation, mode de pénétration, positions, etc.) se justifiait par rapport aux buts. Le ton est sérieux et poétique à la fois, nullement frivole, jamais pornographique. Ces livres faisaient partie du trousseau de l'épousée et servaient à initier les jeunes mariés.

L'union sexuelle est une opération magique. En mettant en présence leurs énergies et leurs essences spécifiques — le Yin et le Yang —, l'homme et la femme renforcent leur vitalité réciproque. La femme absorbe la puissance masculine, l'homme la puissance féminine.

Une tactique subtile

Bien qu'avantageuse pour la femme, l'érotique taoïste constitue, sous certains aspects, une subtile tactique inspirée par la mâle peur et l'intérêt masculin.

1. Puiser l'énergie féminine : dans l'échange des énergies et des essences, l'homme a plus à gagner, car la femme a plus à offrir. Par son sexe, elle dispense les essences abondantes de sa « fleur de lune » ; par ses seins, elle délivre son « suc de corail » ; par sa langue, elle offre la salive de la « fontaine de jade ». « La médecine des trois pics » nous apprend que ces diverses sécrétions féminines ont des vertus thérapeutiques et que, *in fine*, elles se transforment dans l'homme en essence Yang. En face de la généreuse femme, l'homme fait figure d'avare : sa liqueur séminale, il la retient, ses seins sont secs et sa salive, il la conserve, de peur que la femme, en recevant trop de Yang, ne change de sexe ! Cela ne l'empêche pas de vouloir toujours plus de Yin : « *Si un homme change continuellement les femmes avec lesquelles il s'accouple, grand sera le bienfait. Si en une nuit, il peut copuler avec plus*

de dix femmes, c'est pour le mieux » (13). Il s'agit là d'un véritable vampirisme sexuel.

Il y a pire : certains manuels déconseillent même d'initier la femme à l'art érotique : « *Un homme qui s'entend à nourrir son essence Yang ne doit pas permettre à la femme d'apprendre cet art. La reine du Paradis d'Occident est l'exemple même d'une femme qui avait trouvé la Voie en nourrissant son essence Yin. Chaque fois qu'elle avait commercé avec un homme, il tombait malade aussitôt, mais quant à elle, son visage était lisse et transparent* » (13).

2. Economiser le précieux sperme : si l'homme retient son sperme, c'est non seulement pour amener la femme, plus lente, à l'ultime jouissance, c'est aussi pour s'éviter une perte qui le mine. La semence d'un homme est ce qu'il a de plus précieux, la source de sa santé et de sa vie même. Toute perte diminue sa vitalité, son Yang. L'homme qui éjacule beaucoup mourra jeune. C'est ce qu'exposent les « Traités ».

Inversement, celui qui retient son sperme vivra en pleine santé et sa vie sera prolongée. Il pourrait même atteindre à l'immortalité. « *Chaque fois qu'un homme se retient, c'est comme s'il ajoutait de l'huile nouvelle à la lampe en train de s'éteindre* » (13).

3. Gérer le harem : avoir plusieurs femmes, c'est sans doute un signe extérieur de richesse, mais ce n'est pas une sinécure. Il faut satisfaire les besoins de chacune, et sans en favoriser aucune, sous peine de voir les appartements féminins livrés, par frustration et par jalousie, aux querelles intestines. L'homme était donc tenu, chaque nuit, de procurer à plusieurs femmes les meilleures jouissances. Mais comment y arriver sans s'épuiser, sans altérer sa santé ? La réponse tient en deux mots : « *coitus reservatus* ». Il ne devait pas s'abandonner à l'orgasme, ni gaspiller sa semence.

4. Faire un garçon : le devoir sacré de tout homme était d'engendrer des enfants mâles afin

d'assurer la continuité des rites funéraires. En effet, seuls les hommes peuvent pratiquer les offrandes à la mémoire des ancêtres, offrandes indispensables pour renouveler le « Tô » des morts. Pour produire des garçons, les hommes devaient être en possession du maximum de Yang. Il fallait donc l'accroître par de fréquents rapports sexuels au cours desquels ils puisaient le plus possible de Yin qu'ils transmutaient en Yang; et éviter de le réduire par des éjaculations intempestives.

Nous le voyons, l'érotique taoïste n'est pas une vénération de la femme *per se,* ni une pratique purement altruiste. L'application à donner à la femme l'optimum de plaisir relève de motivations phallocentriques : dominer la femme et conjurer les peurs — peur de l'épuisement, de la maladie, de la mort, peur de mécontenter les ancêtres, peur des querelles féminines, peur de perdre sa réputation et sa charge.

Il n'en reste pas moins que le taoïsme, en sacralisant la sexualité, l'a hissée à un niveau que n'a pas connu l'Occident ; et, en prônant la satisfaction du plaisir féminin, il a permis l'épanouissement sensuel de la femme.

Concurrencé puis combattu par le confucianisme, le taoïsme va connaître des fortunes diverses.

Le confucianisme ou l'ordre au masculin

Nous avons vu qu'à la fin de la dynastie Tchow certains hommes se plaignaient des femmes. Parmi ceux qui se lamentaient le plus, il y avait les « officiers », archétypes des « lettrés-fonctionnaires », qui comprenaient les militaires gradés, les régisseurs et les scribes. Ils réclamaient des réformes. C'est de leurs rangs que sortit Confucius, vers l'an 500 avant J.-C. Confucius souhaite le rétablissement d'un Etat patriarcal fort. Il se fait le défenseur de la famille, assise de l'Etat. Il exhorte à l'obéissance et à la fidélité au maître, conditions de l'ordre social. Il réclame aussi la restauration des rites. Enfin, et c'est l'aspect le plus original de sa pensée, il préconise la bonté comme force morale.

C'est sous la dynastie suivante, celle des Han antérieurs (206 avant J.-C. jusque 25 après J.-C.), que le confucianisme va prendre son plein essor. C'est qu'à nouveau sévissait un relâchement des mœurs. Les anciennes classes féodales s'étant désagrégées, une nouvelle classe moyenne s'était élevée, qui n'avait pas les traditions morales de l'aristocratie féodale. Les cours princières étaient devenues le lieu d'interminables orgies et d'horribles cruautés. Pour bâtir l'organisation de leur colossal empire, les Han antérieurs ont besoin d'une nouvelle base idéologique qui remplacera la pensée féodale et d'un personnel administratif compétent. Les lettrés confucianistes offrent à la fois l'idéologie et la compétence. Les textes de Confucius — appelé désormais « le Grand Maître » — sont remaniés et deviennent la doctrine classique.

La famille est le fondement de la nation. L'homme est le chef absolu. La femme lui est totalement soumise ; c'est un être inférieur bien que biologiquement indispensable pour la lignée ; c'est aussi un être dangereux : le libertinage risque de disloquer l'ordre familial et social. On renforce la séparation des sexes et la relégation des femmes. Celles-ci vivent dans des appartements intérieurs, dont les portes sont fermées à clé et gardées. Quand elles doivent se rendre à l'extérieur, elles se voilent.

Un homme et une femme n'ont pas le droit de se voir face à face, de s'asseoir côte à côte, de marcher l'un près de l'autre dans la rue. Un homme et une femme ne se toucheront pas, sauf dans la chambre à coucher. Ils ne se donneront rien de la main à la main. Ils n'auront ni la même tasse, ni le même plateau, ni le même coffre. Si, exceptionnellement, ils dorment ensemble, ils n'auront pas la même natte. Un médecin n'a pas le droit de voir sa patiente. Celle-ci tend la main à travers un rideau et le praticien fait son diagnostic d'après le seul pouls. Il peut néanmoins s'aider d'une statuette d'ivoire où le mari indique la zone dont se plaint la femme.

Il est interdit aux femmes de s'occuper des affaires extérieures, et encore plus des affaires publiques. Le devoir de la femme est d'obéir à son mari, de lui être fidèle et de le servir. Essentiellement : s'occuper de la maison et porter de beaux enfants mâles. Il lui est interdit d'apprendre à lire, à écrire et d'accéder à l'enseignement. Si la femme le mécontente, son mari peut la répudier. Si elle faute, le mari a le droit de faire justice. Si elle commet un adultère, il peut l'exécuter sommairement.

Qu'est-ce, sinon la peur, qui préside à toute cette organisation ? Cependant, contrairement aux clercs occidentaux, les Chinois n'ont pas la moindre haine envers la sexualité. Ici, le sexe n'est pas un péché.

C'est que le taoïsme, parallèlement, demeure la doctrine prédominante. C'est la religion personnelle de l'empereur — elle le restera pour la plupart des souverains qui se succéderont jusqu'au XIXe siècle. Les premiers manuels de pratique sexuelle paraissent. La survenue du confucianisme ne contrarie pas fondamentalement la pratique du taoïsme. Les confucianistes admettent « l'art de la chambre à coucher », à condition de la limiter à la famille et... à la chambre. Ce qui confirme que le taoïsme, d'une certaine façon, sert bien les desseins des mâles.

L'éternel combat

Désormais, l'histoire de la Chine jusqu'à nos jours sera marquée par la rivalité entre les deux doctrines, le taoïsme et le confucianisme. Elles prévaudront alternativement jusqu'à ce que le confucianisme l'emporte. C'est le reflet du combat des valeurs patriarcales contre les valeurs matriarcales.

Sous les Han postérieurs (25 à 220 après J.-C.), on assiste à un développement prodigieux des manuels sexuels. Le courant taoïste, en réaction au bouddhisme qui progresse, se structure en une Eglise organisée. Parallèlement, le confucianisme sauvegarde l'ordre patriarcal jusqu'aux années 100, où la dynastie produit une succession d'empereurs incapables. Le pouvoir effectif est alors exercé par des groupes d'eunuques corrompus et soumis à l'influence des femmes. Alors un confucianiste fameux, Yang Tchen, met en garde le Trône : *« Si l'on confie à des femmes des tâches qui supposent un contact avec l'extérieur, elles seront cause de désordre et de confusion dans l'Empire... Le* Livre des Documents (Chou-king) *nous met en garde contre la poule qui annonce le point du jour à la place du coq ; (...) On ne devrait pas permettre aux femmes de participer aux affaires du gouvernement »* (13). Rien n'y fait. Le pays part à vau-l'eau. En 184, des taoïstes, les « Turbans jaunes », se révoltent. Des généraux les écrasent. Et se partagent l'empire. Ce fut l'époque des Trois Royaumes (221 à 386 après J.-C.). Sous les Trois Royaumes, l'enseignement taoïste est largement appliqué. De nouveaux manuels sont publiés ; ils jouissent d'une grande faveur populaire.

Dans les années 380, le nord de la Chine est envahi par des barbares, les Tobra. L'empire est à nouveau divisé : au Nord la dynastie Tobra, au Sud des généraux se répartissant six territoires : ce fut l'époque des Six Dynasties (386 à 590 après J.-C.). La doctrine confucianiste décline, la fonction publique périclite, la moralité baisse. C'est le retour des débauches sexuelles et des assassinats politiques. Un grand philosophe, Ko-Hong, dans le *Livre des odes*, part en guerre contre le laisser-aller. Il critique l'émancipation des femmes : *« Or, les femmes et jeunes filles du commun, à notre époque, ne s'adonnent plus au filage et au tissage (...) Ce qui leur plaît, c'est de vadrouiller sur la place du marché, etc.* » (13). Ko-Hong dénonce aussi le laxisme des hommes : « *Quand ils font visite à tel de leurs amis mariés, ils veulent à toute force rencontrer ses épouses, et quand ces dames font leur apparition, les hommes échangent à haute voix des commentaires sur leurs charmes et leurs défauts (...) Ce dérèglement, cette licence masculine,* constate Ko-Hong, *sont aussi dangereux pour la famille et pour l'Etat que la conduite indécente des femmes* » (13). Il demande aux maris d'affermir leur autorité sur leurs femmes. Il réitère tous les tabous du confucianisme.

L'appel est entendu. Un général du Sud, confucianiste convaincu, renverse la dynastie du Nord, réunifie l'empire et fonde la dynastie Soei (590 à 618 après J.-C.). Les lettrés confucianistes reprennent en main l'administration. Le pays se relève. Mais le successeur de l'empereur, son fils, n'a pas ses capacités. A son tour, il s'abandonne aux plaisirs. Un général le renverse.

Le général rebelle fonde la dynastie Tang (618 à 907 après J.-C.). C'est la période la plus glorieuse de l'histoire de la Chine. La Chine est alors le plus grand empire du monde. Les confucianistes administrent de nouveau le pays. Les arts et la littérature prospèrent. Les enseignements sur le sexe sont considérés comme branches de la médecine. Ils sont écrits par des docteurs. Mais vers les années 900, on entre de nouveau dans des basses eaux de moralité. Les lupanars sont devenus des institutions officielles, les courtisanes se sont multipliées, les monastères hébergent des dames galantes, la cour impériale, d'une magnificence jamais vue, au sérail peuplé de centaines de femmes, est une fourmilière d'intrigues. Arrive sur le trône un empereur marionnette. Il fait long feu. Des généraux le contraignent à abdiquer et se partagent l'empire.

C'est l'époque éphémère des Cinq Dynasties (908 à 958 après J.-C.). L'un des empereurs, Li Yu, par ailleurs l'un des plus grands poètes de l'amour, invente la mode des pieds bandés. Or les confucianistes, loin de vitupérer ces frivolités, encouragèrent cette pratique : pardi, elle empêchait les femmes de s'écarter de la maison ! Des généraux, les Song, se débarrassent facilement de souverains aussi fragiles que frivoles et réunissent l'empire.

Au cours de la dynastie Song (958 à 1279 après J.-C.), on assiste à un réveil du confucianisme : il devient la religion d'Etat, officielle et unique. Le taoïsme et le bouddhisme sont réprimés. Les manuels de sexe sont expurgés et se font rares. C'est le déclin du taoïsme en tant que grande religion. On exige une interprétation stricte des textes confucianistes classiques : on réaffirme l'infériorité de la femme, on exige une séparation plus rigoureuse des sexes. Sévèrement redéfinie, l'idéologie assure à l'administration une base solide, permet le contrôle de la pensée, renforce le pouvoir central. Elle restera, jusqu'au XXe siècle, le *credo* de la bureaucratie chinoise. Cependant, dans la seconde période Song, les souverains s'intéressent de nouveau plus au taoïsme qu'aux affaires de l'Etat. L'empire redevient fragile.

En 1280, les Mongols envahissent la Chine, renversent les Song et fondent la dynastie Yuan (1280 à 1367 après J.-C.). Pour mettre leurs femmes à l'abri des occupants, les hommes exigent le respect le plus absolu des règles d'isolement. Ils font paraître des traités de morale pudibonds qui comportent des listes d'actions déméritantes (13). Ces listes concernent plus spécialement la sexualité, comme de bien entendu : « *Dévorer des yeux les charmes de ses femmes. Laisser naître en soi des pensées concupiscentes. Chanter des chansons frivoles. Toucher les mains de ses femmes quand on leur tend des objets. Louer le talent et la capacité de ses femmes. Lire des poèmes d'amour en présence de ses femmes, etc.*» Ces traités rappellent que «*s'unir avec ses épouses, c'est s'acquitter d'un devoir sacré envers la famille et l'Etat; et qu'y prendre du plaisir est indécent*». Ils rappellent qu'il faut tout faire pour que les femmes atteignent ce qui est leur principale vertu: l'humilité. La sempiternelle peur des hommes, conjuguée à une réaction nationaliste, exacerba le confucianisme jusqu'à en faire un puritanisme que n'aurait pas renié la reine Victoria elle-même. Malgré cela, «l'art de la chambre à coucher» est toujours répandu, appliqué, apprécié. Mais on n'en parle plus ouvertement.

A l'inverse, les occupants mongols se laissent aller à une vie de stupre. Leurs vertus guerrières s'amollissent. Le peuple chinois se soulève, des généraux prennent le commandement de la révolte. Les Mongols sont chassés. L'un des généraux vainqueurs fonde la dynastie Ming (1368 à 1664 après J.-C.). C'est l'une des plus grandes: l'empire n'a jamais été aussi étendu; l'administration, centralisée, est aux mains d'une puissante bureaucratie constituée de lettrés-fonctionnaires confucianistes. C'est aussi l'une des plus brillantes: les arts et les lettres sont plus florissants que jamais. La seule religion est alors le néo-confucianisme. Le puritanisme triomphe et pénètre le peuple lui-même: la séparation des sexes est rigoureuse; l'enfermement des femmes, implacable: le culte de la chasteté féminine atteint son apogée. L'idéologie est tellement pesante que le moindre écart, taxé d'«hétérodoxie», est considéré comme une atteinte à la souveraineté de l'Etat.

Au début des Ming, l'art érotique taoïste continue d'être pratiqué dans l'intimité. Quelques nouveaux manuels voient le jour; en nombre limité, ils ne circulent plus librement; du reste, ils n'ont plus la vogue. Dans la seconde partie du règne Ming, sous l'effet d'un regain de puritanisme des néoconfucianistes, le taoïsme est vivement combattu. Les manuels sont censurés ou même détruits. A la fin du règne, les lettrés ignorent carrément les manuels. Seul un noyau de fidèles pratique encore l'érotique taoïste.

C'est à cette époque qu'éclosent les romans pornographiques. Ils remportent un vif succès. Ils tendent tous à démontrer que les abus sexuels causent la ruine des maisons et des individus : la femme redevient un épouvantail : « *La porte qui t'a donné la vie, ce peut être aussi la porte qui te mène à la mort* », peut-on lire dans un ouvrage. Les hommes ont oublié l'enseignement taoïste et la peur s'est de nouveau emparée d'eux.

Pourtant, les écarts vont se multiplier ; le pays et la dynastie entreront dans une phase de décadence. Les orgies sexuelles s'étendent. La cour est livrée à l'incurie et aux coteries. Misérable, le peuple se révolte. Le dernier empereur Ming se suicide. Le chef des émeutiers se proclame empereur. C'est le moment que les Mandchous choisissent pour attaquer la Chine. A la frontière, un général chinois fameux, Wou-San-Koei, s'apprête à repousser les envahisseurs. C'est alors qu'il apprend que le nouvel empereur a pris sa concubine favorite. Pour se venger, il s'allie avec les Mandchous, défait l'usurpateur... mais les Mandchous restent en Chine ! Et chacun de se remémorer un vieil adage chinois : « *Une belle femme peut renverser un empire.* »

Les Mandchous fondent la dernière dynastie, celle des T'sing (1644 à 1912 après J.-C.). Leur occupation va durer quatre siècles. Les Chinois réagissent comme ils l'avaient fait face aux Mongols : ils se claquemurent dans leurs maisons et, pour soustraire leurs femmes à la convoitise des occupants, ils remettent en application les principes confucéens. Quelques sectes taoïstes réapparaissent. En 1852, un magicien taoïste soulève ses disciples contre le gouvernement. Les insurgés sont exterminés. Tous les adeptes des sectes sont poursuivis et exécutés pour « offense à la bonne moralité » !

Ainsi va l'histoire, éternel recommencement : la débauche s'accroît, le pays sombre, un général confucianiste prend le pouvoir et restaure l'Etat. Mais, chaque fois, les femmes font les frais des réformes, car les maîtres les tiennent pour uniques responsables des dépravations et de la décadence.

Malgré les efforts des gouvernants pour l'anéantir, malgré les persécutions, le mouvement taoïste se perpétue jusqu'à nos jours, avec ses communautés secrètes, ses flambées de mysticisme. En 1950, une secte clandestine tente de renouer avec l'érotique taoïste. Ses membres sont arrêtés.

Le taoïsme, tout au long de l'histoire de la Chine, représenta la survivance du courant matriarcal et, à ce titre, constitua une force d'opposition aux divers gouvernements patriarcaux.

Taoïsme et confucianisme influencèrent conjointement les Chinois. Dans la chambre à coucher, le taoïsme gouvernait les relations entre l'homme et la femme : la femme, gardienne des arcanes du sexe, demeurait théoriquement la grande préceptrice. En dehors de la chambre, c'était le confucianisme qui organisait les rapports entre les sexes : la femme, placée sous l'étroite tutelle de l'homme, était reléguée au rang le plus bas. Le néo-confucianisme puritain expulsa le taoïsme de l'intimité elle-même.

La Chine a été, de façon exemplaire, le vaste champ clos des affrontements de la femme et de l'homme. Ou, plutôt, de l'homme et de sa peur. Comme dans tous les pays, la peur a triomphé.

2

De Babylone à Jérusalem : ça tourne mâle

Hommes de Babylone, d'Israël, d'Athènes, de Rome, la peur ne vous épargna guère. Effrayés, qu'avez-vous fait de l'amour ? Qu'avez-vous fait des femmes ?

Babylone, ou l'amour à deux secteurs

A la place de l'Irak contemporain était la Mésopotamie. Là, au IVe millénaire avant J.-C., les Sumériens fondent la première des grandes civilisations : ils connaissent l'écriture, leurs mœurs sont raffinées, et riches leurs arts. Au IIe millénaire, les Sémites l'emportent sur les Sumériens et font de Babylone leur capitale. Au Ier millénaire, c'est au tour des Assyriens de prendre l'avantage. Ils installent leur capitale à Ninive.

A Babylone, comme à Ninive, aucun tabou, aucun préjugé n'entrave la vie sexuelle. C'est une activité naturelle et bonne, pourvu qu'elle ne porte pas préjudice à quiconque. Si, dans les consciences, rien n'inhibe le plaisir, c'est qu'aucun interdit religieux ne le condamne. Et pour cause : c'est la déesse Ishtar — alias Inanna — elle-même qui a inventé l'amour ; c'est elle qui crée le désir. Ishtar est la plus belle et la plus célèbre divinité du panthéon. Femme indépendante, on ne compte plus ses toquades et ses passions. Elle a un fichu tempérament.

Dans les contes, la déesse parle allégrement de ses désirs : « *Et quant à moi, ma vulve, mon tertre rebondi, qui donc me le labourera ? Ma vulve à moi, la Reine, ma glèbe tout humide, qui y passera sa charrue ?* » (29). Voici comment, dans des poèmes qu'on récite lors des cérémonies religieuses, elle parle à Dumuzi, son amour de jeunesse :

> « *Prodigue-moi, s'il te plaît, tes caresses,*
> *Ô mon amant, cher à mon cœur,*
> *Le plaisir que tu me donnes est doux comme le [miel...*
> *Que je voudrais déjà, mon lion, être emportée [par toi dans la chambre...*
> *Prodigue-moi, s'il te plaît, tes caresses, ô mon [lion !*
> *Ce recoin doux comme le miel, pose la main des- [sus, je t'en prie !*
> *Pose ta main dessus comme sur une étoffe [agréable au toucher*
> *Et referme ta main dessus comme sur une étoffe [voluptueuse au palper.* » (29)

Sans doute, à l'instar de leur déesse, les femmes babyloniennes sont-elles réellement fort sensuelles. Du reste, elles ont dans la recherche du plaisir les mêmes droits que les hommes. Elles en usent. Elles se servent fréquemment d'incantations ou de talismans pour séduire un homme, allumer son désir ou renforcer son érection. Mis sur la bouche de l'homme, le talisman sacré a « *pour but que l'amant, tenant bon jusqu'au bout, lui assure ainsi tout le plaisir qu'elle est en droit d'attendre* » (30). Quant aux incantations, leur ferveur en dit long sur les désirs des récitantes :

« Bande ! bande ! excite-toi comme un cerf !
Bande comme un taureau sauvage !...
Fais-moi l'amour six fois comme un mouflon !...
Fais-moi l'amour parce que je suis jeune !
Fais-moi l'amour parce que je suis ardente !
Moi je t'apaiserai » (29).

Toutefois, ces psalmodies de plaisir ne sont-elles pas de nature à effrayer un mâle ? On sait que la frénésie d'une femme peut inhiber un homme et contrarier son érection. C'est ce que fait transparaître cette autre incantation :

« Prends-moi ! n'aie pas peur !
Bande sans crainte, par ordre d'Ishtar ! » (29)

Peur... Le mot est lâché. Bien sûr, les hommes fascinés se réjouissent de la volupté de leurs compagnes. Mais n'est-elle pas excessive ? Et les femmes par trop exigeantes ? Les Sumériens doivent le craindre, qui décrivent une Ishtar aussi terrible que sensuelle. Non, il ne fait pas bon résister à Ishtar. Selon un mythe sumérien, la déesse, ayant jeté son dévolu sur le jardinier de son père, le sollicite en termes directs. Comme il lui résiste, elle le change en grenouille. Plus tard, elle tente de séduire Gilgamesh, le héros glorieux de la célèbre *Epopée de Gilgamesh* ; elle s'offre à lui sans vergogne. Il refuse ses avances, lui rappelant les innombrables amants qu'elle a abandonnés et voués à la mort. De fait, les aventures d'Ishtar se terminent mal pour les hommes : elle les livre aux sbires infernaux du « Royaume des ombres ». N'est-ce pas ce que faisaient les grandes déesses, maîtresses de la vie et de la mort, avec leurs amants ? Par ces légendes, les hommes de Babylone mettent en garde leurs frères : « Méfiez-vous, toute passion est fatale ! »

Pour se protéger, les hommes ne se contentent

pas de contes édifiants, ils organisent la société. A laisser flamboyer la sensualité féminine, c'est le désordre social qui menace. A l'aube du patriarcat les hommes tolèrent encore le plaisir, mais ils veulent le contrôler : ils créent donc deux secteurs : « l'amour asservi », qui est le mariage, et « l'amour libre », selon les expressions de Jean Bottero (30).

L'institution du mariage permet de canaliser les pulsions amoureuses sans les interdire et donne à l'homme le moyen de maîtriser la sexualité de la femme. La famille, cellule de base de la société, garantit l'éducation des enfants, assure la cohésion de la communauté. La pression publique impose aux hommes et aux femmes de se marier ; ceux qui ne le font pas sont marginalisés ; la religion les y contraint aussi : se marier, c'est obéir aux dieux.

La fille quitte sa propre famille pour rejoindre la maison paternelle du mari. Le mari est le maître absolu, son épouse, sa propriété au même titre que ses serviteurs et son bétail. Il peut la répudier. Juridiquement monogamique — seuls les enfants légitimes peuvent jouir des droits attachés à la famille —, le mariage est de fait polygamique, les hommes ayant la faculté de prendre chez eux des épouses secondaires ; et s'ils font l'amour hors du mariage, le fait n'est puni que s'il cause des torts graves à un tiers. Par contre, les fautes de l'épouse, même vénielles, sont sévèrement sanctionnées, y compris par la peine de mort, son inconduite pouvant nuire à la cohésion familiale. Deux poids, deux mesures.

L'amour « libre » constitue un espace de défoulement. Chacun peut y assouvir son excès de pulsions sans faire éclater la famille. Chacun ? Les hommes le peuvent, mariés ou non ; les femmes mariées, non. Dans ce secteur se trouvent des professionnels du plaisir, hommes et femmes ; ces prostitué(e)s se rencontrent près des temples et des remparts ; très nombreux, ils ou elles sont tenu(e)s en haute estime, certain(e)s ont même un rôle sacré (c'est la prérogative des cultures raffinées) : ils ou elles participent aux cérémonies religieuses et leur patronne n'est autre qu'Ishtar, qui détient le titre d'*Hiérodule,* ou prostituée surnaturelle. Certains travestis miment des scènes d'accouchement, ce qui prouve que les fantasmes masculins de maternité sont bien universels.

Notons que les raffinements érotiques sont destinés non aux épouses, mais aux femmes libres. C'est avec celles-ci que les maris s'adonnent de préférence aux joies sensuelles. Il serait dangereux d'éveiller les feux dormants des épouses.

Israël : Le triomphe des mâles

La première partie de la Bible — la Genèse — fut « inventée » bien en deçà du XIIIe siècle avant J.-C. D'abord, elle fut transmise par voie orale ; ensuite elle fut écrite, augmentée d'épisodes successifs entre le XIIIe et le Xe siècle avant J.-C. Ses origines se situent donc à la fin du matriarcat. Les hommes, las de la domination des déesses mères et de leurs rites « barbares », las de la prééminence féminine et enhardis par des événements qui leur sont favorables, cherchent le moyen de contrôler les femmes et de s'assurer le pouvoir.

Alors ils vont instaurer un dieu mâle, unique et célibataire, créateur du monde et des humains, Yahvé, et par sa bouche ou par celle des prophètes, ils vont dicter leurs lois. La Genèse est l'histoire que se content ces hommes pour s'arroger le pouvoir. La Bible dans son ensemble est le récit des tribulations d'une civilisation patriarcale face aux déesses et au pouvoir féminin. C'est pourquoi on y trouve tout à la fois des déclarations misogynes — inspirées par la peur — et des déclarations d'amour — soufflées par une impérissable fascination. Les hommes de la postérité aggraveront ce qui, dans le texte initial, pouvait être défavorable aux femmes. Certains même en déformeront le sens pour le rendre plus hostile; leur haine n'aura d'égale que leur peur.

D'entrée, le récit de la création de la femme ne semble pas dicté par de bons sentiments. Créer l'homme en premier et faire naître la femme de l'une de ses côtes, c'est pour le moins une attitude phallocentrique. Toutefois, la trouvaille la plus formidable, qui signe l'essence patriarcale de l'Ancien Testament, c'est l'épisode de la faute d'Eve. En tentant Adam, elle précipite le premier homme et sa postérité dans le malheur. Ainsi l'histoire de l'humanité s'ouvre sur la faute d'une femme. Créature frivole qui se laisse tenter, créature maudite qui tente à son tour, la femme est, dès l'origine, culpabilisée et infériorisée. Il ne lui reste plus qu'à se soumettre à l'homme. C'est ce qu'en termes fort clairs les narrateurs, par la bouche de Dieu, déclarent: «*Tes désirs te porteront vers l'homme et il dominera sur toi*»(Gen., III, 16-17). Cette incontournable histoire de pomme est le mythe central de la civilisation judéo-chrétienne. Elle est «*expressément conçue pour attribuer à la femme la responsabilité de tout ce qui ne va pas en ce monde*» (9), et justifier sa subordination.

Cette histoire, non seulement disqualifie la femme, mais instaure la zizanie entre la femme et l'homme, l'homme tenant rigueur à sa compagne de l'avoir tenté, la femme gardant rancune à l'homme pour sa réponse de lâche écolier: «*La femme que tu as mise auprès de moi m'a donné du fruit de l'arbre et j'en ai mangé.*» Pour l'éternité, Adam, ou plutôt les narrateurs mâles, désignent la coupable: «*C'est elle, c'est la femme*» (Gen., III, 12).

Pendant des siècles et des siècles, prophètes et prêtres ne cesseront de nous rappeler que notre triste sort, c'est à la femme que nous le devons, entretenant ainsi la peur et la rancœur des hommes. Même si l'ont tient ce récit pour une légende, il n'en exerce pas moins une influence perfide. Ses inventeurs ont instillé à jamais un poison misogyne dans le cœur de tout homme. « Mentez, il en restera toujours quelque chose » ; on ne peut échapper totalement à la culture ambiante. Les faits étaient déjà terribles en eux-mêmes, l'exploitation qu'en feront les hommes sera bien pire encore.

Le comble sera atteint quand, plus tard, dans l'Ecclésiastique, le narrateur lancera l'idée que la faute originelle est l'acte sexuel... Oui, le fruit défendu qu'Eve offre à Adam, c'est son corps désirable ; Adam se laisse tenter. Ensemble ils consomment l'acte d'amour. C'est une faute, car Dieu, courroucé, les chasse de l'Eden. Cette interprétation est la seconde trouvaille géniale des tenants du patriarcat. Elle permet :

1. de décréter que les plaisirs de la chair sont répréhensibles ;
2. d'établir le schéma fondamental de la pensée phallocratique en Occident, à savoir : « Femme = sexe = péché. » Les Pères de l'Eglise feront le meilleur usage de cette trouvaille, comme il se doit. Plus tard, les branchés de la psychanalyse soutiendront cette interprétation : le serpent et la pomme ne sont-ils pas des symboles sexuels évidents ?

Faire accroire que la faute originelle est l'acte sexuel, le « péché de chair », est une des tromperies fondamentales du judaïsme, puis du christianisme. Le péché originel n'a pas pu être l'acte sexuel. La Genèse, nous l'avons vu, fut inventée bien avant le XIIIe siècle avant J.-C. Or, aucune des civilisations contemporaines à son invention et à sa transmission, orale ou écrite, ne condamnait la sexualité ; en Mésopotamie, nous le savons, la sexualité était une activité naturelle, saine et joyeuse. Il est évident que le péché originel ne peut être d'ordre sexuel puisque, à ces époques-là, le sexe n'avait rien de délictueux. La Bible elle-même, nous le verrons, ne comporte aucune condamnation de l'amour. Au contraire, dans la Genèse, Dieu ayant créé l'homme et la femme sexués dit que : « c'était bien». Et dans le Cantique des cantiques, qui d'ailleurs correspond tout à fait aux conceptions qu'on avait alors de l'amour, Dieu laisse Salomon et sa bien-aimée délirer de passion. Pourquoi voulez-vous que le plaisir soit péché à l'origine des Ecritures — la Genèse — et bonheur dans la suite — le Cantique? Qu'importent du reste la matérialité de la faute et sa nature, l'important, pour les narrateurs, c'est qu'il y ait eu transgression de la volonté du Créateur; cela permet d'expliquer la punition et la difficile condition des humains.

L'Ecclésiastique comporte des versets virulents: «*C'est par la femme qu'a commencé le péché et à cause d'elle nous mourrons tous.*» «*Ne te laisse pas prendre à la beauté d'une femme: de femme n'en désire pas.*» «*Détourne les yeux d'une jolie femme, la beauté d'une femme en égara beaucoup et l'amour comme un feu s'y enflamme.*» «*Des vêtements sort la mite et de la femme une méchanceté de femme.*» «*Et j'ai reconnu que la femme est plus amère que la mort, qu'elle est le filet des chasseurs, que son cœur est un rets et que ses mains sont des chaînes. Celui qui est agréable à Dieu se sauvera d'elle, mais le pécheur s'y trouvera pris*» (Eccl., VII).

En réalité, l'Ecclésiastique n'est pas un texte inspiré mais l'œuvre d'un pauvre misogyne, un nommé Ben Sira, écrit vers 190 avant J.-C. Hélas, ses déclarations seront reprises avec jubilation par tous les ennemis de la femme!

Les Proverbes contiennent également des passages hostiles à la femme, telles ces mises en garde contre la femme tentatrice — adultère ou prostituée. Ces amours, qui échappent au contrôle patriarcal, provoquent chez les hommes une réelle panique: la mort, disent-ils, est au rendez-vous.

«*Et voici, il fut abordé par une femme*
Ayant la mise d'une prostituée et la ruse dans le cœur.
Viens, enivrons-nous d'amour jusqu'au matin

Livrons-nous joyeusement à la volupté
Car mon mari n'est pas à la maison...
Il se mit tout à coup à la suivre
Comme le bœuf va à la boucherie.
Que ton cœur ne se détourne pas vers les voies
[d'une telle femme.
Ne t'égare pas dans ses sentiers.
Ils sont nombreux, tous ceux qu'elle a tués.
Sa maison c'est le chemin du séjour des morts.»
(Prov. VII, versets 10, 11, 22, 25, 27)

Quant à la femme fidèle, celle qui se place sous le contrôle phallocratique, elle est louée: «*Une femme vertueuse? Elle a plus de valeur que des perles. Le cœur de son mari a confiance en elle, et les produits ne lui feront pas défaut*» (Prov. XXXI, 10-11). Ainsi donc est vertueuse la femme qui n'inquiète pas l'homme. Ainsi la vertu s'achète...

Paradoxalement, on trouve dans ces mêmes Proverbes des versets qui chantent admirablement la griserie amoureuse et le merveilleux féminin: «*Et fais ta joie de la femme de ta jeunesse, biche des amours, gazelle pleine de grâce. Sois en tout temps enivré de ses charmes, sans cesse épris de son amour*» (Prov., V, 18-19).

Ainsi la Bible exprime-t-elle tantôt de l'hostilité, tantôt de l'admiration envers la femme et l'amour. C'est qu'elle est l'œuvre d'hommes partagés entre leurs peurs et leurs attirances. C'est aussi qu'aucune civilisation patriarcale ne peut résister totalement aux valeurs matriarcales, qui perdurent à travers les siècles. C'est pourquoi on trouve dans la Bible des passages franchement favorables à l'amour et à la femme.

Dans la Genèse, par exemple, Dieu affirme l'égalité de la femme et de l'homme. «*Je lui ferai une aide semblable à lui*», dit-il. Puisqu'il avait créé l'homme à son image, on peut affirmer que la femme fut créée à l'image divine. Dans ce texte, Eve est pour Adam «*son vis-à-vis*», «*la chair de sa chair*».

En ce qui concerne la sexualité, l'Ancien Testament n'est pas franchement répressif. Dans la Genèse, on lit: «*Dieu créa l'homme et la femme*» (Gen., I, 27-28) et plus loin: «*Dieu vit tout ce qu'il avait fait, cela était très bon*» (Gen., I, 31). Parmi tout ce que Dieu avait fait et qui était très bon, il y avait la femme, l'homme et leur sexualité. Comme cette sexualité est liée au système biologique de plaisir, c'est que le plaisir était bon aussi aux yeux de Dieu: la fonction érotique trouve donc une justification biblique. On lit aussi dans ce texte: «*L'homme quittera son père et sa mère, il s'attachera à sa femme, ils deviendront une seule chair*» (Gen., II, 24), ce qui signifierait que Dieu a voulu que les deux êtres s'unissent corps et âme et fassent un couple. Du reste, dans la Bible, les interdits sont rares; ils concernent non le plaisir en général, mais certaines pratiques et tout ce qui nuit à la cohésion du couple. Pour la plupart, ces interdits ne sont pas propres à la Bible, ils avaient cours dans les civilisations contemporaines à la civilisation juive.

Nudité: Lév., XVIII, 6-7-8-9; XX, 17-19;
Interdiction du coït pendant les règles: Lév., XVIII, [19; XX, 18;
Inceste: Lév., XVIII, 6-7-8-9; XX, 11-12-17-20-21;
Viol: Ex., XXII, 16;
Homosexualité: Lév., XVIII, 22; XX, 13;
Bestialité: Ex., XXII, 19; Lév., XVIII, 22; XX, 15-[16;
Adultère: Lév., XVIII, 20; XX, 10; Ex., XX, 14;
Divorce, répudiation: Mal., II, 12.

Résurgences dans la Bible

Résurgence éblouissante de la veine matriarcale, le Cantique des cantiques est digne des plus beaux textes de Babylone, dont il est du reste contemporain. C'est l'un des plus puissants hymnes à l'amour jamais écrits. C'est aussi un fabuleux poème érotique qui deviendra la référence de l'érotique des troubadours, le seul élan d'érotisme que connaîtra l'Occident. Rendons grâce à son auteur. «*Tu me ravis le cœur, ma sœur, ma fiancée, Tu me ravis le cœur par l'un de tes regards (...) Comme ton amour vaut mieux que le vin, Et combien tes parfums sont plus suaves que tous les aromates! (...) Il y a sous ta langue du miel et du lait (...) Tu es un jardin fermé, ma sœur, ma fiancée (...) Que mon bien-aimé entre dans son jardin, Et qu'il mange de ses fruits excellents! J'entre dans mon jardin, ma sœur, ma fiancée; Je cueille ma myrrhe avec mes aromates, Je mange mon rayon de miel avec mon miel.*» (Cant., IV et V.) «*... Les contours de ta hanche sont comme des colliers (...) Ton sein est une coupe arrondie, Où le vin parfumé ne manque pas (...) Je suis à ma bien-aimée, Et ses désirs se portent vers moi.*» (Cant., VII.) Comment mieux chanter la volupté? Pourtant, les commentateurs mâles affirment que ce n'est pas un poème érotique, mais un texte allégorique: pour les rabbins, les fiancés sont Jéhovah et le peuple juif, pour les curés ce seront le Christ et son Eglise!

La puissance souterraine des valeurs matriarcales fera-t-elle resurgir une déesse dans la religion juive? A l'instauration du patriarcat, beaucoup de juifs, bien que ralliés à Dieu le Père, n'en continuaient pas moins de vénérer la déesse mère: bienveillante, elle protégeait le peuple. La rivalité était vive entre la déesse et Yahvé, comme en témoigne la réponse d'un groupe de juifs réfugiés en Egypte à Jérémie: «*Nous ne t'obéirons en rien (...) Nous voulons (...) offrir de l'encens à la reine du ciel et lui faire des libations, comme nous l'avons fait, nous et nos pères*» (Jér., XXXXIV, 16-19). Pour vaincre la tenace déesse et imposer Yahvé, les hommes durent accentuer la rigueur et la virilité des commandements divins. Leur seule concession : considérer que la nation juive est l'épouse de Dieu...

Il faudra attendre des millénaires pour que réapparaisse la déesse. Elle resurgit dans certaines parties de la Kabbale, écrite en Provence et en Espagne aux XIIe et XIIIe siècles. Elle est la « Shekina ». Elle est l'essence femelle de Dieu, l'essence mâle étant Zaddick. L'énergie divine transite par Zaddick et s'écoule dans Shekina, qu'elle fructifie. Shekina engendre alors le monde et le temps. Le monde est donc le produit sacré du mariage divin. Inversement, le flux divin chargé de l'énergie de Shekina remonte dans Zaddick et le dynamise. C'est donc la femme qui stimule l'homme et lui permet de se réaliser.

Cet enseignement incitait les juifs à « sacraliser » l'union sexuelle. « *Dieu, que son nom soit béni, ne réside qu'en celui qui, comme lui-même est UN. Comment peut-on être UN... ? Lorsque l'homme et la femme se trouvent en parfaite union sexuelle... C'est pourquoi nous savons que l'homme qui n'a pas choisi de femme n'est que la moitié d'un être humain* » (31). Pour les kabbalistes, le plaisir, hommage rendu à Shekina, est un sentiment religieux. C'est un devoir pour les époux de le dispenser à leur conjointe.

A noter que Shekina est double, comme le sont toutes les déesses : douce, comme le sera la Vierge Marie, terrible comme l'était Kali. Source de vie, elle peut être aussi principe de mort. Peur, quand tu nous tiens !

Hélas, la Kabbale eut peu d'influence dans le peuple. La religion juive reste une religion patriarcale dont le texte de référence, la Bible, inaugure son récit par la faute de la femme. C'est ce que retient le commun des mortels, à travers les siècles. C'est un coup dont les femmes ne se sont pas encore remises. La culpabilisation de la femme est bien le meilleur des antidotes à la peur des hommes.

3

Athènes, Rome, qu'avez-vous fait de la femme?

Athènes ou le triomphe de la virilité

Elles régnaient encore sur la Grèce, les déesses, mais leur règne touchait à sa fin. Aphrodite, déesse de l'Amour et de la Fécondité, source du pouvoir sensuel féminin, n'est bientôt plus qu'une puissance maléfique qui inspire les passions illégitimes et engendre l'infidélité. Cybèle, la grande déesse, mère des dieux et force reproductrice au cœur de toute chose, deviendra un simple prétexte à orgies. Les cultes des déesses dégénèrent en rites orgiaques et vulgaires. Les fêtes ne sont plus que des occasions de beuveries et d'unions sauvages, de transes tétaniques et de crises hystériques.

Alors que sur le territoire grec le pouvoir des femmes s'effrite, au-delà de la frontière subsiste la plus redoutable des gynocraties : le peuple des Amazones. S'ils veulent instaurer durablement chez eux l'ordre patriarcal, les Hellènes mâles doivent en finir avec ce mauvais voisinage. Soumettre ces guerrières et substituer au règne de leur souveraine l'autorité d'un roi, ce serait mettre un terme à la domination des femmes ; déflorer et épouser la reine, affirmer la suprématie de la sexualité masculine ; renverser leurs divinités, se débarrasser de l'hégémonie de la déesse mère. Tel était le programme fixé aux héros grecs. Plusieurs expéditions ont été nécessaires pour le mener à bonne fin. Sans doute ces faits d'armes sont-ils légendaires : la lutte des Grecs contre les Amazones symbolise la lutte des hommes contre le système matriarcal.

Deux autres victoires décisives ont permis aux hommes de prendre l'avantage sur le matriarcat. Agamemnon et les virils citoyens grecs défont les Troyens, adorateurs de la luxurieuse Aphrodite ; ainsi est terrassé le maléfique pouvoir féminin. Apollon, dieu de la Lumière, tue le serpent, Python, oracle de la terre, et fonde ses propres oracles ; ainsi la lumière et l'esprit triomphent de la terre et des instincts.

Certes, ce sont des mythes, mais ils expriment ce que les hommes espèrent réaliser et ils débouchent sur des applications pratiques par le biais des religions et des cultes. Quand, à Delphes, ce haut lieu de la religion et de la politique, Apollon l'emporte sur la déesse Terre, les prêtres et les fidèles de cette déesse se mettront au service du dieu : le culte changeant de divinité, le pouvoir change de camp. A telle enseigne qu'on désigne souvent, en Grèce, le patriarcat comme l'« ère apollinienne ».

Pour conforter leur autorité, les Grecs utiliseront la même astuce que les Juifs : ils inventeront une femme dont la luxure sera cause de toutes les misères de l'humanité. C'est le poète Hésiode qui se charge de la besogne. Pandore est la coupable. Avant elle, c'était l'âge d'or, les hommes vivaient affranchis de tous labeurs, de tous maux, de toutes maladies. Zeus la fit créer pour punir les hommes de s'être emparés du feu. C'était une créature splendide, à qui tous les habitants de l'Olympe avaient fait un don : Héphaïstos lui avait donné la beauté de la Grande Déesse, Aphrodite la grâce et la séduction, Hermès, rencontré en chemin, la rouerie et l'impudeur, etc. Au total, celle qui sera la ruine des hommes avait « *une âme de chienne et une nature voleuse* », « *la cruauté des désirs qui usent le corps* » ; elle était fourbe et menteuse. C'est de « *celle-là qu'est sortie l'engeance maudite des femmes, terrible fléau installé au milieu des hommes* ». Zeus lui confia un cadeau : une urne, et l'adressa à Epithémée. Ayant séduit l'homme, elle lui offrit le cadeau. L'urne à peine ouverte, s'en échappèrent aussitôt tous les malheurs qui, depuis lors, frappent l'humanité : le labeur obligé, la maladie, la méchanceté, la mort.

Personne ne s'y est jamais trompé : l'urne, c'est le funeste sexe de la femme, ce cadeau empoisonné par lequel tout le mal arrive ; chacun sait que cette fontaine de délices est aussi la source de tous nos maux. A la Renaissance, peintres et sculpteurs remplaceront l'urne par un vase et le placeront ostensiblement à la hauteur du pubis. De façon plus explicite, Paul Klee, sur une toile de 1920, fera du vase une timbale d'où monte une vapeur figurant la vulve. Dès lors, dans l'éthique patriarcale qui s'instaure en Grèce, le sexe de la femme est impur et coupable. A l'inverse, le sexe masculin est exalté : on célèbre le phallus, symbole de fertilité. Côté femme, la sexualité est animale, maléfique ; côté homme, elle est humaine, voire divine, et bénéfique. « *Le mythe de Pandore est l'un des principaux archétypes occidentaux qui condamnent la femme à travers sa sexualité et qui expliquent sa situation inférieure en affirmant qu'il s'agit d'un châtiment bien mérité, celui du péché originel, dont les conséquences malheureuses poursuivent encore la race tout entière* » (9).

Ce mythe, du reste, est universel. Dans la plupart des civilisations, c'est la femme qui apporte le mal et la mort : chez les Esquimaux, chez les Indiens d'Amérique du Nord et du Mexique, chez les peuples de Baïla, de Calabar, au Tanganyika, etc.

Revenons à la Grèce pour constater que les femmes mythiques que les hommes y ont inventées ne sont pas des anges. Les Empuses sont des vampires qui boivent le sang des jeunes hommes pour les affaiblir et pouvoir les violer. Les Erinyes, vieilles femmes avec des serpents en guise de cheveux et des ailes de chauve-souris, fouettent les hommes. Les Harpies, monstres au corps d'oiseau et à tête de femme, ravissent les enfants. Les Gorgones — Méduse est la plus célèbre des trois sœurs — changent en pierre quiconque les fixe. Les Sirènes envoûtent les marins de leurs chants et les dévorent. Circé métamorphose les compagnons d'Ulysse en cochons. Charybde engloutit des pans de mer et les bateaux qui y naviguent. Scylla, belle femme transformée en chien à six têtes, dévore les marins qui ont échappé à Charybde. Echidna, la femme-vipère, tue les hommes qui passent. Mélissa, la femme-abeille, tue son époux à chaque année nouvelle. Le Sphinx, au buste et au visage de femme, étrangle les hommes incapables de résoudre ses énigmes. Aphrodite et Omphale font de leurs amants des esclaves.

Ici aussi le phénomène est universel: dans tous les pays du monde, les divinités et les personnages féminins des légendes sont le plus souvent des monstres abominables et sanguinaires.

A la base de ces représentations, n'y aurait-il pas la peur de la sexualité de la femme? J'en vois un aveu dans la légende de Tirésias, qui révèle que les Grecs reconnaissaient la supériorité de la jouissance féminine: Tirésias, un devin grec, voit un jour deux serpents en train de s'accoupler et les sépare. Il est aussitôt miraculeusement changé en femme. Sept ans après, il rencontre de nouveau des serpents entrelacés et agit de la même façon. Il reprend alors sa forme première. Pour avoir fait l'expérience des deux sexes, il est choisi comme arbitre dans une querelle qui opposait Héra à Zeus. La déesse prétendait que c'est l'homme qui éprouve le plus grand plaisir dans l'amour et Zeus contestait cette opinion. Tirésias affirme alors que la femme a pour sa part les neuf dixièmes de la jouissance totale de l'union. Héra, furieuse de cette indiscrétion, frappe Tirésias de cécité. Zeus, en compensation, lui accorde le don de prophétie.

De cette prééminence du plaisir féminin, les Grecs tirent plus de crainte que de jalousie: c'est qu'il peut rendre la femme exigeante et infidèle, et peut être source de maux et de désordres. Ils en tirent surtout du mépris: le plaisir inviscère la femme à son corps.

Après moult péripéties, le patriarcat s'est installé en Grèce. Le sort de la femme s'y fait peu enviable. L'homme devient le maître absolu de la famille. Il se marie par discipline, son devoir de citoyen lui enjoignant de donner des enfants à la patrie. Pédéraste le plus souvent, il préfère la compagnie des jeunes hommes; avec eux, il philosophe dans les banquets ou guerroie aux frontières. L'idéal des relations interhumaines, c'est l'amitié pédérastique entre maîtres et disciples, entre disciples, entre compagnons d'armes. Platon n'en fait-il pas l'apologie dans *Le Banquet*?

La femme n'est qu'une reproductrice privée d'amour et de considération, elle est reléguée au gynécée avec les enfants. Il lui est interdit de participer à la vie intellectuelle et à la vie publique. Tout se joue en dehors d'elle.

La Grèce, mère de la raison, de la démocratie et des arts, est aussi le berceau d'une pensée et d'un verbe au service des valeurs «viriles». Elle rejette les valeurs féminines et tout ce qui paraît instinctuel et animal, comme tout ce qui est illogique ou mystérieux. Décidément, les pôles d'intérêt des uns et des autres divergeront toujours. Le Grec aime spéculer sur le bonheur théorique ou manier le glaive. La Grecque, elle, aime vivre le bonheur tangible et, par ses sens, goûter la saveur des fruits, la douceur des nuits et les caresses de la mer. Il est difficile de se défaire du partage originel: à l'une la terre, à l'autre le ciel et l'espace.

Heureusement, les femmes pouvaient encore se confier à la déesse. Réellement impérissable, celle-ci conservait une place dans le cœur et même sur l'autel des Hellènes, et son culte s'enflammait périodiquement. Chassée ici, elle réapparaissait là-bas. Ephèse fut une des places fortes qu'elle garda en Méditerranée. C'est de cette cité qu'elle lança ses plus furieuses attaques contre le monde patriarcal. Elle envahit l'Egypte sous le nom d'Isis, puis revint en Grèce, sous ce même nom, et aussi sous le nom d'Artémis ou d'Hécate.

Rome ou l'amour renié

C'est à Rome que les déesses matriarcales résistent le mieux aux dieux instaurés par le patriarcat. Mieux : la grande déesse mère — la *Magna Mater,* de son nom Cybèle, puis Isis — connaît une ascension que même le Dieu des chrétiens ne pourra enrayer de sitôt. Elle s'installe au mont Palatin en 204 avant J.-C. Elle est incorporée à la religion d'Etat, sous l'empereur Claude, en 43 avant J.-C. Elle prend toute sa place dans le panthéon romain en 215 après J.-C., lorsqu'on lui consacre un temple sur le Capitole. Son apothéose se situe sous l'empereur Julien, en 361, et correspond à un regain temporaire de paganisme.

On la célèbre principalement au cours d'un festival de printemps. Les cérémonies religieuses, présidées par des prêtres émasculés, donnent lieu à d'exubérantes offrandes sexuelles et à d'horribles effusions de sang : sang des servants qui se donnent moult estafilades, sang des taureaux qu'on châtre en lieu et place des hommes. Des musiques démentielles accompagnent ces danses effrénées. Les rites dégénèrent peu à peu en fêtes dionysiaques et en débauches. Bientôt ils ne sont plus que prétextes à dépravation sexuelle, beuveries et cruautés ; les prostituées sacrées essaiment dans les rues ; on les trouve dans les amphithéâtres, elles se tiennent dans les galeries situées sous les gradins et dont la voûte se nomme *fornix* — d'où le nom de « fornication » donné à l'adultère.

La déesse, grâce à son culte orgiaque, a la faveur des foules. C'est pourquoi elle sera une rivale coriace du christianisme. En effet, c'est elle que rencontreront les premiers chrétiens abordant Rome ou les provinces romaines. Elle survivra même à la conversion de l'empereur Constantin en 312 !

La sexualité, à Rome, ne fait l'objet d'aucun interdit ; c'est toujours une activité de caractère divin. Mais les cultes matriarcaux se dégradant d'eux-mêmes, les croyances religieuses ne servent plus qu'à justifier des conduites licencieuses.

Le sort de la femme se fait de plus en plus défavorable. Le mariage devient une institution organisée au seul profit de l'homme et de l'Etat. C'est un acte important que tout citoyen romain a le devoir d'accomplir s'il veut être un homme de bien. Monogamique, il a pour but, ici comme ailleurs, de construire la cellule de base de la société romaine, cellule où naîtront et s'éduqueront les enfants qui perpétueront la cité. Seuls les enfants issus de cette union légitime porteront le nom du père, jouiront de ses privilèges et hériteront de ses biens.

Les mariés ne forment pas un couple au sens actuel. Aucun sentiment, sauf heureuse exception, ne les unit ; aucune relation sexuelle ne les rapproche forcément. S'ils s'aiment et s'ils font l'amour, c'est bien, mais ce n'est pas le but de leur mariage. Pour l'homme, qu'aucun devoir de fidélité ne lie, l'amour est libre, et pour le plaisir, qu'aucun tabou n'hypothèque, il dispose des esclaves, des affranchies et des Romaines non mariées ; à lui d'en faire des passades, des maîtresses ou des concubines. La façade juridique est monogamique, la réalité, polygamique. Apollodore déclare : « *Nous avons des hétaïres pour la volupté, des concubines pour les soins journaliers et des épouses pour avoir des fils légitimes et pour garder fidèlement la maison.* »

Progressivement, le droit romain va élaborer un savant statut qui infériorise la femme et annule tous ses liens légaux avec ses enfants — seul subsistera le lien de nature. La loi institue l'exclusivité du lien paternel et la toute-puissance paternelle. La femme est désormais un être mineur, guère plus qu'un enfant. L'épouse, ou matrone, n'est qu'un élément de la maisonnée, comme les fils, la domesticité ou les clients. Les femmes libres, des exutoires pour le plaisir.

Les maîtresses prennent de plus en plus d'importance. Ce sont des affranchies le plus souvent. Afin de conquérir et de retenir l'homme, elles lui offrent, expertes et déchaînées, toute la gamme des plaisirs raffinés. Les passions font des ravages, les couples officiels se brisent, le mariage périclite. Ovide constate : « *La libido féminine est encore plus ardente que celle des hommes, leurs passions sont plus furieuses encore* » ; il décrit les jeux cruels de l'amour — les ruses et les perversions — où la femme « fourbe et vicieuse » excelle mais où, finalement abandonnée, elle perd.

Effrayée par les maîtresses et les putains, écœurée par les déesses assoiffées de sperme et de sang, l'intelligentsia romaine réagit. Insensiblement les choses vont changer, comme en témoigne le poète Horace. Une nouvelle conception du mariage se fait jour, souhaitée par beaucoup, réalisée par quelques-uns ; désormais, le « bon mari » est celui qui affectionne durablement son épouse, s'efforce de lui être fidèle et lui porte une certaine estime. Certes, la femme reste un être inférieur et soumis, et l'amour conjugal n'est guère qu'une variété supérieure d'amitié ; mais c'est un progrès. Pour la première fois en Occident apparaît la notion de couple. Nous sommes au Ier siècle avant J.-C.

Des courants puritains se développent et regroupent ceux qui désirent s'opposer à la décadence des mœurs. Les épicuriens prônent un ascétisme rationaliste : «*Les rapports sexuels ne sont avantageux pour personne, heureux même s'ils ne sont pas nuisibles*», écrit Laerce. Les stoïciens les relaient. Cinquante ans avant J.-C., le stoïcisme enseigne que pour atteindre le bonheur, il faut supprimer les désirs, se plier au destin et ne pas craindre la mort. Il remporte un grand succès auprès des riches lettrés; cependant, ces nouveaux adeptes le détournent de son sens premier; ils n'en retiennent que l'austérité; d'une philosophie fataliste, ils font une morale volontariste, rationaliste et «puritaine»; ils l'appliquent à la nouvelle morale conjugale et la radicalisent.

La fidélité devient un devoir. «*L'adultère est un vol*», déclare Epictète vers l'an 60 avant J.-C. «*L'adultère de l'homme est aussi grave que celui de la femme*», décrète Marc Aurèle. «*Le mariage est un échange d'obligations, l'amitié entre les époux en est une*», affirme Sénèque. Les êtres doivent dominer leurs sentiments et tendre à .l'apathie; la passion (*pathos*) est une maladie de l'âme, pire, une conduite animale. «*Supporte et abstiens-toi*», exhorte Marc Aurèle.

Les êtres doivent dominer par-dessus tout cette émotion suprême: le plaisir, dans le mariage aussi bien qu'en dehors. La volupté est le propre des bêtes dénuées de raison; les hommes, doués de raison, doivent maîtriser leurs émois: «*Le plaisir, même s'il est cueilli dans une union légitime, est contraire à la loi, à la justice et à la raison*», déclare Musonius Rufus en 105. Protagoras d'Abdère compare l'orgasme à une crise d'épilepsie. Sénèque affirme, bien avant les Pères de l'Eglise, que la finalité du mariage et de l'acte sexuel est la procréation, non le plaisir! C'est lui qui le premier déclare: «*C'est être adultère envers sa propre femme que de l'aimer d'un amour trop ardent.*» Il faut s'abstenir de caresser sa femme, de la traiter comme une vulgaire maîtresse. Pendant l'union, l'homme et la femme — la matrone — s'interdiront la jouissance car elle souille leur sang et rend l'enfant illégitime. L'infidélité de l'épouse aurait les mêmes conséquences. Apparaît pour la première fois la notion d'« impureté » par le plaisir qui fera les délices des confesseurs chrétiens et empoisonnera l'amour pendant deux mille ans. L'union devient un acte liturgique : on récite des invocations pour éloigner la jouissance. Caton parachèvera la doctrine de la chasteté (de « *castus* », plante qui rend pur à son contact). Des personnalités notoires comme Plutarque, Pline, Pompée, bien que n'adhérant pas à la philosophie stoïcienne, approuvent ce moralisme conjugal.

Cependant, le stoïcisme ne représente qu'un courant de pensée et ne concerne qu'une partie de la population. L'autre partie vit à l'ancienne, s'adonnant à la licence et sacralisant le sexe.

C'est dans cette Rome partagée entre l'ascétisme et l'hédonisme, entre la peur et les excès, que les envoyés de Dieu — saint Pierre et saint Paul — arrivent...

4

La chrétienté: 1. Plus de peur que d'amour

L'erreur fondamentale des premiers chrétiens

Les stoïciens avaient inauguré la répression de la sexualité, les premiers chrétiens, eux, commettent l'erreur fondamentale d'enfourcher allégrement la morale stoïcienne.

Il est certain que, s'ils veulent être entendus, les premiers «missionnaires» doivent utiliser un langage familier aux Romains, c'est-à-dire proche du stoïcisme; du reste, beaucoup d'entre eux sont romains, comme Paul. Et, s'ils veulent toucher les citoyens, qu'effraient l'état déplorable du mariage romain et les orgies commises au nom des dieux païens, ils doivent présenter un christianisme pur et dur: aussi soulignent-ils la rigueur du mariage chrétien, son indissolubilité, son exigence de fidélité; aussi inventent-ils le «péché de chair»; quand je dis «inventer», c'est par rapport au Christ qui n'en avait rien dit; en réalité, ils empruntent aux stoïciens la notion d'impureté dont ils font un péché. Opportunistes, les chrétiens utilisent la peur — peur du sexe, du désordre, de la décadence — d'une partie des Romains et la vogue du stoïcisme.

Un tel langage atteint en premier les adeptes du stoïcisme. Galien, le célèbre médecin de l'empereur Marc Aurèle, admire la chasteté des chrétiennes, qu'elles soient épouses ou vierges, et la propose en exemple aux païennes ; il exhorte son maître à réhabiliter le mariage. Il est donc probable que les premiers convertis sont des stoïciens. Ils gardent les principes austères de leurs convictions premières et y associent des éléments de la nouvelle religion. Ces stoïciens-chrétiens prêchent à leur tour et multiplient les chrétiens-stoïciens. Et ainsi de suite...

Dès ses origines, le christianisme a donc été l'objet d'un vaste glissement de sens. Cette déviation s'amplifiera de façon tragique au cours des siècles. Elle se perpétue de nos jours : on peut affirmer qu'en matière de sexualité nous vivons encore sous une morale stoïcienne qui n'a rien à voir avec le Christ. De là à dire que ce furent les chrétiens qui se convertirent au stoïcisme plus que les stoïciens au christianisme...

Comment ce christianisme déviant réussit-il à imposer la dévalorisation du plaisir, option du minoritaire courant stoïcien, à toute la population ? Alors que, pour les stoïciens, l'ascétisme est une exigence philosophique — le rationalisme — et la chasteté une notion matérialiste — la pureté du sang —, les chrétiens, eux, pour conquérir les esprits, prétendent que ces valeurs ont une justification transcendantale : ce sont des recommandations sacrées d'un être supérieur, Dieu, inscrites dans des textes inspirés, l'Ancien et le Nouveau Testament. A partir de ces textes, les responsables chrétiens élaborent un puissant cadre conceptuel et réglementaire qui contribuera au succès de leurs thèses. Parallèlement, ils construisent une institution temporelle, l'Eglise, qui exercera une autorité de plus en plus prégnante sur les âmes et les comportements, et multipliera à l'infini les moyens de contrôle et de pression.

La nouvelle religion gagnera définitivement la partie — et perdra son âme — en devenant religion officielle, à Rome d'abord, puis dans tout l'Occident. Elle tombera alors aux mains d'hommes puissants — civils et religieux —, dont la misogynie et l'érotophobie, reflets de l'éternelle grande peur, s'exerceront à plein.

Saint Paul, les femmes et la chair

C'est improprement qu'on l'appelle « apôtre », car il n'a pas connu le Christ vivant. Citoyen romain, il utilise un vocabulaire fort proche de la phraséologie stoïcienne, pour condamner les perversions de son temps. Le malheur, c'est que ses Epîtres seront prises pour paroles d'évangile vingt siècles durant. Elles ne sont pourtant que des lettres pastorales destinées à ses contemporains et exprimant des idées personnelles sur des sujets d'actualité, comme la « dépravation des mœurs » dans le monde romain.

En bon stoïcien, Paul est l'un des inventeurs du péché de chair : « *Dieu a condamné le péché dans la chair... Le désir de la chair, c'est la mort... Si vous vivez selon la chair, vous mourrez* » (Rom., VIII, 3-13). « *Je vous préviens... ceux qui commettent les œuvres de la chair n'hériteront pas du royaume de Dieu* » (Gal., V, 21). Il pourchasse le désir, ou concupiscence : « *Que le péché ne règne pas dans votre corps mortel pour que vous n'obéissiez pas à ses concupiscences* » (Rom., VI, 12).

Son délire érotophobe l'amène à décrier le mariage lui-même, une invention de Dieu, pourtant. Le célibat, dit-il, est un bien, le mariage un pis-aller : « *Il est bon pour l'homme de s'abstenir de la femme... Je dis aux célibataires et aux veuves qu'il leur est bon de demeurer comme moi. Mais s'ils ne peuvent se contenir, qu'ils se marient. Mieux vaut se marier que brûler* » (I Cor., VII, 1-8-9). « *Celui qui marie sa fille fait bien ; celui qui ne la marie pas fait mieux encore* » (I Cor., VII, 8).

Même dans le cadre du mariage, il faut user du sexe avec une extrême précaution : « *Que ceux qui ont des femmes, vivent comme n'en n'ayant pas* » (I Cor.,VII, 29). L'amour qu'on a pour son épouse ne doit relever ni du désir, ni du sentiment mais de la *Caritas* : « *Maris, aimez vos femmes comme le Christ a aimé l'Eglise* » (Eph., V, 25).

Quant aux femmes, leur position est clairement indiquée : « *Femmes, soyez soumises à vos maris comme au Seigneur; car le mari est le chef de la femme comme le Christ est le chef de l'Eglise... De même que l'Eglise est soumise, les femmes doivent l'être à leurs maris en toute chose* » (Eph., V, 22-23-24-25).

Tertullien, un contemporain de Paul, abuse les fidèles en présentant les opinions de son maître comme parole d'évangile ; ses successeurs commettront le même abus. De plus il déforme les propos de Paul, aggravant leur rigueur. C'est un ennemi farouche du plaisir ; dans un traité, il fait l'apologie de l'abstinence et de la virginité ; travestissant les paroles du Christ, il écrit : « *Le royaume des cieux est grand ouvert aux eunuques.* » C'est un misogyne cynique ; dans *De cultu feminarum*, il s'adresse aux femmes en ces termes : « *Tu enfantes dans la douleur et les angoisses, femme, tu subis l'attirance de ton mari et il est ton maître. Et tu ignores qu'Eve c'est toi ? Elle vit encore en ce monde, la sentence de Dieu contre ton sexe. Vis donc, il le faut, en accusée. C'est toi la porte de l'enfer... C'est ton salaire, la mort qui a valu la mort même au Fils de Dieu.* »

Avocat romain, il se plaît à légiférer et s'efforce de donner à la nouvelle religion une argumentation juridique : c'est ainsi qu'il interdit le mariage mixte entre chrétiens et païens, afin d'« *empêcher qu'une chair sanctifiée ne soit souillée par une chair païenne* » (32), en utilisant à ce propos la notion d'impureté dans un sens matérialiste, il trahit la collusion du christianisme avec le stoïcisme.

C'est parti ! La pensée chrétienne est entraînée par le courant qui porte les intellectuels de l'époque : l'homme est le siège d'un conflit entre l'esprit et la matière ; l'esprit, c'est le bien ; la matière, c'est le mal ; la chair, qui est matière, met l'être sous l'emprise du mal ; tout le mal vient du sexe ; pour s'élever vers la lumière, il faut se détacher du corps, fuir la femme. Dans ce but, les premiers chrétiens émettent des préceptes, dressent des interdits. Ainsi se forme, durant les premiers siècles, une doctrine stoïco-chrétienne qui sera « la doctrine » de l'Eglise jusqu'à nos jours.

La recherche du plaisir charnel — appelé fornication — est rigoureusement condamnée. Dans le mariage, l'acte sexuel est une œuvre de procréation voulue par Dieu, il n'a pas pour fin le plaisir ; le corps est un instrument de procréation, non de volupté ; toute recherche de plaisir dans l'étreinte conjugale fait de l'accouplement un adultère. La continence est donc de mise les jours où la conception est impossible (règles, grossesse, allaitement). L'amour et le plaisir restent étrangers au mariage chrétien : « *Pendant dix-huit siècles, l'Eglise a refusé d'admettre l'amour humain autrement qu'émasculé et métamorphosé en charité* » (33).

Les pères de la peur

Les successeurs des premiers chrétiens, en particulier ceux que l'on appelle les « Pères de l'Eglise », reprennent à leur compte cette morale païenne, la développent, radicalisant ses préceptes, aggravant ses interdits. C'est une spirale : chaque étape prend argument sur l'étape précédente, déformant les propos, accentuant la doctrine. On fait l'exégèse des commentaires successifs sans jamais remettre en cause leurs fondements. Et les exégèses, se substituant à l'Evangile, prennent force de loi. On s'enferme dans l'erreur. On s'acharne sur la sexualité. «*Pendant plus d'un millénaire, l'Eglise a voulu imposer à une société chrétienne une doctrine issue des morales païennes*» (18).

Au Moyen Age, Pères de l'Eglise et clercs de tous ordres vont rivaliser de sottise quant à la femme et à la sexualité. Ils vont diaboliser le sexe et enlever au corps toute dignité. Au IIIe siècle, Hippolyte de Rome donne au concept païen d'impureté sa signification chrétienne de péché sexuel. Il prescrit de refuser de baptiser les prostituées sous prétexte qu'elles sont «impures». Pour le païen, l'impureté était un fait matériel — l'altération du sang par le plaisir sexuel; pour le chrétien, c'est l'entachement de l'âme par ce plaisir.

Clément d'Alexandrie relance l'idée stoïcienne selon laquelle les rapports sexuels ont pour but la procréation, non le plaisir. Comme il n'en trouve aucune justification dans l'Evangile, il fait appel à l'idée aristotélicienne, reprise par les stoïciens, de «nature»: «*S'unir sans chercher à procréer des enfants, c'est outrager la nature... On n'a pas le droit de s'abandonner à la volupté... ni enfin de désirer la pollution. Il n'y a droit d'ensemencer, pour celui qui est marié, comme pour un cultivateur, qu'au seul moment où la semence peut être reçue avec opportunité.*» N'est-il pas évident que ce père, comme tant d'autres, parle non en disciple du Christ, mais en homme saisi d'effroi?

Ainsi naît la notion de «péché contre nature», notion ambiguë qui sera fort débattue. Elle désigne tous les actes sexuels stériles, c'est-à-dire ceux qui n'aboutissent pas à l'insémination de la femme. Dans ces cas, l'homme trompe la nature. Ce sont des fautes graves, plus graves encore que l'avortement et l'inceste! En droit canonique, elles seront causes d'annulation de mariage. Sont «contre nature»: les positions «non conformistes» («l'inversion de l'homme et de la femme», «l'imitation des animaux»), le coït interrompu (pénitence de deux à dix ans de jeûne), le coït buccal (trois à quinze ans de jeûne, pénitence égale à l'homicide...), la sodomie et la bestialité (toutes deux sanctionnées par le bûcher).

Toujours au IIIe siècle, Origène se fait eunuque pour ne pas être tenté. Il n'est pas étonnant qu'il préconise l'abstinence sexuelle: il ne tolère que de rares unions réalisées dans le but de procréer. La naissance est alors «*la récompense de celui qui, une fois, pour être utile aux autres, a consenti à avoir un enfant*».

Au IVe siècle, saint Jérôme multiplie les abus de confiance pour justifier les idées stoïciennes qu'il développe en les radicalisant; au début du siècle, un groupe de mystiques païens ayant inventé des lettres de Sénèque à Paul, Jérôme use consciemment de ces faux documents. Pire, traduisant la Bible en latin, il la travestit; par exemple, il supprime le passage de la Genèse: «*Il n'est pas bon que l'homme soit seul*», passage qu'on aurait pu opposer à son apologie du célibat. Dans son *Adversus Jovinum*, il se lance dans une attaque forcenée contre le mariage qui, à cause de la concupiscence, est un mal; par concupiscence, il entend le désir et la jouissance. Le mariage n'est tolérable que si les époux s'affranchissent de la chair et pratiquent la chasteté. Comme Sénèque le stoïcien, il déclare: «*Adultère est aussi le mari trop ardent de sa femme... Fornicateur, il fait de sa femme une prostituée.*» Comme nous sommes loin de l'Evangile!

En l'an 390, saint Jean Chrysostome écrit: «*La femme... c'est la punition à laquelle on ne peut échapper, un mal nécessaire..., une plaie de la nature sous le masque de la beauté.*» Le même déclare: «*Les femmes sont cause de désordres dans les églises par leurs bavardages; il faut exiger d'elles le silence plein de crainte des servantes.*» L'Eglise interdit désormais aux femmes de parler en public et d'enseigner.

Au Ve siècle, saint Augustin fait un pas de plus dans l'escalade. A propos de la phrase de la Genèse : « *Il n'est pas bon que l'homme soit seul* », il s'exclame, fort impertinent pour son Dieu : « *Je ne vois pas de quelle utilité serait la femme pour l'homme, si l'intention de mettre au monde des enfants était écartée !* » De fait, il n'avait pas su découvrir quelle était la place d'une femme dans la vie d'un homme : ayant connu une passion amoureuse, il n'avait pas réussi à la mener à bonne fin et avait abandonné sa maîtresse. Il en tire une profonde aversion pour la passion et pour la chair. « *La loi du péché, c'est la violence de l'habitude qui entraîne et tient l'âme* » (*Confessions*, Livre VIII, V, 12). « *Sois sourd aux tentations impures de ta propre chair sur cette terre* » (VIII, XI, 27).

C'est la concupiscence qui nous plonge dans la passion. Force mauvaise, elle arrache notre corps au contrôle de la raison et submerge notre esprit. L'esprit dominé par les sens ne peut trouver Dieu. La concupiscence vient du péché originel. Le péché, qui n'est autre que la soumission de l'esprit à la chair, se transmet aux enfants dans l'acte sexuel.

Dans le mariage, l'acte de chair, s'il vise la procréation, est légitime ; mais la sexualité commandée par la concupiscence est un mal, sauf quand elle est utilisée pour éviter l'infidélité. Oui, pour protéger les liens conjugaux, le chrétien peut, à la rigueur, « *s'administrer le remède du mariage* ». Cette idée de « mariage-remède » avait été lancée par Paul (« *Mieux vaut se marier que brûler* »), elle sera reprise par les théologiens du XIIe siècle. C'est un remède à réserver aux « faibles », incapables de vivre dans la continence. La vision « augustinienne » de l'amour, héritée des moralistes de l'Antiquité, perdurera jusqu'à nos jours.

Les Pères : De la peur à la phobie

Au VIe siècle, Césaire, évêque d'Arles, part en guerre contre « les positions innaturelles ». Dès lors, les positions d'accouplement seront l'objet traditionnel de discussions théologiques. Selon Sanchez, « *la manière naturelle quant à la position est que la femme gise sur le dos... parce qu'il est conforme à la nature que l'homme agisse et que la femme subisse* ». Ce que confirme Viguérius : « *Dans l'acte conjugal, l'homme est actif et la femme passive et pour cela le rôle le plus noble revient à l'homme* » ! Un théologien affirme que le Déluge fut provoqué par le renversement de la position « normale » et cite Paul : « *Leurs femmes changèrent l'usage naturel en celui qui est contre nature* » (Rom. I, 26-27). En réalité, « l'apôtre » faisait allusion à l'homosexualité, et non à l'inversion des positions (33). On voit que pour justifier une opinion phallocratique, on n'hésite pas à trahir Paul et la Bible.

Au VIIe siècle, Grégoire le Grand réaffirme, en les aggravant, les sentences augustiniennes : « *Si, au cours d'un rapport, le plaisir survient, alors les époux ont souillé leur union.* » Pour ce péché, ils seront privés d'eucharistie.

Au XIe siècle, Yves de Chartres s'en prend à son tour à la contraception : « *Il est plus grave de pécher contre nature que de commettre un adultère.* » Pardi ! La contraception, c'est le plaisir sans la procréation, juste le contraire des prescriptions officielles. Du coup, Yves de Chartres définit un nouveau péché : « l'abus d'épouse ». « *Abuser de son épouse, c'est user des parties de son corps qui ne sont pas destinées à la procréation.* » Il exhorte les maris à plus d'autorité : « *S'il y a discorde entre mari et femme, que le mari dompte la femme... La femme soumise à l'homme, c'est la paix dans la maison.* » Et notre évêque de rappeler l'implacable argument : « *Puisque Adam a été instruit en tentation par*

Eve... il est juste que l'homme assure le gouvernement de la femme. »

La procréation des petits chrétiens pose à ces bons Pères un problème redoutable, car elle est forcément entachée de faute. De fait, Hugues de Saint-Victor, théologien du XIIe siècle, constate : « *L'accouplement des parents ne se faisant pas sans désir, la conception ne se fait pas sans péché.* » Combien l'aurait réjoui la méthode des bébés-éprouvettes !

Pour mieux les réprimer, il faut identifier les délits, en dresser des inventaires et légiférer en conséquence. Des assemblées de théologiens épiloguent sans trêve sur la nature des fautes, définissent et redéfinissent la fornication, l'union sexuelle illicite, le péché contre nature, la sodomie. Ils établissent les pénitences correspondantes. Concrètement, ces travaux se traduisent par des « pénitenciels » à l'usage des confesseurs : liste de questions à poser aux fidèles. « *T'es-tu souillé avec ta femme en carême ?* » demandait, par exemple, le curé.

En 1112, dans le *Decretum*, Burchard, évêque de Worms et théologien allemand, détermine avec une terrible précision ce que sont les « abus de mariage » ; ils sont légion : « *S'accoupler par-derrière à la manière des chiens* », « *s'accoupler à sa femme au temps de ses règles* », « *s'accoupler après l'accouchement avant d'avoir été purifiée* (la femme) *de son sang* », pendant la grossesse, pendant les trois nuits qui suivent les noces, pendant les trois carêmes (celui de Pâques : quarante jours, celui de la Saint-Croix, celui de Noël : vingt jours), à la Nativité des Apôtres, la veille des dimanches et des jours de fête, la veille des jours de jeûne (mercredi et vendredi), la veille de communier. A chaque abus correspond une pénitence proportionnelle à la faute. Il ne reste guère que quatre-vingt-douze jours par an aux fidèles pour s'unir sexuellement (34), ce qui est encore trop, puisque l'idéal serait de s'astreindre à une chasteté totale. Décidément, sous la férule de l'Eglise, l'exercice des plaisirs amoureux s'est singulièrement rétréci dans l'espace et dans le temps. Comment ne pas penser que ces restrictions sont instituées par les hommes pour se protéger de la sexualité féminine ?

En 1180, Pierre Lombard déconseille le mariage, véritable obstacle à la sainteté. A ceux qui désirent quand même se marier, il conseille « le mariage virginal », c'est-à-dire non consommé : « *Mariage sans rapport charnel est plus saint* » ! A ceux qui ne sauraient se contenir, il rappelle : « *L'œuvre d'enfantement est permise dans le mariage, mais les voluptés à la manière des putains sont condamnables.* » Remarquons que si les prêtres peuvent répéter à l'unisson que l'acte conjugal a pour but la procréation, et non le plaisir, c'est qu'ils sont persuadés que la volupté n'est pas utile pour concevoir. A preuve, les femmes qui ne jouissent pas enfantent néanmoins. Du reste, Aristote, le penseur en vogue au Moyen Age, n'avait-il pas exposé que le sang menstruel était la matière passive de la procréation, sur laquelle agissait le principe actif de l'homme ? Ce sang, émis en permanence, s'accumule dans la matrice sans que le plaisir l'influence.

L'Eglise exerce donc un contrôle complet de la vie sexuelle. La confession, autocritique autant qu'interrogatoire, parachève cette surveillance. Quant à ceux qui n'avouent pas toutes leurs fautes pour échapper aux pénitences, ils s'exposent à la justice immanente de Dieu : la lèpre, les convulsions, la peste, la possession sont les châtiments d'une sexualité coupable. « *Les enfants conçus dans les rapports sexuels qui ont lieu pendant les règles ou les dimanches ou les jours de fête naissent lépreux ou épileptiques ou peut-être possédés du démon* », écrivait Césaire d'Arles.

Cela ne suffit pas à nos censeurs. Au contrôle psychologique, ils associent une maîtrise physiologique de la vie sexuelle. Au ve siècle, l'Eglise établit une liste de sept péchés capitaux ; bien entendu, la luxure en fait partie, mais aussi la gourmandise et la paresse ; la paresse parce que c'est la mère de tous les vices et en particulier du vice sexuel ; la gourmandise parce que la boisson, comme la bonne chair, incite au péché de chair. L'ascétisme buccal doit faciliter la chasteté, pensent les religieux. Cette politique sera appliquée dans toute sa rigueur dans les monastères ; la privation de nourriture, jointe à la répression sexuelle, permettra aux autorités d'aboutir à leurs fins : l'impuissance de l'homme, la frigidité de la femme. *Amen* !

La femme humiliée

S'en prendre à la chair ne suffisait pas à calmer la grande peur des hommes, et plus particulièrement celle des religieux. Pour se mieux protéger, il fallait attaquer le mal à sa racine : s'en prendre à la femme. La fameuse légende de la pomme allait fournir aux bons Pères le moyen d'arriver à leurs fins.

N'est-ce pas Eve qui cueillit le fruit défendu puis l'offrit à Adam ? N'est-ce pas par sa faute qu'Adam fut chassé du Paradis terrestre ? Ainsi, c'est une femme qui est responsable du péché originel qui a précipité l'humanité entière dans le malheur. Les religieux vont s'acharner à stigmatiser la prétendue faute de la première femme de façon à faire peser sur le genre féminin tout entier la responsabilité de notre triste condition. La culpabilisation réussit : à travers les siècles, croyants ou non, hommes et femmes intérioriseront la culpabilité de la femme. Cyniquement, les clercs en joueront.

Cette faute permet de mettre en garde les hommes : « telle mère, telle fille » ; par nature, la femme est une pécheresse ; méfiez-vous d'elle. La femme, disait Tertullien, est « *la porte de l'enfer et l'alliée de Satan* ».

Cette faute permet aussi de soumettre la femme. Selon Thomas d'Aquin, « *la femme doit être soumise à son mari comme un serviteur à son maître car elle est responsable de la perte d'Adam* ».

Cette faute permet surtout de dévaloriser la femme, et donc de la rendre inoffensive : un être coupable est diminué et un être diminué est moins provocant. Aussi les chrétiens n'hésiteront pas à déconsidérer un peu plus la pécheresse, jusqu'à l'humilier. Selon Césaire, évêque déjà cité : « *L'homme tire son nom du mot courage* (vir a virtute), *la femme le sien du mot faiblesse* (mullier a mollietie). » Thomas d'Aquin, encore lui, appelle à la rescousse le philosophe grec le plus influent au Moyen Age, mais aussi le plus misogyne, Aristote ; pour celui-ci, « *la femme est comme un mâle mutilé et les règles sont comme une semence, mais qui n'est pas pure : une seule chose lui manque, le principe de l'âme... Ce principe, c'est le sperme du mâle qui le lui apporte.* »

Pour mieux parvenir à leur but — la réduction de la sexualité féminine —, les clercs ne tarderont pas à assimiler le péché de chair à la faute originelle : c'est son corps, et non une pomme, que la femme a offert à l'homme. Interprétation qui permettra de détourner l'homme du plaisir et de la femme : les filles d'Eve ne sont-elles pas également promptes à la volupté ? Interprétation qui permettra aussi d'abaisser encore plus la femme : selon saint Augustin, « *chez l'homme le corps est le reflet de l'âme, alors que la femme est sous la domination de son corps* ». Mais ce penchant pour le plaisir sexuel ne traduit-il pas une nature bestiale ? « *La femme,* déclare un théologien, *est une créature inférieure plus proche de l'animal que de l'homme, être évolué.* » Cette dégradation de la femme atteindra son comble au concile de Mâcon, en 588, où les évêques se réuniront afin de savoir si « *la femme, être hanté par la fornication, à l'instar des animaux, a une âme* ». « *L'homme seul a été fait à l'image de Dieu, et non la femme* », prétendront certains.

On espère ainsi inculquer aux femmes le dégoût de leur corps et la honte de leur plaisir. Enfin est exaucé le terrible souhait de Clément d'Alexandrie : « *Toutes les femmes devraient mourir de honte à la pensée d'être femmes.* » Alors il ne leur reste plus qu'à neutraliser leurs instincts.

Bien entendu, tout ce qui exalte la féminité est combattu. Clément d'Alexandrie affirme que la séduction par le maquillage est l'œuvre du démon : « *C'est Satan qui, par ses funestes poisons, transforme la femme en fille de joie, car ce n'est pas la femme, mais la courtisane, qui aime se faire belle.* » Saint Cyprien condamne également parures et fards.

Dans ce délire misogyne, qui traduit en fait une psychose de peur, seule la femme génitrice et la femme vierge trouvent grâce aux yeux des religieux ; toutefois, le concile de Trente déclare la virginité supérieure à la maternité. Quant au mariage, il est toujours décrié : « *Crois-moi, frère,* déclare Roger de Caen, moine du XIe siècle, *tous les maris sont malheureux. Celui qui a une vilaine épouse s'en dégoûte et la hait ; si elle est belle, il a terriblement peur des galants.* » La peur, toujours la peur...

Cependant, en dépit du zèle des prêtres, beaucoup d'hommes persistent à s'intéresser aux femmes et même à se marier. La chrétienté se partage alors en deux blocs distincts (le quatrième concile de Latran consacrera cette cassure) : le bloc des laïcs, où l'impureté sévit, bien que contenue dans le mariage, et le bloc des clercs, où la pureté triomphe, parfaitement préservée par la chasteté et la virginité. « *L'Eglise devient une société de célibataires* » (34) ; la femme, les clercs ne la connaîtront plus, ne l'aimeront plus. Sans doute ne veulent-ils pas l'aimer ? Trop, sans doute, ont emprunté la voie sacerdotale pour fuir la femme et l'amour ! Hélas, ce seront eux qui vont légiférer sur la sexualité...

En réalité, cette peur de la sexualité est sous-tendue par la peur de perdre ou de partager le pouvoir. Et la dévalorisation de la femme, le moyen de l'écarter du pouvoir religieux. Au XIIe siècle toujours, un décret de saint Gratien, base de l'enseignement de la théologie, établit, reprenant saint Augustin, qu'il est de «*l'ordre naturel des humains que les femmes servent les hommes parce qu'il est juste que l'inférieur serve le supérieur*». Au XIIIe siècle, l'encyclique *Rosarium Super Decretum* stipule: «*La raison pour laquelle une femme ne peut être ordonnée, c'est que le sacrement de l'ordre ne peut être donné qu'aux membres les plus parfaits de l'Eglise, or la femme n'est pas un membre parfait.*»

La lutte des clercs conforte le pouvoir de toute la gent masculine. Dans les sermons, les hommes entendent bien ce qu'ils attendaient: «*La femme est un être fourbe et lubrique. Il faut dominer vos épouses, contrôler leur sexualité, leur interdire de s'attifer de façon excitante.*» Et de rappeler les «*péchés contre nature*», les «*temps interdits*». Et d'exalter les vertus cardinales de la femme: obéissance, chasteté, humilité, silence! Nos hommes repartent ragaillardis. Oui, ils avaient bien raison de se méfier des femmes. Il faut les mater, les traiter comme des servantes, les battre, au besoin. Et reléguer tout ce monde piaillant de femmes, de jeunes filles et d'enfants dans les «*chambres des dames*». Merci, monsieur le curé! Les maîtres, c'est bien nous.

Voilà à quoi aboutissaient quinze siècles de pensées paulinienne et augustinienne, par la peur fourvoyées.

Désastreuses conséquences

C'est, en réalité, pendant deux mille ans que cette doctrine stoïcienne sévira. Les conséquences en sont dramatiques. La plus grave: avoir offusqué le message évangélique. Obsédés par la peur, les hommes prêtres ont trop souvent oublié que le Christ était venu délivrer un précepte d'amour: «*Aimez votre prochain comme vous-même.*» Ils ont oublié surtout son autre message, aussi révolutionnaire: «*La femme est égale à l'homme en dignité*» (35). «*Guidé par le principe révolutionnaire qu'est l'amour, Jésus proclame que l'autorité paternelle n'était pas établie dans l'intérêt du père, mais dans celui de l'enfant et que l'épouse-mère n'était pas son esclave mais sa compagne... Ainsi il mettait fin à un pouvoir exorbitant du mari, le pouvoir de répudiation, et à la polygamie... Si quelques apôtres et théologiens obscurcirent le message par leur interprétation, au point (...) de le trahir, la parole du Christ changea pour une bonne part le statut de la femme»* (57). *Aurait dû changer...,* devrait-on dire.

Autres conséquences de la répression de la sexualité et de la femme: la morosité, voire l'angoisse, des êtres pendant deux mille ans, les névroses, voire les psychoses, la croissance continue de la masturbation, du XIIIe au XXe siècle, qui trahit la misère sexuelle, l'homosexualité, dont les communautés religieuses donnaient l'exemple, la condition inhumaine de la femme. *«Ils n'éprouvaient que dégoût et refus pour la sexualité. Dans la mesure où leur attitude et leurs théories prévalurent, elles engendrèrent des siècles de brutalité.»* (6)

On comprend la colère de Romain Gary: *«Pour la première fois dans l'histoire de l'Occident une lueur de féminité venait d'éclairer le monde, mais c'est tombé entre les pattes des hommes et ce furent les croisades, l'extermination des Infidèles, la conversion par le sabre, l'hérésie, quoi. Le Christ, c'est la féminité, la pitié, la douceur, le pardon, la tolérance, la maternité, le respect des faibles. Jésus, c'est la faiblesse... Mais regarde ce que c'est devenu entre les mains des machos. Oui, en l'an I de notre ère, une première lueur de tendresse maternelle s'est levée sur cette terre, il y eut germe d'une civilisation, mais il n'y aura jamais de civilisation tant que la féminité continuera à être étouffée, bafouée, refoulée. L'Eglise a raté la chrétienté et la chrétienté a raté la fraternité»* (36).

Espoirs déçus

On le voit, le Moyen Age n'a pas été l'âge de la femme, contrairement à ce que laisseraient croire les romans de Jeanne Bourin. Certes, les femmes auront, un temps, la possibilité d'exercer des métiers d'homme (médecin, juriste, orfèvre, etc.), de gérer leur fortune et, majeures à treize ans, de pouvoir se marier sans le consentement de leurs parents. Mais, au XVe siècle, sous Henri III, un édit du Parlement, inspiré du droit romain, ferme toutes ces ouvertures. En réalité, selon les historiens Jacques le Goff et Christiane Klapisch-Zurer, la pression des hommes médiévaux tendait à enfermer les femmes dans le strict cadre familial et à brider leur sexualité « excessive ». Elles ne pouvaient échapper à la sujétion que comme saintes ou comme putains. Et elles ne trouvaient grâce aux yeux des clercs que comme saintes ou, à la rigueur, comme mères (37).

Soudain un espoir prodigieux jaillit de l'Occitanie : c'est l'amour courtois. Au cours de la première croisade, les hommes éblouis avaient découvert en Orient (à Byzance, à Jérusalem, etc.) une civilisation raffinée. De retour au pays, les chevaliers inventent un nouvel art de vivre et une nouvelle façon d'aimer — certains diront : inventent l'amour. Opinion qu'il faut nuancer, sachant que ces nouvelles relations entre l'homme et la femme ne sont que jeux : jeux dont les hommes restent les maîtres, la soumission à la femme étant feinte ; jeux dont ils n'ont rien à craindre, le désir de la dame, loin d'être libéré, étant « purifié », c'est-à-dire désincarné, rendu inoffensif. Il n'en reste pas moins que le regard que portent désormais les hommes sur les femmes est modifié et relève celles-ci de leur abaissement. Ce que ne pourra supporter l'Eglise, qui lancera le pouvoir temporel à l'assaut des Albigeois et autres hérétiques de l'amour.

5

La chrétienté : 2. Un mâle incurable

Pas de renaissance pour l'amour

La redécouverte de l'Antiquité a pour effet de libérer les mœurs. Littérateurs et artistes produisent des œuvres érotiques. De brillantes femmes (Marguerite de Navarre, Catherine de Médicis, Louise Labbé) apparaissent. Aussi croit-on que la Renaissance, ère de l'humanisme, est aussi l'ère de la femme et du plaisir. C'est compter sans le poids des siècles. Pour l'homme, la femme appartient toujours aux ténèbres, au lunaire, au charnel, au chaos, alors que lui relève de la lumière, du soleil, de l'esprit et de l'ordre. «*La femme demeure un élément de trouble, un passage incertain de l'humanité à l'animalité* (38).» Pour l'homme du peuple, c'est une diablesse, cette Eve séductrice, luxurieuse, paresseuse. Le cauchemar des maris ! Quant aux poètes et aux aristocrates, dans un sursaut d'idéalisme inspiré par certaines divinités de la mythologie gréco-romaine, ils fantasment un ange de beauté et de douceur, une vraie gardienne du foyer. Mais tous ne l'apprécieront jamais autant que vierge, sainte ou mère… «*Les hommes, de toute évidence, ont peur de la femme comme ils ont peur de la nature. En haut de l'échelle sociale, on tente de répondre à cette peur par l'apprivoisement, l'idéalisation... ailleurs, c'est l'état de guerre. L'homme de la Renaissance part à la conquête du monde dans un total sentiment d'insécurité: il vient de découvrir à l'intérieur un adversaire qu'il n'est plus certain de pouvoir dominer»* (38).

Heureusement, les clercs de tout bord veillent. Ceux de la Réforme, qui contestent l'Eglise romaine, la rejoignent quand il s'agit de vitupérer la femme et le sexe. Là, ils ne réforment rien. S'inspirant des passages misogynes de l'Ancien Testament, ils insistent sur l'infériorité de la femme: telle qu'elle est, elle ne peut qu'être la servante de l'homme. Ce regain d'antiféminisme se double, cela va de soi, d'un puritanisme exacerbé. Les réformés s'obnubilent sur le péché d'adultère; le danger, prétendent-ils, c'est qu'il introduit dans le foyer des enfants étrangers. «*Elles aiment qu'on les regarde... or cela est souvent conjoint à un plus grand mal: car elles ne pensent point à plaire seulement à leurs maris... mais elles veulent ainsi attirer quelques-uns à elles... Il semble qu'elles tendent ainsi leurs filets. Dieu leur rasera la tête...*» «*Si tu t'attifes... trop somptueusement, tu nourris un appétit désordonné de convoitises, tu mènes les autres à la perdition...*», signé: Calvin, XVIe siècle. Que la femme adultère soit rasée, fouettée et enfermée dans un monastère! Certains demandent même qu'elle soit punie de mort, comme dans l'Ancien Testament. Ne faut-il pas avoir peur pour parler ainsi?

Les catholiques, eux, se contentent de rabâcher. Au concile de Trente, en 1565, les évêques lancent cet anathème: «*Quiconque prétend que le mariage est supérieur à la virginité et au célibat, celui-là sera excommunié*» (6). Un prédicateur, Benedicti, clame en 1584: «*Le mary, qui, transporté d'un amour démesuré, cognait si ardemment sa femme pour contenter sa volupté, qu'ores elle ne fut point sa femme il voudrait avoir à faire à elle, pèche»* (18).

Mais soudain une nouvelle éclate : à en croire les médecins, le plaisir féminin est utile à la procréation. Oui, les médicastres, qui maintenant ne sont plus des clercs, ont abandonné Aristote au profit de Galien. Or, pour celui-ci, la femme émet une semence indispensable à la conception et cette émission s'accompagne de plaisir. Pas d'orgasme, pas de semence. Embarras des Pères. Après force débats théologiques, ils trouvent une solution moyenne : la semence féminine, donc le plaisir féminin, n'est pas indispensable à la conception mais utile à sa perfection ; les enfants que les mères conçoivent dans le plaisir sont plus parfaits, plus beaux.

Désormais il appartient à l'homme d'offrir à la femme le meilleur des plaisirs. Qu'il la prépare à l'acte conjugal par des baisers et des caresses — naguère appelés « honteux attouchements » —, qu'il prolonge l'accouplement jusqu'à ce qu'elle atteigne l'orgasme. La femme qui a raté son plaisir peut, après l'acte, s'autostimuler pour se rattraper. Celle qui retient son plaisir pour éviter de procréer pèche gravement. Il n'y a que les imbéciles, dit-on, qui ne changent pas d'avis.

Le siècle de Tartuffe

Le « Grand Siècle » ne sera pas grand à l'égard de l'amour.

Les jansénistes s'en prennent à leur tour aux plaisirs amoureux. Pascal traite l'union charnelle de « *besogne* », l'orgasme d'« *éternuements* » et la joie des sens d'« *égarement* » dans le domaine animal. Au fond, affirme-t-il, les plaisirs ne sont qu'un moyen d'échapper à l'angoisse d'être. Justement ! En avons-nous tellement, de ces moyens ?

Mais Pascal insiste : il faut renoncer aux plaisirs car, au bout du compte, ils rendent l'âme triste.

Méfions-nous donc de la femme, ce serpent tentateur, et prenons garde à notre maudit corps. Les petites pensionnaires de Port-Royal sont priées de se coiffer et de s'habiller prestement pour ne pas consacrer trop de temps « *à la découverte d'un corps destiné à servir de pâture aux vers* ». L'attachement amoureux, dit le philosophe, n'est pas un sentiment valable ; le mariage est un contrat social, non un acte d'amour et de tendresse. Air connu !

Le père Maillard, lui, tonne contre la luxure. Tartuffe, il s'emporte contre les décolletés à la mode et dans sa lancée fait l'éloge du vêtement. Curieuse préoccupation ! « *L'immense peur qu'elle révèle, n'est que l'endroit d'une attirance inversement proportionnelle* » (32).

Ne nous étonnons pas qu'en ce siècle Louis XIV décrète de faire pendre haut et court les laquais contraints par leur maîtresse de coucher avec elle.

Pas de Lumières pour l'amour

Au siècle des Lumières, l'Eglise fait toujours écran à l'amour. Elle réaffirme que l'union qui ne vise que le plaisir est bestiale. Elle mène campagne contre la contraception, essentiellement le coït interrompu. Toutefois elle ne peut plus le condamner comme homicide en l'assimilant, comme naguère, à un avortement : on vient de découvrir les spermatozoïdes.

C'est au XVIIIe siècle également que se déclenche la grande offensive des religieux et des médecins contre la masturbation et contre la prostitution. Celle-ci fait l'objet d'une répression accrue des pouvoirs publics : prises en flagrant délit, les filles sont condamnées à avoir le nez ou les oreilles coupés. Certaines sont internées à la Salpêtrière ; d'autres sont expédiées outre-mer — au Canada, à La Nouvelle-Orléans.

La révolution de 1789 se fera au profit de la

bourgeoisie qui maintiendra la femme dans un état de dépendance. Ce sera une immense déception pour les femmes mais un tel soulagement pour les clercs !

Même la science n'y peut rien

Au XIXe siècle, naît la science. Mais, plus forte que la science, survit la peur, l'éternelle peur de perdre la tête et le pouvoir.

L'Eglise continue son combat. La foi pourtant recule. Les fidèles s'éloignent des églises parce que les prêtres s'acharnent contre le coït interrompu et exigent, en confession, qu'ils renoncent à cette pratique. La réaction des clercs, face à cette désaffection, est vive. Ils s'en prennent à tous les signes de paganisme, à la danse, par exemple. Lutter contre ce divertissement devient la spécialité du père Debreyne et surtout du curé d'Ars : celui-ci mène un combat inlassable pour faire disparaître les bals de son village, refusant l'absolution à ceux qui les fréquentent.

Fort opportunément, les pouvoirs civils relaient son action. Religieux et civils : même peur, même combat. Le code civil de 1804, qui nous régit encore, est notoirement misogyne. Napoléon a veillé à ce qu'il le soit. Trompé moult fois par Joséphine, n'avait-il pas écrit à l'impératrice que son seul salut était le « stoïcisme » ? Stoïcien sera donc son code : méfiant, rigoureux et même humiliant à l'égard des femmes. Une phrase d'un de ses rédacteurs, Merlin de Douai, trahit leur mentalité : « *La femme est généralement incapable d'administrer, l'homme a sur elle une supériorité naturelle.* »

La lutte des autorités contre la sexualité, sous la pression de l'Eglise, atteint un niveau jamais égalé. Les prostituées sont mises en cartes, parquées dans des maisons closes et surveillées par la police et les médecins. La censure contrôle impitoyablement la littérature et la presse. Barbey d'Aurevilly, Baudelaire, Flaubert en font les frais. «*Le puritanisme culmine en France avec le gouvernement anticlérical d'Emile Combes dont le ministre de l'Enseignement interdit l'étude dans les classes de rhétorique de la Satire III de Juvénal parce que ce dernier décrit l'impératrice Messaline revenant du bordel "lassata sed non satieta"*» (32). Inversement, les littératures édifiantes pullulent, tel ce discours sur les femmes «débraillées» où l'auteur disserte sur l'importance du «péché de décolleté». «Véniel» ou «mortel»? Si la femme s'enrhumait, le péché était mortel! Et de s'en prendre avec véhémence aux femmes qui portent une croix sur la poitrine: «*Elles feraient mieux d'y mettre un crapaud car c'est le seul animal qui se plaît au milieu des ordures* (sic)».

La répression de la sexualité a aussi des aspects insidieux. Libéral, Michelet a pour la femme une grande tendresse; toutefois, en déifiant la maternité, il contribue à la maintenir exclusivement dans son rôle classique de mère. Médecins, philosophes positivistes, républicains le rejoignent: l'idéal de toute femme devrait être d'enfanter et d'élever ses enfants. Le rapport sexuel, loin d'être une occasion ou une manifestation d'amour, devient un devoir: «le devoir conjugal». L'antique «matrone» romaine devient le modèle de ces hommes modernes! Et le plaisir féminin, alors? Interdit! C'est passivement que la femme accepte les approches de son mari. De toute façon, elle sait que la «*femme qui se risquerait à laisser paraître son émoi dans les ébats sexuels serait aussitôt classée parmi les nymphomanes ou les filles de rien*» (23). Une femme honnête n'a pas de plaisir.

La femme, que depuis bientôt deux millénaires les hommes façonnent à leur convenance, atteint à l'ère victorienne un degré de perfection. Elle est douce et soumise, sensible, voire sentimentale, mais point romantique, elle s'occupe admirablement du foyer, élève parfaitement ses enfants. Surtout elle est pieuse et dévote. Autrement dit : c'est une épouse, une mère et une paroissienne idéale. Enfin l'Eglise et l'Etat la tiennent, leur merveille, la femme sans sexe !

La répression de la sexualité, cependant, a ses limites. Ayant obtenu l'épouse distante et froide qu'ils souhaitaient, les hommes trouvent un peu trop austères les soirées conjugales ! A l'incompressible libido, il faut des exutoires qui n'impliquent pas la famille. Les bourgeois entretiennent des demi-mondaines — des « Dames aux camélias » — ou fréquentent ces nouveaux temples de la volupté que sont les maisons de tolérance ; là, dans un décor luxueux, des filles expertes et perverses leur offrent des plaisirs raffinés. Les hommes du peuple, eux, se rabattent sur les prostituées de cabarets et d'hôtels garnis. Trente siècles plus tard, la peur du désordre suscite, comme dans la païenne Babylone, l'organisation de l'amour en deux secteurs : l'amour conjugal et l'amour libre.

Les temps modernes

Il aura fallu vingt siècles pour que l'Eglise revienne en partie sur ses errements originaux. Elle le fera sous la pression de divers événements : la psychanalyse, qui démontre l'importance primordiale de la sexualité dans la vie psychique et le danger de sa répression, la guerre de 1914, qui, nécessitant le remplacement des hommes mobilisés par des femmes dans diverses activités prétendues masculines, entame le mythe de la supériorité du mâle. Désormais, les femmes n'acceptent plus de se soumettre ni d'étouffer leur sexualité.

Toutefois, dans la première moitié du XXe siècle, les religieux résistent. Les textes officiels réaffirment les principes pauliniens et augustiniens. En 1918, le nouveau *Code de droit canonique* stipule que le mariage conclu avec l'intention de ne pas avoir d'enfants est invalide. En 1930, l'encyclique de Pie XI *Casti connubili* condamne «*la seule volupté sans aucune charge*», «*l'ignoble esclavage du plaisir*» et «*l'idolâtrie de la chair*»; elle proscrit la contraception — à cette époque, le coït interrompu — comme étant un acte «contre nature»; elle réaffirme le devoir de soumission de la femme envers l'homme et stigmatise les attaques contre «*la fidèle et honnête subordination de la femme à son mari*». Quelques jésuites se distinguent dans ces combats. En 1923, le père Hoornaert déclare que le sexe est bestial. Quelque temps plus tard, le père Vermeersh s'en prend aux préservatifs.

Pour conforter son vieux discours, l'Eglise en appelle à la médecine. Dans les années 30, paraissent de nombreux ouvrages destinés à des mouvements de jeunesse où la condamnation du péché de «manuellisation» se double de menaces d'ordre médical. En 1939, par exemple, le père Rigaux fait une description apocalyptique des conséquences de la masturbation et de l'acte sexuel sur la santé. Jusqu'au milieu de ce siècle, la honte des corps n'avait d'égale que la peur du sexe.

Dieu merci, l'avant-garde de la rénovation se manifestait déjà. En 1925, von Hildebrand, professeur allemand de théologie, laïc, marié, déclare que l'acte conjugal «*n'a pas seulement fonction de procréation*» mais qu'il peut être «*l'expression et l'accomplissement de l'amour conjugal*» et qu'il «*participe d'une certaine façon à l'esprit du sacrement du mariage*» (32). C'est au décours de la guerre de 1939 que se produit la révolution : abandonnant des positions tenues depuis deux mille ans, l'Eglise affirme que l'amour est la base du sacrement du mariage autant que la procréation et que la sexualité peut être un acte d'amour.

En 1956, le cardinal Suenens affirme que «*la première demande de Dieu, quant à l'acte d'amour, est qu'il soit fondé sur l'amour*». En 1964, le concile du Vatican reconnaît que «*le mariage est fondé aussi bien sur l'amour que sur la procréation*». En 1968, l'encyclique *Humanae Vitae* se démarque, quoique timidement, des principes augustiniens. Les années 80 sont particulièrement heureuses : en 1982, Jean-Paul II insiste sur l'égalité de l'homme et de la femme. En octobre 1985, ce même pape fait paraître *L'Orientation éducative sur l'amour humain, instruction de la congrégation pour l'éducation catholique*, qui précise la position de l'Eglise en matière de sexualité. Certains articles sont novateurs : «*La sexualité est une composante fondamentale de la personnalité, une de ses façons d'exister (...) de communiquer*» (article 4) ; «*... La génitalité reliée à la procréation est la plus grande expression sur le plan physique de cette communion d'amour des conjoints*» (article 5) ; «*... Une fonction particulière est reconnue au corps parce que celui-ci contribue à révéler le sens de la vie... La corporéité est en effet la façon spécifique d'exister et d'agir propre à l'esprit humain*» (article 22) ; «*... Le corps en tant qu'il est sexué exprime la vocation de l'homme à la réciprocité*» (article 24) ; «*... Les sexes sont complémentaires : (...) non identiques mais égaux*» (article 25). Bien entendu, les positions restent intangibles sur la virginité, la conception, la masturbation, l'adultère et l'homosexualité.

En 1984, dans *Amour et Famille* (n° 144), bulletin d'obédience catholique, on peut lire sous la plume de D. Sonet les heureuses conclusions des travaux d'une commission : «*La sexualité n'est pas le signe du péché comme il a été dit parfois dans le passé chrétien.*» ... Dont acte. «*La sexualité est une réalité bonne, saine, épanouissante... La foi vient confirmer cette donnée humaine... Pour le chrétien, la sexualité est une réalité excellente, car elle est voulue par Dieu.*» Faits étonnants, ces travaux sont menés directement à partir des textes sacrés. Bien entendu, la prudence l'emporte à la fin : «*Cette pulsion a besoin de signification : il est nécessaire qu'elle soit ordonnée et maîtrisée, sinon elle risque d'être une force déréglée, voire dangereuse. Toutes les civilisations ont régulé la pulsion sexuelle...» «La sexualité dans l'Ecriture ne prend toute sa signification que dans la conjugalité.»*

Cette évolution de l'Eglise, trop timorée pour les uns, semble au contraire excessive à d'autres. Effrayés, les plus peureux des clercs créent un schisme : l'intégrisme. Ils veulent maintenir les traditions ; par tradition, ils entendent non pas la transmission du message d'amour du Christ, mais l'héritage stoïcien : la condamnation du plaisir et surtout la soumission inconditionnelle de la femme. Ils traitent Jean-Paul II de «féministe» parce qu'il a défendu l'égalité de la femme et de l'homme.

Les conservateurs vont l'emporter. Depuis quelques années, l'Eglise catholique raidit ses positions. Du reste, ce regain de rigorisme atteint toutes les religions : l'islam, le judaïsme, l'hindouisme, etc. Réaction spirituelle ici, réaction nationaliste là, c'est aussi une réaction de peur face à l'émancipation des femmes. En Occident, le pape Jean-Paul II conduit désormais la contre-réforme. Le «nouveau catéchisme» qui vient de paraître reconduit les vieux principes et, évidemment, les interdits sexuels (la contraception, l'interruption de grossesse, le divorce, etc.). Certes, l'inspiration est élevée — le respect de la vie, l'apologie de la fidélité, le refus du corps-objet ; mais, à placer trop haut la barre, l'idéalisme devient inhumain. Un pas de plus, il est fanatique et bientôt criminel. Prétendre que la promotion des préservatifs est une incitation à la débauche et culpabiliser ceux qui utilisent cet excellent moyen de se protéger des terribles M.S.T. constitue un refus d'assistance à personne en danger. Comme si l'acte d'amour effrayait nos évêques plus que la mort lente par sida.

L'attitude de l'Eglise vis-à-vis du célibat des prêtres (qui, en réalité, ne date que de quelques siècles) contraint ses membres au masochisme ou à l'hypocrisie. Maso sont les ecclésiastiques dont le combat contre « la tentation », c'est-à-dire le désir de tendresse et de plaisir, est « sanglant ». Hypocrites, ceux qui ont une amie attitrée ou même vivent maritalement avec une femme et demeurent dans une institution qui prône la chasteté de ses clercs.

Pourtant l'amour n'est pas un péché

« L'amour est un péché », n'ont cessé de rappeler les prêtres. Leur Dieu, qu'en pense-t-Il ? Pour le savoir, penchons-nous sur les textes « inspirés » auxquels se réfèrent les censeurs.

Nous avons vu que l'Ancien Testament, en dehors de la déplorable histoire de la faute originelle, n'était pas foncièrement hostile à la femme et au sexe. Qu'en est-il du Nouveau Testament ? Il est encore plus discret en ce qui concerne la sexualité. On n'y trouve nulle trace de répression. Des éloges renouvelés du mariage. Et les mêmes recommandations pour le couple : 1. la condamnation de l'adultère (Mt., V, 23) ; 2. la condamnation du divorce (Mt., XIX, 2-12 ; Mc, X ; Lc, XVI, 18). Dans Mt., XIX, 4, on trouve cette vibrante exclamation du Christ : « *N'avez-vous pas vu que le créateur, dès l'origine, les fit homme et femme !* » Tous les ennemis de l'amour auraient dû s'en souvenir. Dans Mc, X, 6-9, on trouve ce rappel de la Bible : « *Au commencement de la création, Dieu fit l'homme mâle et femelle. A cause de cela l'homme quittera son père et sa mère et les deux seront une seule chair. Que l'homme ne sépare pas ce que Dieu a uni.* »

Bien sûr il y a ce passage sibyllin : « *Tous ne comprennent pas ce langage mais seulement ceux à qui cela est donné ; il y en a qui se sont rendus eunuques eux-mêmes en vue de Royaume des Cieux. Comprenne qui peut comprendre* » (Mt., XIX, 11-12). Il servit souvent d'argument aux ennemis du mariage et du plaisir. Laissons à Matthieu le bénéfice du doute. Il y a surtout l'exemple de Jésus et de Marie; c'est l'argument suprême que brandissent les clercs: le Christ est resté célibataire et chaste, et Marie sa mère est demeurée vierge! L'un et l'autre n'ont, d'aucune façon, connu la sexualité, c'est donc que l'union charnelle d'un homme et d'une femme est peccamineuse, et le plaisir impur. Jésus fut conçu sans péché!

Donner en exemple, comme le font les Pères, le célibat du Christ et la virginité de Marie pour détourner le peuple du plaisir, ne serait-ce pas abuser les gens et trahir leur grande peur? La situation hors-sexualité des deux acteurs principaux de l'Evangile ne peut pas s'apprécier sur le plan moral; elle relève de la Transcendance. Une vierge peut donner la vie si Dieu, maître de la vie, le veut; et il fallait que son enfant, le fils de Dieu, ne soit pas le fils d'un mâle. Quant à Jésus, en tant que dieu, il est déjà un «Tout» et n'a pas besoin de s'unir à une femme.

Au total, rien, dans les Ecritures, n'est contraire à la femme et rien ne s'oppose aux plaisirs des sens. Donc rien ne fonde la répression de la femme et de l'érotisme. Rien, à moins de falsifier les textes, ce que les clercs n'ont pas hésité à faire depuis deux mille ans. Alors pourquoi les hommes prêtres ont-ils inventé une doctrine aussi répressive pour l'être féminin et les sens? Pourquoi, si ce n'est pour conjurer leur grande peur et conforter le pouvoir patriarcal?

Ce que confirme Georges Duby dans son étude sur *Le Chevalier, la Femme et le Prêtre au Moyen Age*: «*Tous les témoins que j'entends sont (...) des gens d'Eglise. Ce sont des hommes, des mâles, célibataires (...) manifestant par profession répugnance à l'égard de la sexualité et plus particulièrement de la femme, qui n'ont pas d'expérience du mariage et qui proposent une théorie capable d'affermir le pouvoir qu'ils revendiquent*» (15). A trop brandir les Evangiles pour soutenir leur idéologie misogyne, les clercs pousseraient à croire que ces textes ne sont, comme la Bible et le Coran, que des productions du pouvoir patriarcal et non la révélation de la vérité.

Marie plus vierge que femme

Y a-t-il, dans la religion chrétienne, quelques résurgences des antiques déesses? Patriarcal et monothéiste, le christianisme se montre à ses débuts intransigeant vis-à-vis de la déesse. Et pour cause: elle est, nous l'avons vu, sa principale rivale. C'est pourquoi les Pères de l'Eglise se refusent à vouer un culte spécial à Marie, mère de Jésus. Le peuple des convertis, lui, n'attend pas pour vénérer Marie: n'est-elle pas la nouvelle reine du ciel? Beaucoup de croyances, beaucoup de rituels de fêtes sont empruntés aux cultes païens de la déesse. Du reste, habilement, l'Eglise substitue aux fêtes païennes des fêtes chrétiennes dans le but de faire oublier les premières.

C'est à Ephèse, ce haut lieu du culte de la déesse, que Marie remporte sa première victoire. Là, en 431, un concile lui reconnaît le titre de «mère de Dieu». Ce fut le retour triomphal de la Mère, «la Madone». Aussitôt d'anciens temples de la déesse, transformés en basiliques, sont consacrés à Marie. A Constantinople, c'est le délire, on se lance dans une vénération passionnée des icônes; Marie y figure, telle Aphrodite, couronnée d'étoiles, couverte d'un manteau constellé de pierres, le pied posé sur un globe lunaire! En 1854, est proclamé le dogme de l'Immaculée Conception. En 1950, celui de l'Assomption.

L'importance de Marie, sa popularité, démontre qu'aucune religion ne peut se passer de déesse. Son succès, elle le doit aussi à la pression des femmes pour qui Marie est la revanche sur le péché originel et l'occasion de participer à une religion dont elles ont été longtemps exclues.

A la différence de ses consœurs, Marie n'a aucun rôle maléfique. C'est même une bonne mère. Elle veille sur ses fidèles, et plus particulièrement sur les marins, les gladiateurs, les toréadors, les affligés. Elle est aussi la «patronne» des prostituées, ex-servantes de la grande déesse ! Autre différence : Marie est asexuée.

C'est que les hommes, en acceptant le sacre de la nouvelle déesse, ont été prudents, et même très malins : une femme sans sexe ne peut inciter à la luxure et, mieux encore, elle peut figurer l'idéal féminin des mâles craintifs. Les hommes mettront dix-neuf siècles pour créer une femme parfaitement conforme au modèle : ce sera, au XIXe siècle, la bourgeoise victorienne.

Alors quand vient le mois de mai, désormais consacré à Marie, les prêtres pourront entonner : «*C'est le mois de Marie, c'est le mois le plus beau.*» Ce mois foisonnant où se déroulaient jadis les fêtes de la luxuriante déesse, où autrefois les campagnes vibraient des farandoles des paysans, où les bosquets résonnaient du plaisir des jeunes filles, où, poussés par une force irrésistible et joyeuse, les oiseaux s'accouplaient et les fleurs s'ouvraient, où tous les désirs s'exacerbaient, ce mois de printemps exubérant est maintenant voué à une vierge inoffensive. Les hommes peuvent dormir en paix.

6

Votre femme est une sorcière

La chasse aux sorcières qui sévit du Moyen Age jusqu'à la fin du XVIIIe siècle est un épisode caricatural et tragique de la lutte des hommes contre les femmes. Toute femme susceptible de menacer le pouvoir masculin, toute femme soupçonnée de vouloir reprendre une parcelle de sa puissance pourra être considérée comme sorcière et, comme telle, condamnée.

Le meilleur et le pire

La plupart des sorcières faisaient le bien. Elles guérissaient à l'aide de potions et de breuvages préparés à partir de plantes et de poudres diverses. A l'aide aussi d'incantations. Sages-femmes, elles accouchaient. Faiseuses d'anges, elles avortaient en cas de grossesse non désirée. Elles rendaient fertiles les femmes stériles, et stériles celles qui ne voulaient plus d'enfants. Elles rendaient brûlantes les femmes frigides et triomphants les hommes impuissants. Grâce à des philtres, elles rendaient amoureux celui ou celle que l'on convoitait. «*L'unique médecin du peuple, pendant mille ans, fut la sorcière. Les empereurs, les rois, les plus riches barons avaient quelques docteurs (...) Mais la masse (...) ne consultait que la Saga ou la Sage-femme*» (10). On les nommait aussi Bonnes Dames ou Belles Dames, du nom même qu'on donnait aux fées. Elles étaient efficaces. Le grand médecin Paracelse reconnaissait avoir tout appris de la médecine populaire. Pour les femmes, elles étaient plus précieuses encore, car les médecins étaient des clercs, des gens qui n'aimaient ni ne connaissaient la femme.

Certaines sorcières faisaient le mal. A l'aide de poisons ou de sorts, elles provoquaient des maladies et des souffrances, rendaient les femmes stériles ou frigides, les hommes impuissants. Elles interrompaient les grossesses, aussi. Et pouvaient même tuer. Elles étaient également devineresses. On les consultait pour entrer en communication avec les morts, connaître l'avenir ou découvrir des trésors.

On leur attribuait des pouvoirs plus extravagants encore : voler dans les airs sur un balai, provoquer la lévitation, métamorphoser les animaux. Et, dans le registre maléfique, on les disait capables de détruire les récoltes, de stériliser ou d'avorter les troupeaux. On les prétendait luxurieuses et débauchées. Et, comble de l'horreur, on les accusait de se nourrir d'enfants. Il y avait tellement d'enfants qui disparaissaient alors (la disette, les vols, les loups...).

Leur puissance provenait aussi des confidences qu'on leur faisait. Mieux qu'un confesseur, elles savaient le secret des gens. On leur disait non seulement les péchés qu'on avait commis, mais aussi ses inavouables desseins ou ses désirs honteux.

Elles organisaient les sabbats. La nuit, à une date fixée par les astres — solstices, changements de lune —, sur des sommets battus par les vents, ou dans de profondes clairières, ou sur des landes sauvages, voilà que se déroule l'étrange réunion. Une assemblée parfois fort nombreuse — jusqu'à douze mille personnes — y assiste. Dans le chœur, se dresse un Satan de bois, noir et velu, orné des attributs virils, équivalent de la croix. C'est alors que la prêtresse — la sorcière — intronise le diable ou la diablesse, celui ou celle qui va présider le sabbat : homme, femme ou animal, le plus souvent un bouc ou un chat noir. Puis elle se donne à lui, mimant l'acte sexuel et la fécondation, devenant par ce simulacre prêtresse sacrée.

Alors le festin commence, accompagné de libations et agrémenté de chants et de danses. Une ambiance de chaude fraternité règne. Toutes les classes y participent. Même les nobles dames et les gentilshommes sont là, voilées ou masqués, au premier rang ou à l'écart. Il y a aussi des prêtres.

Puis c'est la messe noire. L'autel : le corps nu d'une femme, la prêtresse le plus souvent. L'hostie : un gâteau cuit sur elle — ainsi, c'est avec le corps de la femme que la foule va communier. Les prières : des formules de reniement à Jésus, des hommages à Satan. Le sermon ridiculise l'Eglise et exhorte les assistants à lui désobéir.

Point de sacrifice d'enfant, mais celui d'un animal. Point de licence sexuelle car on vient en famille, enfants compris, et les femmes craignent par trop d'être enceintes (une bouche de plus à nourrir en ces temps souvent frappés de disette). Point d'inceste public non plus.

Après 1500, l'activité des sorcières dégénérera. Aucun idéal religieux, fût-il satanique, ne les animera plus. L'argent a tout corrompu. Ces dames, maintenant, vendent des recettes pour stériliser ou avorter. Moyennant finance, elles envoûtent, empoisonnent, intriguent. Libertines effrénées, elles servent d'entremetteuses. Les sabbats se tiennent désormais sur des champs de foire ; l'entrée est payante. Des filles se livrent à des danses mauresques, langoureuses, voire obscènes ; d'autres simulent des scènes provocantes ; d'autres encore, enchantées par quelque breuvage, se laissent caresser par les assistants.

Toutefois, il demeure des sorcières qui exercent leurs talents comme jadis.

La revanche des femmes

Montague Summers décrit la sorcière comme *« l'adepte d'une puissante organisation secrète, ennemie de l'Eglise et de l'Etat... Elle règne sur les habitants des villes par la terreur et la superstition* » (39). De fait, ceux qui la traquent pour hérésie redoutent en réalité sa subversion. Ne concrétise-t-elle pas la révolte des opprimés d'alors : les femmes et les serfs ?

Les serfs misérables, souvent affamés, toujours taillables et corvéables à merci, privés de droits et de représentants, supportent de plus en plus mal le despotisme des seigneurs et la tutelle de l'Eglise. Leurs épouses sont doublement réprouvées : comme serves, tout d'abord, elles partagent le triste sort de leur mari et, de plus, « serves de corps », elles doivent subir l'abominable « droit de prééminence sur la mariée », dit « droit de cuissage », sans oublier les privautés que s'octroie le seigneur et les viols de ses hommes d'armes. Comme femme, ensuite, elle supporte les persécutions de l'Eglise et, subséquemment, celles de son mari.

C'est un malheur que d'être femme au Moyen Age. Les institutions religieuses aussi bien que la société civile s'accordent pour la réprimer. Pauvre ou riche, la femme étouffe sous la misogynie ambiante, « *écrasée de trois côtés* », comme le dit Michelet : « *L'Eglise la tient au plus bas* (elle est Eve et le péché même). *A la maison, elle est battue. Au sabbat, immolée ; on sait comment. Elle n'est rien, n'a rien. Mais il faut prendre garde de faire une créature si malheureuse ; car, sous cette grêle de douleurs, ce qui n'est pas douleur, ce qui est douceur et tendresse, peut en revanche tourner en frénésie* » (10).

Le pire, pour les femmes et les serfs, c'est la trahison de l'Eglise. Ils en attendaient le bonheur ; elle s'est mise du côté de leurs bourreaux : au nom de l'ordre et pour partager leur pouvoir, elle s'est alliée aux seigneurs. Elle-même s'est faite bourreau : professant un spiritualisme par trop théorique, elle méprise le corps et la nature, sources potentielles de joies dont elle fait autant de péchés. Pire, obsédée par la culpabilité, elle affecte au corps, tout à la fois lieu du péché et siège des souffrances, une fonction d'expiation. Avez-vous faim, êtes-vous malade ou malheureux ? Les prêtres répondent : « *Vous avez péché, Dieu vous afflige, remerciez et souffrez* » (10). Déçus, désespérés, les opprimés se tournent vers celle qui leur offre la compassion, l'espoir, la revanche : la déesse.

Car au fond des âmes, la grande déesse survit. La femme, au pire de sa souffrance, se surprend à l'invoquer. Elle va même subrepticement déposer quelques fleurs, quelque gâteau, au pied d'une souche, au griffon d'une source. Il n'est pas de lande, pas de forêt où l'on ne vénère quelque divinité passée. Le serf, son compagnon d'infortune, agit de même. Ensemble, au plus sombre de la nuit, ils vont rejoindre quelques désespérés qui fêtent l'une de ces déesses païennes.

Alors la femme, qui n'est plus rien, s'est souvenue qu'au début elle était tout : tandis que l'homme chassait ou combattait, elle, elle enfantait des déesses, elle portait le désir, elle cueillait graines et fruits, elle guérissait ceux qu'elle aimait par des herbes choisies, elle s'adressait au ciel, s'entretenait avec les morts et perçait l'avenir. Elle inventait. Elle créait. Oui, en ce temps-là, elle régnait sur la Terre.

Aussi, clandestinement, elle restaure la tradition matriarcale. Ses pouvoirs et ses pratiques procèdent de ces choses dont l'homme ne saisit pas l'importance : le corps (sa sensualité, ses énergies) et la nature (ses plantes, ses éléments). La vraie vie, c'est par le contact, le chant, la danse, la sexualité qu'elle s'exprime. C'est par la terre, l'eau, le feu, le vent et les orages qu'elle se ranime.

Le sabbat, c'est la consécration de la renaissance matriarcale. C'est la femme qui officie et, comme dans le culte de la grande déesse, on célèbre le sexe. La messe noire, c'est la revanche de la femme sur le mythe d'Eve, culpabilisateur et dévalorisant, sa réhabilitation. «*La messe noire (...) semblerait être cette rédemption d'Eve maudite par le christianisme. La femme au sabbat remplit tout. Elle est le sacerdoce, elle est l'autel, elle est l'hostie... Au fond n'est-elle pas le Dieu même?*» (10) Cette célébration est un solennel défi à l'Eglise, comme le sont les pastiches des rites catholiques, le sermon qui ridiculise le clergé et exhorte à lui désobéir.

Nobles dames autant que servantes et paysannes assistaient assidûment aux assemblées sabbatiques. C'était leur façon de se révolter contre l'antiféminisme officiel. Une autre façon était d'utiliser les pouvoirs de la sorcière pour agir sur les mâles: rendre tel homme amoureux, se venger de cet autre en le rendant malade ou impuissant, se débarrasser de celui-là en le faisant mourir.

Révolte contre l'homme, la sorcellerie est aussi une insurrection contre ses institutions. L'Eglise — nous venons de le décrire —, mais aussi l'Etat. Dans ses sermons, la sorcière prend les nobles à partie et s'en moque, pour le plus grand plaisir des serfs. Dans sa pratique, la sorcière règle ses comptes avec les seigneurs: elle contribue à les faire cocus, élabore les poisons qui leur sont destinés, sème la zizanie dans leurs cours. Et quel régal de recevoir les confidences de la dame, ses implorations de réchauffer sur son corps dénudé le gâteau — «le charme» — qui ranimera les ferveurs d'un amant, un gâteau où elle incluait les nobles menstrues! Quelle humiliation pour l'une, quel triomphe pour l'autre!

Plus qu'une nouvelle Eglise à l'envers, la sorcellerie constituera une contre-culture véritablement subversive: revanche des femmes contre le patriarcat, des pauvres contre la féodalité. «*C'est une formidable révolution féminine qui s'étendit à toute l'Europe. Elle s'imposa non par la force, mais par la séduction et chercha à détruire de l'intérieur la dictature patriarcale*» (6).

Le corps retrouvé

La dichotomie corps-esprit, née en Grèce, reprise à Rome, triomphe dans l'Europe médiévale. L'esprit, pur et noble, est notre part divine. Le corps — la « chair » —, impur et honteux, est notre part démoniaque ; lieu du plaisir qui souille l'âme, il est cause de notre éloignement de Dieu, et donc de notre perte.

En vertu du principe démoniaque de prendre à rebours les conceptions du Moyen Age, ou tout simplement par esprit de contradiction, la sorcière réhabilite le corps. D'ailleurs, en tant que femme, elle se sent proche de lui : sa biologie, ses maternités, ses activités propres font qu'elle le connaît bien et l'habite vraiment ; pour elle, le corps n'a rien d'impur, d'immonde. Aussi, elle veut l'épanouir autant que le guérir.

Elle sait à quel point le corps de la femme, méconnu des clercs médecins, est mal soigné ; elle va donc plus spécialement s'intéresser aux maladies féminines et à la maternité. Elle sait aussi combien les désirs de la femme, condamnés par les prêtres, sont frustrés. C'est pourquoi elle va s'occuper d'amourachement, de frigidité, d'impuissance ; et pourquoi, dans les sabbats, elle glorifie le sexe, mimant une copulation avec le diable, stimulant l'éveil des sens par les chants et les danses, se réjouissant des amours qui se nouent dans la nuit. Elle réalise une véritable révolution sexuelle souterraine.

Sus aux sorcières

Dans les premiers siècles, les autorités ecclésiastiques nient la réalité des pouvoirs des sorcières : les dons qu'elles allèguent, ou que d'aucuns leur prêtent, ne sont que fantasmes inspirés par Satan, des « sornettes », comme le déclare le concile d'Ancyre en 314. Accorder le moindre crédit à la sorcellerie, c'eût été encourager la survivance des croyances païennes, alors qu'on venait de triompher du paganisme.

Néanmoins, saint Augustin, au Ve siècle, et Burchard de Worms, au XIIe, s'inquiètent des pratiques maléfiques auxquelles s'adonnent certaines femmes. Charlemagne, en 800, institue la peine de mort pour ceux qui invoquent le démon pour faire le mal.

Cependant, la véritable chasse aux sorcières ne s'ouvre qu'en 1258, à la suite d'une bulle d'Alexandre IV. Elle s'accentue en 1320 par une bulle de Jean XXII. Elle se déchaîne en 1484 par une bulle d'Innocent VIII. Sous son impulsion, des inquisiteurs impitoyables — Krämer et Sprenger — écrivent l'un des textes le plus férocement misogynes qui existent : le *Malleus Maleficarum*. Ce document servira de guide à tous les inquisiteurs présents et à venir. La dernière ordonnance papale est publiée en 1631. On brûlera des sorcières jusqu'en 1800.

La répression est confiée à l'Inquisition, les sorcières ayant été décrétées « hérétiques ». Les pourchasseurs sont des franciscains ou des dominicains. Les victimes, sorcières ou prétendues telles, se compteront par dizaines de milliers. Parfois des villages entiers sont livrés au bûcher, comme ce sera le cas dans l'Episcopat de Trèves en 1585 et à Salem en 1692. Les évêques rivalisent de zèle. Au XVIe siècle, le prélat de Genève se vante d'avoir fait brûler au moins cinq cents femmes, celui de Bamberg six cents, celui de Würzburg neuf cents. L'inquisiteur espagnol Paramo se réjouit qu'en un siècle trente mille coupables d'une secte aient été réduits en cendres.

Comment ne pas voir dans ce long conflit l'implacable lutte des hommes au service d'un dieu mâle contre un mouvement féminin ?

Les chefs d'accusation portent autant sur les actions bénéfiques de ces femmes (les guérisons, voire les accouchements) que sur les actions maléfiques (les crimes). Ce qui est inexplicable est magique, donc l'œuvre de Satan. Les guérisons le sont, les sorcières n'ayant pas étudié officiellement la médecine comme les clercs. De fait, si toutes n'ont pas conclu un pacte avec le diable, toutes utilisent des poisons selon le principe satanique : tout doit se faire à l'envers. Elles sont donc toutes hérétiques. C'est pourquoi on envoie au bûcher les guérisseuses et les accoucheuses aussi bien que les criminelles.

La peur de perdre le pouvoir

La plupart des sorcières vivent plus ou moins sauvagement au sein de la nature, dans des grottes ou des forêts. Elles se servent de produits naturels, végétaux, animaux ou minéraux. Elles font appel aux phénomènes naturels, pluie, vent, soleil, lune, astres, etc. Elles représentent donc la nature. Or les clercs maudissent la nature qui, disent-ils, incarne le mal ; raison de plus pour faire de ces femmes des suppôts du mal. Mais surtout les clercs entrevoient derrière ces femmes le péril : la prêtresse de la nature, leur rivale de toujours. Ils craignent qu'elles n'entament leur autorité. D'autant qu'à d'autres signes ils subodorent en elles une volonté de reconquérir le pouvoir magique des antiques divinités : mères elles-mêmes, elles s'occupent de maternité ; femmes aussi, elles s'occupent de sexualité ; et d'avenir et d'au-delà ! Déjà elles règnent sur de vastes contrées. Les clercs avaient quelques raisons de s'inquiéter.

La peur de perdre la tête

La vraie raison de la panique des hommes-prêtres, c'est la réhabilitation par les sorcières du plaisir sexuel. Dans la sorcellerie, c'est la luxure féminine qu'on pourchasse. Les actes d'accusation ne laissent guère de doute ; ils font état de fornication, d'adultère, de sodomie, d'inceste, d'homosexualité, de relations sexuelles avec le diable, etc. Saint Jean Chrysostome déclare : « *Toute la sorcellerie est due aux appétits charnels des femmes qui ne sont que des créatures insatiables* » (6). Un évêque italien, analysant les raisons qui poussent la femme à s'adonner à la sorcellerie, cite : « *leur terrible inclination à pécher* ». Montague Summers confirme : « *La sorcière n'est que l'infecte conseillère des courtisanes débauchées et des galants adultères ; elle est le ministre du vice et de la corruption et se vautre dans la fange des passions les plus viles* » (39).

La démonstration la plus magistrale de la haine-peur du sexe qui animait les inquisiteurs est l'étonnant *Malleus* de H. Krämer et de J. Sprenger (1486) dont voici des extraits :

« *On s'aperçoit après examen attentif que la plupart des royaumes de ce monde ont été ruinés par des femmes... Troie doit sa perte au fait qu'une femme fut violée et des milliers de Grecs perdirent la vie lors des combats qui s'ensuivirent. Le royaume des Juifs disparut à cause de Jézabel. Rome à cause de Cléopâtre... La pire de toutes. Et ainsi de suite.* »

« *Voyons un peu les désirs charnels qui ont causé tant de mal à la vie humaine... La femme est la Chimère. Ce monstre connaît trois formes : elle a le visage noble et radieux du lion, le ventre ignoble de la chèvre et, à l'endroit des bras, ne sortent que d'horribles queues de serpents.* »

« *Voyons un autre aspect de sa personnalité : sa voix. Elle est née menteuse et tous ses mots ne sont qu'aiguillons venimeux. Sa voix peut charmer comme celle des sirènes dont le chant ensorcelait les marins pour mieux les tuer.* »

« *Elle est plus cruelle que la mort car celle-ci est naturelle et ne détruit que le corps ; le péché qui suinte de tous les pores du corps de la femme détruit l'âme en la privant de la grâce et jette le corps dans les abîmes du péché.»*

«Saint Bernard disait: "Leurs mains sont des chaînes prêtes à enchaîner et lorsqu'elles les tendent à quelqu'un, c'est pour le charmer jusqu'à ce que le démon accomplisse ses mauvais desseins".»

«Toute la sorcellerie vient du désir charnel qui, chez elles, est insatiable... Pour se satisfaire, elles n'hésitent pas à épouser des démons.»

«Comme l'indique la bulle du pape, il existe sept modèles par lesquels elle infecte l'homme, par l'acte vénérien. D'abord, elle attire l'homme dans d'abominables passions; deuxièmement, elle fait obstacle à sa force génératrice; troisièmement, elle le prive de son membre viril au cours de l'acte (...).»

«Ces femmes satisfont leurs immondes désirs non seulement en elles-mêmes (...) mais chez les hommes, elles font naître le plus grand péril de notre temps, à savoir l'extinction de la Foi.»

Au fond, ce que reprochent les inquisiteurs aux sorcières, c'est d'être des femmes. Michelet s'exclame: «*Beaucoup périrent parce qu'elles étaient jeunes et belles!*» (10) De fait, les bourreaux religieux et civils se plaisent à torturer ces femmes et s'acharnent à appliquer leurs supplices raffinés en ces lieux où la femme jouit: la peau où, à la recherche de la «marque de Satan», ils ne se lassent pas d'enfoncer des aiguilles, les seins, le sexe. Véritables passages à l'acte, ces tortures sont, autant qu'une vengeance sexuelle, une manière de jouissance où l'homme ne court aucun risque, la femelle étant domptée. Car, à leur corps défendant, les juges sont parfois charmés par celles qu'ils vont supplicier, comme le narre l'un deux: «*Quand on les voit passer... Les cheveux au vent et sur les épaules, elles vont, dans cette belle chevelure, si parées et si bien armées que, le soleil y passant comme à travers une nuée, l'éclat en est si violent et formé d'ardents éclairs... De là la fascination de leurs yeux dangereux en amour autant qu'en sortilège*» (10).

La solution finale

Ce qui est terrible dans la chasse aux sorcières, c'est que les inquisiteurs s'attaquent aux seuls moyens dont la femme dispose pour exister face à l'homme : sa fécondité, son pouvoir de donner la vie, sa capacité de soulager, sa connaissance des plantes et de la nature. En un mot, sa magie.

Justement, le but est là : réduire la femme, car la lutte entre les évêques et les sorcières n'est qu'une péripétie de l'éternel bras de fer entre l'homme et la femme. Avec le bûcher, on atteint la phase ultime : la tentative d'extermination. Car s'ils le pouvaient, ils tueraient toutes les femmes. Tertullien n'avait-il pas dit qu'il valait mieux « *que la race s'éteigne plutôt que de la voir se perpétuer au moyen de la relation sexuelle...* » ? D'où l'accusation terrible de Lederer : *Le Moyen Âge essaya de perpétrer ce qu'on pourrait appeler un "sexocide". C'est-à-dire la destruction de la gent féminine abhorrée et haïe par la gent masculine* » (6).

Au XVIIe siècle, les clercs abandonnent les sorcières aux médecins. Les femmes y ont-elles gagné ?

7

Les médecins et la peur

Représentants du patriarcat, les médecins ont, vis-à-vis de la femme, les mêmes opinions et les mêmes comportements que leurs contemporains. De l'Antiquité jusqu'à nous, la pensée médicale, en ce qui concerne la femme, n'a pas fondamentalement changé ; elle se résume en trois mots : lubricité, maternité, infériorité.

Au ventre de la femme, un animal

Abordant le corps de la femme, les médecins ont toujours été subjugués par cet organe qu'eux ne possèdent pas : l'utérus. La fascination qu'engendrait chez les hommes primitifs le sexe de la femme, lieu de la maternité et de l'ivresse sexuelle, se transféra chez les médecins sur son support anatomique. Nul doute que cet organe n'impose sa loi à la femme et ne soit la cause de tous ses dérangements. L'utérus cristallisera toutes les peurs des médecins.

Déjà les Egyptiens pensaient que la plupart des troubles de la femme provenaient d'une mauvaise position de la matrice, voire de sa migration à l'intérieur du corps ; de ce fait elle comprimait des organes qui n'en pouvaient mais. Pour l'inciter à regagner sa place, on brûlait un ibis de cire; les fumées dégagées, censées s'introduire par la vulve, auraient apaisé le ventre; mais l'ibis n'est-il pas le symbole de Thôt, le dieu mâle? On peut donc en déduire que les Egyptiens pensaient déjà que ce qui rend la femme malade, ce sont les exigences de sa matrice, siège de l'enfantement et lieu de jouissance.

Platon, au IVe siècle avant J.-C., affirmait que la matrice est «*un vivant violemment possédé du désir de faire des enfants*». Tant qu'elle n'avait pas eu satisfaction, elle s'agitait, provoquant des maladies. Le philosophe grec exercera une profonde influence sur les médecins jusqu'au XVIIe siècle.

Hippocrate, son contemporain, croyait également que les maladies de la femme étaient dues aux déplacements de sa matrice quand elle était privée de rapports sexuels: «*La vacuité du ventre fait qu'il y a de la place pour que la matrice se déplace; s'étant déplacée, elle se jette sur le foie et cause une suffocation subite.*» Elle va même monter au cerveau, dérangeant au passage divers organes. «*L'utérus, frustré par la continence de sa propriétaire, se déplace dans le corps,* quaerem quem devoret, *pour arriver au cerveau où enfin il se repaît de la substance blanche remplaçant un sperme qui lui était trop parcimonieusement dispensé et crée en même temps fièvres et vapeurs, crises et cris*» (40). Ce sont les fameuses crises d'hystérie. Ce sont des agitations paroxystiques accompagnées de hurlements et de délire verbal. Hippocrate, semblable en cela à tous les hommes, prenant ses peurs pour la réalité, croira y reconnaître des contorsions lubriques et des discours obscènes, provoqués par les débordements d'une sexualité inassouvie parce que insatiable; il donnera à ces manifestations le nom d'«hystérie», du grec *husterikos*, qui signifie «matrice».

Persuadé de la responsabilité de la matrice dans la pathologie féminine, Hippocrate prononce son célèbre aphorisme: «*Tota mulier in utero*», «Toute la femme est dans son utérus ». Aphorisme misogyne qui réduit la femme à l'exercice heureux ou malheureux de sa sexualité. Il s'imposera à des centaines de générations de médecins qu'interpelle et inquiète la femme. Il leur fournira une explication facile des maladies et du comportement féminins.

Le traitement de la plupart des troubles féminins comprendra donc des attouchements des parties génitales avec des remèdes froids. Leur prévention consistera en de fréquents coïts qui apaiseront l'utérus. Terrifiante exigence !

Au Moyen Age, les premières dissections n'ont pas démystifié la matrice. Elle reste ce gouffre terrifiant où se trame Dieu sait quoi — diable, devrait-on dire. Les médecins, qui étaient des clercs, exorcisent leur peur en accumulant les anathèmes contre la femme. Les femmes, plus que jamais opprimées et frustrées, sont victimes à l'envi de suffocations et autres troubles « hystériques ». Les redoutables crises d'hystérie se multiplient. Justement, à cette époque, la chasse aux sorcières bat son plein. Nul doute, ces désordres sont des manifestations du Malin : ces filles sont possédées ! On les arrête, on les pique avec des aiguilles pour rechercher les points insensibles — les marques du pacte diabolique. Tiens, ici, elle ne sent pas la piqûre (anesthésie hystérique). C'est donc une sorcière ! Qu'on brûle cette femme et sa maudite matrice ! Et son sexe honni ! Car dans la crise d'hystérie, qu'ils appelaient « fureur utérine », les hommes avaient cru voir une insoutenable « transe érotique ».

A la Renaissance, la panique est si vive que les hommes hallucinent. Rondibilis, en 1530, affirme que la matrice est un animal, vraiment un animal. Oui, en son sein, la femme recèle une bête inquiétante, rebelle aux raisonnements et qui la soumet entièrement. Rabelais confirme : « *Nature leur a dedans le corps posé en lieu secret et intestin un animal.* »

L'animal a la vie dure. Au XVIIe siècle, on prétend

qu'en se hissant jusqu'à la gorge il entraîne des « suffocations de matrice ». Parfois, même, le fauve enragé se jette de tous côtés, c'est cet « affolement de matrice » qui provoque les violentes convulsions. C'est que la matrice continue d'être la source de tous les maux féminins, et ses dérangements sont mis sur le compte d'insatisfactions sexuelles. Les traitements proposés ne varient guère : fumigations de la vulve et accouplements répétés. « *Par l'accouplement du masle la femmelle reçoit un naturel accomplissement, en tant que la partie naturelle qu'elle a vide, c'est la matrice toujours béante jusqu'à ce qu'elle soit remplie : nature ne se plaît au vide* » (41).

C'est alors que les médecins s'avisent que les sorcières, qu'on croit possédées, sont en réalité des malades, des hystériques. Leurs crises furieuses ne doivent rien à Satan. Ce ne sont que dérangements d'esprit causés par les caprices de leur utérus. Ils en revendiquent les soins. A la fin du siècle, les sorcières changent de bourreaux.

Au XVIIIe siècle, la matrice obsède encore les praticiens. Ils réaffirment que l'emprise de l'utérus commande à tous les organes. Hanté par la « lubricité de la matrice », c'est alors que Virey déclare : « *Une femme vaut en moyenne deux hommes et demi.* » Redoutable supériorité dont il faudra bien envisager les conséquences.

L'animal expire au cours du XIXe siècle, achevé par la science naissante. La matrice, en devenant l'organe des obstétriciens, perd de son mystère et de son danger. Mais la femme, elle, survit, et avec elle, l'hystérie.

L'hystérique et le médecin

De nos jours, les grandes crises hystériques ont quasiment disparu, il reste force crises de nerfs ou de « spasmophilie ». De même les grands troubles dits de « conversion hystérique » — les insensibilités, les cécités, les paralysies et autres aphasies — ne se rencontrent plus, on trouve à leur place le cortège innombrable des maladies psychosomatiques : migraines, vertiges, palpitations, douleurs dorsales, douleurs d'estomac, de vésicule, de vessie, d'ovaires, etc. C'est le pain quotidien des médecins.

Histrione dans l'âme, mythomane mais non menteuse, hypersensible et sentimentale, changeante, déroutante, éternellement insatisfaite et, par-dessus tout, séductrice, la femme hystérique n'a qu'un but : plaire à tous, et aux hommes principalement. Le choix de ses vêtements et de ses bijoux, l'utilisation abusive de fards et de parfums dénotent un ardent désir de séduire. Son port, ses poses accentuent son « sex-appeal ».

Elle fascine, elle irrite. Les autres femmes, d'abord, qui enragent de voir cette allumeuse attirer leurs maris. Les hommes, surtout, ceux que ces charmes inquiètent, ceux qui y succombent. Ceux-ci s'aperçoivent bientôt que la dame ne cède pas si aisément ; sa conquête est un jeu harassant. La dame conquise, l'homme s'éreinte en vain à vouloir faire jouir une femme qui se révèle frigide. L'hystérique promet beaucoup, mais ne tient guère. Pour l'homme, c'est un échec ; il la désire toujours et la hait déjà.

Elle fascine les médecins et plus encore les agace. Elle tente également de les attirer dans son champ. Elle joue avec eux et déjoue les plus sagaces : elle présente les symptômes d'une maladie ; quelque temps plus tard, elle revient guérie des premiers troubles, mais avant que le médecin n'ait pu s'en réjouir, elle lui en soumet d'autres. Elle déconcerte les plus savants, elle énerve les plus patients. Alors le praticien se livre à une débauche d'examens coûteux et se lance dans une thérapeutique plus dispendieuse encore : tranquillisants, hormones, antibiotiques, anti-inflammatoires, tout y passe. Certains la piquent, comme les inquisiteurs le faisaient, d'autres tranchent dans sa chair, lui subtilisant tour à tour divers organes. Ô combien de matrices, combien de vésicules ont été sacrifiées sur l'autel de la peur! Ces mutilations ne satisfont que le mâle chirurgien car notre hystérique, débarrassée de ces organes, court déjà vers un autre médecin présenter d'autres troubles.

De tout temps l'hystérique provoque chez les médecins une réaction de rejet. En 1856, le grand médecin britannique Sydenham en dénonce «*les ruses, les mensonges, les supercheries, les imitations*». Israël constate: «*Les termes de fausseté, duplicité, tricherie abondent dans les travaux consacrés à l'hystérie. Véritables chapelets d'insultes où il est difficile de ne pas entendre le compte que le médecin règle à ses hystériques. D'ailleurs, est-ce vraiment avec l'hystérique qu'il en découd? N'est-ce pas plutôt de la femme, en général, qu'il se venge? (...) Mais de quoi l'homme pourrait bien chercher à se venger, sinon de la peur que lui inspire la femme?*» (40). L'hystérique est tellement «femme»! Sa coquetterie, sa séduction, sa duplicité, ses inconstances, ses contradictions ne sont-elles pas des défauts que les hommes prêtent aux femmes? L'hystérique représente l'haïssable archétype féminin. Grasset, en 1889, écrit: «*Sans vouloir manquer ici de galanterie, je ferai remarquer que la plupart des traits de caractère des hystériques ne sont que l'exagération du caractère de la femme*» (23). C'est dire qu'elle représente ce que pourraient devenir toutes les femmes si on ne les réprimait.

Ayant décrit l'hystérique, nous ne savons toujours pas ce qu'est l'hystérie. Au XVIIe siècle, la plupart des médecins, ayant renoncé à incriminer la matrice, s'engageront dans des explications psychologiques. En 1792, Raulin avance que l'hystérie est une maladie de l'âme qui exprime par le corps des «désirs mal gouvernés». De Sauvage confirme que «les passions honteuses» réprimées par la morale tourmentent la femme plus que l'homme parce que ses désirs sont plus grands, et plus grande sa répression. On le voit, si la matrice n'est plus accusée, les pulsions sexuelles féminines sont toujours dénoncées.

Dans les années 1880, Charcot en fera une névrose. En vérité, il ne la comprend pas. Ses pratiques ont l'allure de véritables représailles : par suggestion et par attouchement des « zones hystérogènes », il déclenche chez ses malades la fameuse « grande attaque » et donne les malheureuses en spectacle à un public de médecins et même de profanes. Quand il n'en est plus maître, il ne lésine pas sur la camisole de force. *« Il tourmentait les femmes pour leur bien, croyait-il, mais aussi pour sa propre gloire. Charcot est comme la métaphore de la société patriarcale »* (35).

Enfin, Freud vint. Au cours d'un stage à la Salpêtrière, il entendit ce que Charcot n'écoutait pas : ce comportement irrationnel ne proviendrait-il pas d'une partie du psychisme dont nous n'avons pas conscience ? C'est ainsi que Freud pressentit l'existence de l'inconscient.

Cependant, c'est Israël qui a le mieux compris l'hystérie. Pour lui, loin d'être une excessive féminité, elle est une quête angoissante de la vraie féminité. L'hystérique cherche un substitut au père démissionnaire, un père-amant qui lui permettrait d'aller de l'hystérie à la féminité. Sans doute l'hystérie est-elle aussi une maladie historique, je veux dire une affection engendrée par le régime patriarcal. Dans un tel système phallocratique, tout étant fait pour l'homme (les valeurs, les objectifs, l'organisation sociale), la femme ne peut exprimer ses propres valeurs, ses propres projets. L'hystérie serait un comportement désespéré de la femme qui veut exister. Du reste dans ces décennies où le pouvoir masculin décline, l'hystérie régresse.

Les médecins et le plaisir féminin

Hippocrate prétendait que la femme émettait une semence, comme l'homme ; de l'union des deux semences résultait le fœtus. L'émission de la femme est d'autant plus abondante que son plaisir est grand. Il importe donc de la faire jouir si l'on veut une descendance.

Bien que philosophe, Aristote se plaisait à parler de médecine. Selon lui la semence vient uniquement de l'homme, la femme n'est qu'un réceptacle ; seul le mâle est capable de transmettre la vie. Il n'est donc pas nécessaire qu'une femme jouisse pour concevoir.

Galien, quelques siècles plus tard, adoptera les vues d'Hippocrate. La conception vient de l'union du sperme masculin et du « sperme féminin », or la femme n'émet son sperme que dans la jouissance ; le plaisir est donc la condition de la fécondation (par « sperme féminin », il faut entendre les sécrétions amoureuses et le produit de l'hypothétique éjaculation du point G).

Hélas, au Moyen Age, c'est l'opinion d'Aristote qui prévaudra. Le philosophe misogyne devient le maître à penser de ces siècles. Les médecins, des clercs pour la plupart, prétendent donc que le plaisir est inutile à la conception. Ils sont d'autant plus à l'aise pour le condamner. Les conseils de la Faculté confirment les consignes de l'Eglise : continence, abstinence, chasteté, répètent à l'unisson médecins et curés.

La femme, trop liée à sa chair, est tenue en suspicion. Se plaint-elle de quelques maux, on lui conseille de les endurer afin d'expier. Scrutant ses urines, le médecin clerc l'exhorte à se modérer : il y a un « trouble » qui pourrait bien trahir quelque luxure. La souillure des humeurs témoigne de la souillure de l'âme. « *Médecins ou chirurgiens, clercs ou laïcs se méfient de la femme ; ils en ont peur et donnent à cette peur un visage : celui du diable. Pour se défendre de la domination sexuelle qu'ils redoutent, ils exercent une oppression préventive, au nom de la spiritualité* » (35).

Dans le courant du XIe siècle tout change. Galien retrouve les faveurs de l'université et les médecins arabes ont alors beaucoup de succès : on admet que le plaisir féminin est indispensable à la conception. Selon Avicenne, « *il n'est pas honteux pour le médecin de parler de plaisir féminin, car ce sont des causes qui participent à la génération. En effet la petitesse du pénis est souvent la cause d'une absence de jouissance et d'émission féminines. Or, quand la femme n'émet pas de sperme, il n'y a pas d'engendrement* ». Aussi ce grand médecin n'hésite pas à donner des conseils pour exciter le désir féminin. Guillaume des Conches confirme : « *C'est grâce à l'union des spermes masculin et féminin que la femme conçoit. Les prostituées, qui n'éprouvent aucun plaisir, n'émettent rien et n'engendrent rien.* » Les Pères de l'Eglise entendent ces arguments et, après force débats, autorisent le plaisir, sous condition.

A la Renaissance, la cause est entendue : « *Pour qu'un coït soit fécond, il faut que la semence féminine coule abondamment et que donc la femme jouisse dans le combat vénérien* » (35). Ambroise Paré, célèbre chirurgien et protestant bon teint, ne craint pourtant pas d'encourager les préludes amoureux : « *L'homme, étant couché avec sa compagne et épouse, la doit mignarder, chatouiller, caresser et émouvoir, afin qu'elle soit esquillonnée et titillée, tant qu'elle soit esprise du désir du mâle (...) afin qu'elle prenne volonté et appétit (...) de faire une petite créature de Dieu, et que les deux semences se puissent rencontrer ensemble* » (35).

A cette époque Harvey, en découvrant par dissection que la femme produit un œuf et que cet œuf donne l'embryon, confirme le rôle primordial de la femme dans la procréation.

Au XVIIe siècle, les médecins, tout en continuant

de justifier le plaisir, si utile à la génération, s'alarment : les femmes l'aimeraient un peu trop et cela compromettrait la santé et la tranquillité de l'homme. Nicolas Venette écrit en 1687 : «*Les femmes sont naturellement portées à l'amour. Grand est le désir qu'elles ont de se remplir et d'empêcher par là le vide que la nature abhorre tant*» (35). Compte tenu de leur puissante «*lubricité*» qui ne connaît point de trêve, à l'inverse des femelles des animaux, Venette conseille à l'homme de refuser, quand bon lui semble, le devoir ; et surtout qu'il n'ait pas la lâcheté d'accepter les positions qui menaceraient sa santé... Scipion Duplex met en garde ceux qui céderaient sans réserve aux demandes féminines : «*Par la trop fréquente émission et profusion de semence, ils incommoderaient leur santé et abrégeraient leur vie*» (35). Et Rondibilis lance ce cri du cœur : «*Ne vous ébahissez si nous sommes en danger perpétuel d'être cocus, nous qui n'avons pas toujours bien de quoi payer et satisfaire au contentement*» (35).

Au XVIIIe siècle, on croyait toujours que l'orgasme féminin était nécessaire à la fécondation. Les médecins chantaient avec emphase «cet acte certes voluptueux, mais qui engendre la vie». Mais comment la femme peut-elle trouver l'orgasme sans jeux érotiques ? Cruel dilemme pour mes confrères, écartelés entre la nécessité de l'orgasme qu'ils ont mission d'encourager et leur anxiété de mâle face au plaisir féminin. Car la peur ne cesse d'assaillir le corps médical. Roussel, médecin célèbre, s'oppose à l'intervention des médecins hommes dans l'accouchement, il craint pour les mœurs. «*A force d'alarmer la pudeur des femmes,* dit-il, *on les accoutumerait à ne plus rougir de rien, on menacerait le sanctuaire du mariage et en portant atteinte à la principale sauvegarde des familles, on attaquerait les ressorts de l'Etat*» (35). Vous avez bien lu : l'Etat ! Car l'homme ne tremble pas seulement pour sa peau, il craint aussi pour l'ordre patriarcal.

C'est à cette époque qu'un fait nouveau aggrave la peur des hommes : la réduction des naissances qui laisse à la femme trop de loisirs. La contraception par coït interrompu est largement pratiquée ; les femmes n'ont plus guère qu'un ou deux enfants ; que vont-elles faire de leur temps libre ? « *Les médecins semblent sentir la nécessité de prémunir les hommes contre les exigences d'une sexualité féminine délestée des grossesses* » (35). Ils réfléchissent et décrètent : les femmes vont « élever leurs enfants ». Occupées par ce nouveau rôle, elles échapperont à l'oisiveté, mère de tous les vices, et resteront, fidèles, au foyer. Et l'homme pourra tranquillement vaquer à ses affaires.

Le siècle noir

Au XIXe siècle, la répression de la sexualité féminine atteindra une efficience qu'aurait pu lui envier le Moyen Âge. Le fait décisif sera la découverte de l'ovulation spontanée : l'ovule est libéré tous les vingt-huit jours automatiquement sans que le plaisir influence la ponte. L'orgasme, *ipso facto*, n'est plus utile à la procréation. Dès lors, les hommes n'ont plus à se préoccuper de faire jouir leur épouse. C'était dangereux et éreintant, ça devient sans objet. Adieu, le plaisir féminin. Pour cent ans au moins !

Si la nécessité de la jouissance féminine disparaît, les exigences de la femme, elles, persistent. Comment contrôler la sexualité de cette gourmande ? Comment lui enlever le goût du plaisir ? C'est très simple, explique le Dr Fiaux, en 1880 : la supériorité érotique de la femme est, par chance, virtuelle. Pour révéler sa véritable nature de jouisseuse, la femme a besoin des services d'un homme. Son désir ne s'éveille que si un homme le sollicite, son plaisir ne s'enflamme que si un homme l'attise. En conséquence, l'époux veillera à ne pas déclencher plus souvent que de raison les désirs de sa femme et, dans l'accomplissement de l'acte, à ne pas déchaîner sa jouissance : « *Chaque épouse honnête étant, en puissance, une insatiable jouisseuse, c'est à l'époux d'empêcher cette funeste métamorphose en se gardant de la provoquer par d'excessives et dangereuses caresses* » (18).

Pour mieux s'assurer le contrôle des réactions de la femme, il faudra la dresser à être passive. Prude, pudique, gauche, presque indifférente, telle doit être une bonne épouse, et principalement le soir de ses noces. On le voit, l'homme demande à la femme de renier sa sexualité. Première étape, la culpabilisation : une femme honnête n'a pas de plaisir. Seconde étape, la négation : une femme prude est insensible.

Voilà pour la stratégie générale. Pour les cas de figure, de courageux tacticiens donneront la marche à suivre. En ce qui concerne les postures, par exemple, les médecins recommandent de n'accepter que celle dite du « missionnaire », ventre à ventre, femme couchée sur le dos ; c'est le meilleur moyen de contrôler la femme et de marquer sa « subordination naturelle ». Debray affirme : « *La fantaisie de quelques femmes de vouloir prendre la place du mari trouble l'ordre naturel.* » Garnier menace : les « *attitudes forcées* » peuvent entraîner des grossesses extra-utérines, des avortements ou des malformations de l'enfant (35) !

Autre point de tactique : selon Bergeret (1868), l'homme devra refuser la copulation avec l'épouse stérile et la femme ménopausée. Non seulement ces amours sont « *inutiles* », mais elles risquent d'être excessives : aucune crainte de grossesse ne retient ces femmes diaboliques. Aimant à se livrer à des « *coïts effrénés* », elles conduisent l'homme à un extrême épuisement.

Dernier exemple de dissuasion ponctuelle : les époux devront renoncer à la « fraude conjugale » — c'est-à-dire à la contraception par coït interrompu, coït anal, fellation, masturbation réciproque. « Tromper la nature » qui offre l'acte sexuel en vue de la conception est non seulement criminel, mais c'est aussi plein de dangers : il peut en résulter de nombreuses maladies, tels le cancer, l'hystérie et divers troubles nerveux. Le blâme de la contraception est particulièrement efficient : sans protection vis-à-vis de la fécondation, l'activité sexuelle de la femme est forcément limitée.

Particulièrement comptables de la santé des hommes, les médecins se feront un devoir de leur enseigner la « gestion du sperme ». Le gaspillage de ce précieux liquide obscurcit le cerveau de l'homme, épuise son énergie et réduit sa vitalité. L'homme doit donc apprendre à économiser son sperme, s'il veut garder ses forces et prolonger ses jours. Pour cela, il doit espacer le plus possible les coïts, en tout cas ne jamais les renouveler à la suite. Le Dr Luteaud s'insurge contre les excès sexuels et affirme que « *l'homme sage ne doit jamais répéter le coït sans avoir laissé un intervalle de un à plusieurs jours* ». Ce médecin étant un anticlérical notoire, on voit bien que la répression du sexe procède plus d'une phobie masculine — ici la peur du dépérissement — que de convictions religieuses.

Comptables également de la santé des bébés, les médecins se feront un devoir d'enseigner la « callipédie » ou art de faire de beaux enfants. Pour qu'un coït engendre un beau bébé, il faut un mâle vigoureux que n'ont pas affaibli des rapports fréquents et prolongés ; il faut aussi un acte bref. La meilleure façon d'abréger l'acte, c'est de bannir les « complaisances voluptueuses » et de proscrire les « postures illégitimes ». Il est même un praticien, le Dr Moreau, qui conseille aux femmes de se retenir d'avoir un orgasme car le « *délire du corps risque de chasser le sperme* » (18). Malin, cet argument de la callipédie : quelle femme ne souhaiterait obtenir de beaux enfants ?

Pour gagner définitivement les femmes à leurs

vues, les médecins soutiendront qu'elles peuvent se réjouir de la limitation de leurs activités sexuelles : l'abus du coït nuit à leur beauté autant qu'à leur santé. Le Dr Virey les met en garde contre le plaisir et le sperme qui altèrent leur fraîcheur : « *Voyez les courtisanes, la voix haute, la trogne masculine (...) elles se présentent avec ce maintien et ces qualités semi-viriles, comme si elles étaient déjà transformées en l'autre sexe (...) et il en est plusieurs auxquelles pousse un peu de barbe au menton* » (23). De plus, la copulation ravage les nerfs délicats de la femme. Trop d'« énervement » compromet sa santé. Mais il y a pire : en 1868, le Dr Bergeret affirme que la femme qui répète trop souvent le coït s'expose à la mort ; usé prématurément, l'utérus se laissera ronger par le cancer ; à moins que le cœur, épuisé sous « *l'assaut des spasmes cyniques* », ne flanche... A bonne entendeuse, salut...

Le conditionnement de la femme commence dès l'enfance et se renforce à l'adolescence. L'astuce consiste à relier la beauté et la morale. La beauté, c'est la pureté ; inversement l'impureté enlaidit la femme. C'est pourquoi il est indispensable que la jeune fille reste vierge et ne s'adonne point aux plaisirs solitaires. Selon le Dr Virey : « *Tant qu'une jeune fille se conserve intacte et vierge, il est rare que sa beauté se flétrisse ; la fleur de la jeunesse brille plus longtemps sur le visage des filles sages* » (23). La virginité, dont les médecins, à l'instar de leurs contemporains, font la qualité première des jeunes filles, n'a en réalité qu'un seul intérêt : rassurer le prétendant en lui offrant une triple garantie. Premièrement, la fille « innocente » ne pourra pas comparer les capacités de son mari avec celles d'éventuels prédécesseurs. Deuxièmement, sa sensibilité, n'ayant pas été éveillée par d'autres quidams, sera plus facilement maîtrisable. Troisièmement, les enfants qu'elle donnera à son mari seront garantis pure race : en effet, selon la « théorie de l'imprégnation » qui a cours alors, le premier partenaire d'une femme marquerait sa matrice d'une empreinte indélébile, de sorte que tous les enfants qui y seront conçus lui ressembleront ; si le premier amant est un nègre, tous les enfants qu'engendrera la femme auront une peau pigmentée de noir...

La lutte des mâles médecins contre les désordres engendrés par le plaisir et la femme les amènera à organiser de véritables croisades contre certaines modes. Ils partent en guerre contre les fards, les talons hauts et les corsets ; leur usage serait préjudiciable à la santé. En réalité, ces accessoires n'ont qu'un tort, celui d'exacerber la séduction des femmes : le corset, pinçant la taille, faisant ressortir les seins et les hanches, rend la femme plus féminine ; les hauts talons, tendant les mollets, cambrant les reins et faisant saillir les fesses, la rendent plus excitante. Les croisades des médecins visent, en fait, à protéger les hommes de la diabolique provocation de la féminité.

Dans leur lutte contre la sexualité féminine, les médecins recevront un renfort inespéré : une soudaine recrudescence de la syphilis. De cette maladie vénérienne, certes grave, ils feront un fléau menaçant chaque être et condamnant à terme l'humanité. Les hygiénistes, plus virulents que les moralistes d'antan, menèrent leur campagne sur le thème : «*La femme infectée pourrit le sexe et le corps de l'homme.*» Avec l'aide de la police, ils se livreront à une véritable inquisition auprès des filles soupçonnées de mœurs légères. «*Le mal vénérien est la forme nouvelle, scientifique, de l'anxiété phallique*» (35).

Alors, le souhait des mâles apeurés se réalise enfin : la majorité des femmes se détournent de la sexualité et deviennent insensibles et anorgasmiques. A preuve les constatations du Dr William Acton en 1840 : «*Je dirais que la majorité des femmes (heureusement pour elles) ne sont guère perturbées par des pulsions sexuelles (...) il ne peut y avoir aucun doute sur le fait que la sexualité féminine (...) est vacante. L'amour de leur foyer, de leurs enfants et les travaux domestiques sont les seules passions qu'elles ressentent (...) une femme honnête souhaite rarement une gratification sexuelle pour elle-même* » (42). Objectif atteint !

Connaissant le contexte, on mesure le courage qu'il fallut à Freud pour exposer ses idées. Cependant, le père de la psychanalyse, s'il libère la sexualité, ne libère pas le plaisir féminin. En prétendant que la femme est un être châtré, envieuse du pénis masculin, en présentant le clitoris comme un rudiment de pénis et les joies clitoridiennes comme des ersatz, il prolonge de cinquante ans les difficultés sexuelles de nos compagnes. La sexualité féminine restera pour lui fort obscure : « *La grande question (...) à laquelle j'ai été incapable de répondre (...) c'est : Que désire la femme ? La vie sexuelle de la femme adulte est encore un continent noir pour la psychologie* » (43). Aussi, très humblement, il conseille : « *Si vous voulez en apprendre davantage sur la féminité, interrogez votre propre expérience, adressez-vous aux poètes* » (44).

Après la Seconde Guerre mondiale, les femmes vont acquérir enfin officiellement le droit au plaisir. Alors les hommes mettront leur point d'honneur à satisfaire leur compagne. La projeter au suprême de la jouissance sera dès lors une preuve de virilité. Las ! Beaucoup de femmes ne répondent plus ! Une peur nouvelle s'empare des mâles : celle d'être incapables de mener leur partenaire à l'orgasme. Mais il est dit que les hommes auront le dernier mot : « Après tout, si les femmes n'ont pas d'orgasmes, c'est leur problème ; elles sont froides de nature, n'est-ce pas ? » Cynique rétablissement !

En 1954, Kinsey, dans un rapport qui fit sensation, *Le Comportement sexuel de la femme*, rétablit la vérité : « *Selon toute probabilité, on peut affirmer que les femmes sont toutes susceptibles de réagir aux stimulations sexuelles, et ce jusqu'à l'orgasme.* »

L'anorgasmie des femmes serait la conséquence d'une répression multiséculaire : la culpabilisation de la sexualité féminine et l'interdiction de la masturbation, dès l'enfance, ont dénaturé les femmes. Quant à l'insatisfaction féminine, elle serait la conséquence de l'incapacité érotique de l'homme : seule ou avec une consœur, toute femme accède aisément au plaisir ; si, avec un homme, elle n'y arrive pas, c'est qu'il ne sait répondre à ses besoins, s'adapter à ses rythmes.

Master, lui, étudie scientifiquement, dans des conditions de laboratoire, les comportements sexuels et le phénomène « plaisir » ; les moyens d'exploration les plus modernes sont appliqués à des sujets, aux différentes phases du désir et du plaisir. Désormais la mécanique amoureuse n'a plus de secret. Est-ce la fin de la peur ? Est-ce la fin de la guerre ? Les couples exultent-ils, les ciels de lit tressaillent-ils d'allégresse ? Hélas, malgré les efforts des sexologues, l'insatisfaction des femmes persiste, la peur des hommes court de plus belle, comme nous le verrons.

Sus aux masturbatrices

La masturbation sera la bête noire des médecins des XVIIIe et XIXe siècles. Sans doute parce qu'elle constitue un entraînement au plaisir sexuel.

Le premier ouvrage réprimant la masturbation est l'œuvre d'un moraliste anglais, Bekker. Son *Onania or the Heinous Sin of Self Pollution*, publié en 1710, a un énorme succès et sera réédité des dizaines de fois. L'autre champion de la répression est un médecin de Lausanne, le tristement célèbre Dr Tissot ; son traité : *L'Onanisme, dissertation sur les maladies produites par la masturbation*, paru en 1760, sera réédité jusqu'en 1903 ; il déchaîne sur l'Europe une tempête antimasturbatoire dont les effets s'estompent à peine. Le troisième grand inquisiteur de l'autoérotisme est le médecin français Bienville qui commet, en 1771, *La Nymphomanie ou le Traité de la fureur utérine.*

Pour dissuader les candidats à la masturbation et arracher les masturbateurs à leurs funestes pratiques, les auteurs utilisent un amalgame d'arguments éthiques et pseudo-scientifiques : ils décrivent les troubles et l'horrible déchéance qu'elle provoque. L'autoérotisme, qui était un péché, deviendra aussi une maladie ; les médecins relaient les théologiens à bout de souffle.

Bien entendu, c'est surtout la masturbation féminine qui déchaîne l'ire des médecins, et plus spécialement la nymphomanie. Car la nymphomane a, dans ses orgasmes sexuels, une telle boulimie de plaisir qu'elle ne se contente plus de s'autostimuler : elle en appelle aux hommes. Tout homme, quel qu'il soit, peut être la victime de sa « *cupidité vénérienne* ». Bienville fait une description apocalyptique de cette « *fougue vicieuse* », « *maladie honteuse et terrible qui couvre d'opprobre et d'infamie non seulement la personne qui en est attaquée mais aussi les parents qui ont eu le malheur de lui donner le jour* ». Ces femmes esclaves de leur plaisir en deviennent furieuses : les voilà qui déversent des flots de paroles libidineuses, gesticulent, se dénudent, s'offrent. C'est le délire, la folie, la mort enfin.

L'importance accordée à cette « maladie » est révélatrice de l'inquiétude des mâles. La nymphomanie ne représente-t-elle pas ce que toute femme est en puissance : une mangeuse d'hommes ? Car tout prédispose la femme à un tel comportement, affirment les médecins : ses organes de la volupté sont nombreux et insatiables — le clitoris, le vagin, la matrice —, ses glandes s'enflamment facilement, ses liqueurs sont abondantes, sa semence est brûlante, ses fibres nerveuses sont trop sensibles, ses nerfs délicats, son sang est pléthorique.

Les traitements proposés sont vraiment terrifiants. On connaissait les saignées, les cataplasmes émollients appliqués sur le sexe, le mariage réalisé en urgence avant qu'il ne soit trop tard avec l'homme désiré. Hippocrate déjà les prescrivait. La haine-peur va inspirer des sanctions encore plus sadiques. Le Dr Pouillet, en 1894, préconise « *une ceinture contentive, un appareil léger (...) qui boucherait hermétiquement l'orifice vulvaire et rendrait un signalé service aux masturbatrices* ». En attendant qu'un facteur de génie la réalise, d'après ses plans, il n'hésite pas à recourir à la camisole de force.

Mais il y a pire : en Europe, au XVIIIe siècle et au XIXe siècle, toutes sortes de mutilations sont pratiquées par les plus éminents chirurgiens, pour remédier à ce qu'on ne craignait pas de nommer « *la trop grande lubricité des femmes* ». Elles sont même pratiquées de façon préventive pour déjouer les « *tendances luxurieuses* » et la « *déshonnêteté des femmes* » (35) ! En France même, au XVIIIe siècle, le Dr Levret préconise et pratique la clitoridectomie. A la même époque, d'autres praticiens préconisent cette mutilation dans « l'hystéro-épilepsie », entité pathologique « bidon ». Au XIXe siècle, les plus grands noms de la médecine s'associent à la répression sanglante. En 1843, le Dr Debreyne, alias le père Debreyne, constatant que « *le clitoris ne joue aucun rôle dans la procréation et ne sert qu'à la volupté* », en préconise l'ablation, quand « *l'organe malade est source d'excitations fréquentes* ». En 1864, le célèbre Broca pratique la suture des grandes lèvres devant le clitoris. En 1867, le Pr Jules Guérin, membre de l'Académie de médecine, rapporte avoir guéri plusieurs jeunes filles affectées d'« onanisme » en brûlant au fer rouge leur clitoris. En 1867 toujours, le Pr Fonssagrives et le Pr Garnier conseillent et pratiquent la clitoridectomie. En 1894, le Dr Pouillet recommande, lui, la cautérisation du clitoris et de la vulve au nitrate d'argent.

Enfin, il arrivait qu'on enfermât des femmes, dont on prétendait excessif l'appétit sexuel, dans des « maisons de force » qui étaient de véritables enfers.

A ces répressions sauvages, il faut ajouter la répression plus subtile du clitoris par les psychanalystes (Freud et ses disciples, en particulier la redoutable Marie Bonaparte). En décrétant que cet organe est un vestige du phallus, que le plaisir qu'il procure est infantile et égoïste, bref, inférieur, ils ont pratiqué, sur une vaste échelle, une véritable clitoridectomie psychique.

Mère, sinon rien

Les médecins, de l'Antiquité jusqu'au XVIIe siècle, ont subi l'influence de deux philosophes grecs notoirement misogynes : Platon, pour qui la femme est une créature inférieure, un mâle puni parce qu'il s'était révélé peureux, un être dont l'âme, concupiscente et mortelle, logée près de la matrice, domine, tandis que chez l'homme, c'est l'âme rationnelle et immortelle, située près de la tête, qui prévaut, et Aristote, pour qui la femme est un « mâle manqué ».

Hippocrate, le fondateur de la médecine, avait, nous l'avons vu, une piètre opinion de la femme. Galien, médecin romain, estimait que la femme est un être imparfait et même un *« être de déraison »* ; c'est son tempérament *« humide et froid »* qui, ramollissant son âme, la rend ainsi.

Au Moyen Age, la prépondérance des idées aristotéliciennes, jointe à son inculpation pour faute originelle, met la femme au plus bas. Seules la virginité ou la maternité peuvent lui valoir quelque considération. Si elle souffre en enfantant, tant mieux : c'est sa rédemption. Au XVIe siècle, puis au XVIIe siècle, les mêmes idées domineront.

Va-t-on, au XVIIIe siècle, siècle éclairé, apercevoir la femme sous un autre jour ? La médecine sort de l'empirisme et se fonde désormais sur l'observation des faits et la dissection enfin autorisée. Hélas, pas encore suffisamment désentravés de leur passé et par trop influencés par les encyclopédistes et Rousseau, les médecins raisonneront encore en moralistes. Le nouveau concept de « nature féminine » qu'ils proposent n'est que la formulation pseudo-scientifique des idées archaïques. Décidément, le modèle est éternel !

Ecoutons le Dr Virey: « *La multiplication de l'espèce (...) Voilà le seul but de la Nature. Il suit de là que la femme n'est qu'un être naturellement subordonné à l'homme par ses besoins, ses devoirs et surtout sa constitution physique (...) Si la femme est faible, la nature a donc voulu la rendre soumise et dépendante dans l'union sexuelle; elle est donc née pour la douceur, la tendresse et même pour la patience et la docilité: elle doit donc supporter sans murmure le joug de la contrainte pour maintenir la concorde dans la famille* » (35). Rousseau n'avait-il pas écrit: « *Les devoirs de la femme sont doux parce que son corps y consent; elle existe pour le bonheur de l'enfant et pour celui de l'homme* » ?

A propos, les médecins ont-ils tiré des enseignements des dissections qu'ils pratiquent désormais couramment? Non, rien de plus que ce qu'ils savaient déjà: que la femme est fortement déterminée par son corps. Par son sexe tout d'abord: sous l'œil des anatomistes, ses organes génitaux se sont révélés d'une richesse incomparable en nerfs et en vaisseaux; une telle densité ne peut que la rendre excessivement sensible et sensuelle; la science confirme le « *Tota mulier in utero* ». Cette exquise sensibilité s'étend à tout son organisme; sous le scalpel la peau est fine, les tissus souples, les nerfs et les vaisseaux admirablement ramifiés, les organes des sens fort développés. Aucun doute, la sensibilité de la femme est considérablement supérieure à celle de l'homme. Ses sensations riches et variées peuvent être le point de départ d'une pensée créatrice et d'une intelligence vive, reconnaît le philosophe Condillac. Tel n'est pas l'avis des médecins, qui affirment que cette trop vive sensibilité est à l'origine des redoutables penchants de la femme : son goût pour la débauche sexuelle, sa propension à la passion, sa jalousie. Oui, la femme, c'est l'empire des sens. C'est ce qui la rend capricieuse, opposante, rusée, dissimulatrice.

Heureusement, elle peut être mère aussi. C'est ce qui va la sauver et sauver les hommes. Alors les médecins du XVIIIe siècle magnifient la maternité, épanouissement naturel de la femme qui la rend digne d'égards. Ainsi, en cette phase du patriarcat, la procréation n'est plus seulement le seul aspect acceptable de la femme, c'est le suprême accomplissement de sa destinée.

Pourquoi cette soudaine apologie de la mère ? C'est une réaction aux tentatives d'émancipation des femmes à la fin du siècle : certaines militaient dans des clubs ou participaient aux insurrections, d'autres se dénudaient, telles les « vaporeuses » sous le Directoire, d'autres encore s'adonnaient à la « valse », cette danse indécente, capable d'engendrer les troubles les plus divers, selon le dire des médecins. Il faut, mesdames, rentrer à la maison. Faites donc des enfants, nourrissez-les, élevez-les. Ainsi les médecins apportent leur caution à la « domestication » de la femme. « *Le projet d'écarter les femmes de la vie publique et professionnelle est d'inspiration médicale* » (35). La maternité est un moyen de le concrétiser. Un autre sera de contenir « *l'éducation des femmes dans des justes limites* ». Lachaise affirme : « *l'inutilité d'une culture approfondie et recherchée de l'esprit des femmes* »... Leurs nerfs, leur cerveau n'y tiendraient pas.

Les médecins du XIXe siècle tiendront le même langage : « *La femme est un être voué à la génération et à la vie familiale et domestique.* » Ils y ajouteront un zeste de patriotisme : « *Les enfants sont un élément de la richesse des nations* » (35). La maternité est donc un devoir. Les guerres napoléoniennes, l'égoïsme des femmes qui limitent leur postérité à un ou deux rejetons ont dépeuplé la France. Cette dépopulation affaiblit le pays et provoquera le désastre de 1870. Faisons des enfants pour la patrie et pour la paix de nos maris.

C'est également en ce siècle de la science montante que les médecins s'efforcent de donner à la prétendue infériorité de la femme une base scientifique. Les publications en apportent de pseudo-preuves (capacités crâniennes et circonvolutions cérébrales moindres, par exemple). Redoutant que les femmes n'accèdent à la Faculté, les y égalent ou même les surpassent, les médecins exposent les dangers que les études font courir aux jeunes filles : aménorrhées, chlorose, hystérie, mise au monde d'avortons, etc.

Cette attitude terriblement répressive des médecins des XVIIIe et XIXe siècles montre à quel point les hommes, quelle que soit leur position, s'accrochent au pouvoir. Elle prouve aussi à quel point la peur est un sentiment irrationnel. Les médecins ne pouvaient qu'être les serviteurs du patriarcat.

Les médecins du temps présent

La femme, trop de médecins la craignent ou la sous-estiment encore et s'en protègent par des comportements infériorisants, voire infantilisants. Une parlementaire européenne, la Néerlandaise Nel Vandjik, a présenté en 1989, au Parlement européen, un sévère réquisitoire contre les médecins de sexe masculin : elle leur reproche de mal soigner les femmes, de les mépriser, de les terroriser ; elle reproche à ceux qui emploient du personnel féminin d'avoir un comportement machiste, de l'exploiter et de le sous-payer ; elle reproche aux chercheurs et aux firmes de travailler sur des critères exclusivement masculins et d'élaborer des techniques et des médicaments mal adaptés aux femmes.

Ces propos ne sont pas sans fondement. L'abus de tranquillisants et de somnifères, dont sont plus spécialement victimes les femmes, manifeste une insuffisance d'écoute et de compréhension des patientes, voire un désir d'étouffer leurs plaintes. La maîtrise totale de la physiologie féminine (menstruations, ovulation, grossesse, accouchement, ménopause, etc.) s'exerce trop souvent avec un esprit dominateur et mécaniste, le corps de la femme devenant l'objet, voire le jouet, du praticien mâle. Et si la contraception profite d'abord aux femmes, on peut déplorer que ses techniques concernent presque exclusivement le corps féminin dont elles menacent la santé (hormones, stérilets). Et trop souvent les médecins imposent aux femmes qui consultent pour une stérilité du couple une série d'examens pénibles, alors qu'il suffirait d'étudier d'abord le sperme du mari — ce qui s'obtient sans souffrance — pour déterminer l'origine éventuelle de la non-fécondité. Enfin, sous la ferveur des recherches en vue de réaliser des gestations en dehors de l'utérus, il n'est pas interdit de soupçonner le désir masculin de déposséder la femme d'un de ses rôles majeurs.

TROISIÈME PARTIE

Libérez-vous de la mâle peur!

1

La peur aujourd'hui

La peur, ça continue. Pourtant on aurait pu croire qu'en ces temps modernes où les esprits semblent s'ouvrir, où la science donne à l'homme plus d'objectivité, une peur aussi archaïque n'aurait plus cours. C'est mal en connaître les racines et c'est croire que le progrès psychologique va de pair avec le progrès technologique. Hélas, si l'homme domine la matière, il ne maîtrise pas encore son cerveau. Fondamentalement, il n'est pas très différent de l'homme de Cro-Magnon ou d'un citoyen grec. La femme reste, pour le mâle, un mystère et un danger. Et périlleux, l'amour qui nous entraîne de son côté.

Pire : le progrès lui-même redouble la peur masculine. Alors que la femme conquiert toujours plus de droits, l'homme perd les moyens de la contrôler. La libération du statut de la femme, devenue l'égale de l'homme, le desserrement des pressions religieuse et morale, l'invention de moyens modernes de contraception constituent autant de menaces pour l'homme.

Trois histoires illustrent l'actualité de cette peur.

« Depuis qu'elle a accouché, ma femme n'est plus comme avant... A vrai dire, je ne sais pas si elle n'est plus pareille ou si c'est moi qui la vois autrement. J'ai assisté à la cérémonie ! Je m'y suis senti inutile, pire : idiot. Même pas un figurant : un voyeur. Le grand rôle, c'est elle qui le tenait. Même les médecins ne faisaient que l'accompagner. Superbe et sauvage, elle œuvrait dans le sang et les cris. Elle a expulsé son fruit dans un suprême rugissement, aussitôt relayé par le premier vagissement du petit. Maintenant, il faut la voir donner le sein, recueillie, transfigurée. Qu'elle sécrète du lait comme une brebis, comme toutes les femelles de la terre, ça me sidère. C'est anachronique et stupéfiant. Au fond, tout a changé, sauf cela : la naissance, le sang, les cris, le lait. Soudain mon travail m'a semblé vain. A côté d'elle, c'est moi qui me sentais bête. Elle, elle donne la vie. » Voilà ce que m'a confié Pierre, venu me consulter pour des douleurs abdominales survenues après l'accouchement de sa femme. Ce n'était qu'une simple colite psychosomatique.

« Quand j'ai rencontré Delphine, j'avais cinquante ans, elle n'en avait que trente, me raconte Alain. "Méfie-toi des filles de trente ans, m'avait dit mon meilleur ami, elles en veulent." Delphine était le type même de la femme émancipée : passionnée par son travail, qui par ailleurs garantissait son indépendance, elle aimait trop les hommes, disait-elle, pour se lier à un seul la vie durant. Ses sens révélés, aimante, aimée, Delphine s'adonne avec ferveur et frénésie aux joies de l'amour. Je suis ravi, ébahi, ébloui, émerveillé. Je l'admire, mais en même temps elle m'effraie. Et ça m'épuise ! » A son grand étonnement je ne lui ai prescrit aucun remède, mais la lecture d'un livre traitant de l'art d'aimer selon le tao. Dès lors, Alain a pu combler sa jeune partenaire sans jamais plus se fatiguer. L'amour et l'intelligence aidant, ils forment un couple radieux.

Vincent, lui, était venu me consulter pour un état dépressif. Dans la société où il travaillait, un nouveau chef de service venait d'être nommé : c'était une femme. « J'aurais dû avoir cette place. Non seulement je ne l'ai pas eue, mais en plus je dois maintenant obéir à une femme! »

Si ces hommes ont été tellement affectés, ne serait-ce pas qu'au plus profond de leur inconscient, là où est gravée la mémoire de l'espèce, quelque peur archaïque s'était réveillée ?

Les trois peurs

La peur du sexe de la femme, la peur de la sexualité féminine et la peur d'aimer, en un mot la peur de l'amour, persistent de nos jours.

Le sexe de la femme inspire encore de l'inquiétude aux mâles, fussent-ils évolués, ou même savants ; leurs réactions et leurs fantasmes ne sont guère différents de ceux de l'homme primitif ; les psychanalystes l'attestent, les confidences le confirment. Sidération face à l'ouverture d'où jaillit la vie ; angoisse devant le gouffre mystérieux ; appréhension à la vue de la béance dont on redouterait la voracité. Et toujours cette répulsion pour le sang menstruel. Et, plus que jamais, la hantise des microbes ; du reste, la recrudescence des maladies sexuellement transmissibles — herpès, sida — sera cyniquement utilisée par les tenants de la contre-révolution patriarcale.

La peur de la sexualité féminine, elle, s'accroît car se desserre ce qui entravait l'activité sexuelle de la femme : la culpabilisation par le péché, la réprobation de l'opinion publique, la répression par les tribunaux et la crainte d'une grossesse — contraception et interruption volontaire écartant celle-ci. Plus : la femme a droit au plaisir, les sexologues le proclament. Plus encore : la femme peut disposer de sa vie, de son corps comme elle l'entend, la loi l'a décrété — elle peut divorcer, par exemple. Désormais, la femme a la faculté d'épanouir sa riche sensualité avec qui elle veut, quand elle veut.

Alors s'enfle la peur masculine d'être épuisé, car

l'amour, c'est toujours fatigant et le travail, dans cette société industrielle et libérale, exige de plus en plus d'énergie. Alors culmine la peur de ne pas pouvoir satisfaire une femme « libérée ». Assurer le bonheur érotique de la femme demeure, pour beaucoup, une mission difficile, sinon impossible, car la sensualité féminine est toujours aussi complexe que riche, il faut en connaître les arcanes. Les hommes, qui se sont plus évertués à la réprimer qu'à l'épanouir, paient des siècles d'obscurantisme. Or donc, l'amant doit réussir à tout prix à propulser sa partenaire au paroxysme du plaisir, faute de quoi il n'est pas un homme. L'insatisfaction de la femme ferait de lui un être châtré non seulement sexuellement, mais humainement : « *L'orgasme de la femme reste le dernier domaine où l'homme peut se sentir tout-puissant. C'est l'unique instant où elle peut le désirer en tant qu'homme* » (6). Cette crainte de ne pas être à la hauteur désoriente l'homme : « *A quoi servira à l'homme de débarquer sur la lune s'il doit, sur le chemin du retour, se demander avec angoisse s'il sera capable, à son retour, de satisfaire sa femme ?* » (6)

La troisième peur, la peur d'aimer, est plus vive que jamais. Se livrer à l'amour, perdre la tête, aliéner sa liberté, se soumettre à ses émotions, haleter de désir, se ronger d'inquiétude, passer du délire au désespoir ? Non, merci ! Donner son temps, souffrir d'attendre, se languir d'absence, vivre à la merci d'un sourire, s'offrir à la jalousie, s'exposer aux palpitations, aux migraines, aux brûlures d'estomac, aux nuits blanches ? Non, vraiment ! Risquer d'être essoufflé, affaibli, ridiculisé, ruiné, trompé, trahi, abandonné ? Souffrir et mourir d'amour ? Vraiment, non !

La passion n'est plus ce qu'elle était. A vrai dire, existe-t-elle encore ? On saute, on trente-six-positionne, on orgasme, on concubine, parfois on se marie, trop souvent on coexiste, mais s'aime-t-on encore en lettres majuscules ? Manque de temps ?

Manque de souffle ? Trop de peurs ! Passent avant : le job, la carrière, le fric, la frime. Dans l'économie libérale, dans le matérialisme submergeant, n'y aurait-il plus de place pour la passion amoureuse ?

La peur suprême

C'est la peur de perdre le pouvoir. Elle sous-tendait déjà la peur de l'amour. Toutefois, des menaces plus directes sont apparues : la femme réclame officiellement le partage de l'autorité. Elle a osé car, en l'espace de trois générations, les structures patriarcales se sont lézardées, les valeurs masculines effritées et le modèle masculin, celui de maître dur et infaillible, effondré. Les deux guerres mondiales ont changé la donne. L'homme était le chasseur, celui qui rapportait les moyens de subsister et en tirait pouvoir et prestige. Mais la femme, à son tour, se fait chasseresse ; comme lui, elle rapporte le gibier et accomplit des actions plus ou moins prestigieuses. Elle conquiert, de ce fait, sa liberté et l'égalité civique.

C'est l'homme qui l'a appelée à la rescousse. Eloigné de ses territoires de chasse et décimé par les guerres stupides qu'il a allumées, il a dû céder, en partie, sa place dans la horde. La femme s'est alors aperçue qu'elle savait aussi bien que lui remplir les tâches jusque-là réservées au mâle. L'homme en a perdu de son importance. Et son prestige est également terni par l'imbécillité des hécatombes auxquelles il s'est livré. Ces combats n'étaient guère plus glorieux que le travail qu'il avait abandonné. Au front, il n'était qu'un pauvre traqué, à l'usine ou au bureau, à peine plus qu'un forçat.

L'absence de l'homme n'explique pas à elle seule l'avènement de la femme. Encore fallait-il qu'elle soit capable de se substituer à lui. Elle le sera. Dans les travaux manuels, elle se montre aussi forte et résistante que lui ; d'autant que des machines de toutes sortes remplacent de plus en plus les muscles. Pour les travaux intellectuels, elle se révèle aussi douée que lui.

Alors la femme conquiert la liberté et l'égalité : désormais, c'est un être et un citoyen à part entière, qui a la même valeur et les mêmes droits que l'homme. Dans la cité, la femme a le droit de participer à l'administration — voter et être éligible. Au sein de la famille, elle peut autant que l'homme choisir son conjoint, décider de le quitter, élire le domicile, gérer les comptes. Au travail, elle peut prétendre à tous les emplois, même aux postes supérieurs ; elle sera donc amenée à prendre la place de l'homme ou à le commander. Autant de droits gagnés pour la femme, autant de peur supplémentaire pour l'homme.

La nouvelle répression

Son pouvoir contesté, ses privilèges menacés, l'homme tente des sursauts d'autoritarisme. Tragiques, parfois ; l'actualité nous en fournit maints exemples :

1988. En Iran, Khomeyni précise dans un décret : « *Quand vous lapidez une femme adultère, commencez par de petites pierres, afin qu'elle ne meure pas trop vite.* » Sous-entendu : « *Que son humiliation et sa souffrance durent suffisamment pour que s'apaise notre peur.* »

1990. En France, sous la pression des intégristes musulmans, des lycéennes sont contraintes de se cacher la tête sous un voile. D'aucuns tentent de justifier cette pratique par la tradition, le respect de la femme, etc. Mais derrière ces montages idéologiques, n'y a-t-il pas l'éternelle peur ? Du reste, l'Eglise catholique n'a-t-elle pas volé au secours du voile ?

L'œcuménisme, c'est aussi le partage de la répression !

1992. A Rome, le Vatican réaffirme solennellement son opposition à l'ordination des femmes. Seuls les mâles peuvent être prêtres.

1992. L'Eglise de France mène une violente campagne contre les préservatifs. Mieux vaut mourir que faire l'amour.

1992. A Mogadiscio, sur une place publique, devant les caméras de la télévision, une femme somalienne, accusée d'avoir « couché » avec un soldat français — un libérateur, pourtant — est lynchée.

En réalité, les instances patriarcales ne cessent de faire de la « résistance ». Les responsables politiques n'offrent aux femmes que des strapontins. Si un dirigeant nomme une femme à un poste élevé, celui de ministre par exemple, c'est pour paraître moderne et s'attirer les faveurs de l'électorat féminin ; la femme est alors contrainte d'appliquer le programme masculin, sous peine d'être démise. Les partis politiques eux-mêmes sont des clubs patriarcaux, voire machistes, quasiment fermés aux femmes.

De nombreuses corporations limitent encore l'accès des femmes à certains niveaux. De toute façon, le salaire des femmes est inférieur à celui des hommes qui effectuent le même travail. Si une femme occupe la place habituellement réservée à l'homme, on la soupçonne de ne pas pouvoir faire aussi bien ; ou, inversement, si elle réussit, on s'étonne... Quand des licenciements sont décidés, les premières expulsées sont les femmes. Nous avons vu dans les chapitres antérieurs les réactions spécifiques de certaines professions, tels les clercs ou les médecins.

La nouvelle répression, qu'elle soit officielle ou

larvée, constitue une véritable contre-révolution antifemme et antisexualité. Apparue aux Etats-Unis sous le règne de Reagan, elle envahit l'Europe. Elle s'efforce de réduire de nouveau les droits de la femme et le plaisir des sens. Ce mouvement s'appuie sur la contre-révolution libérale qui, à la faveur de la crise, remet à l'ordre du jour les vieilles valeurs conservatrices comme le travail effréné et la concurrence sauvage: il bénéficie en outre du renfort des maladies sexuellement transmissibles qui contraignent les êtres à limiter leurs activités sexuelles.

La peur en 2005

« L'observatoire des violences faites aux femmes » livre un sombre bilan : une femme est tuée tous les cinq jours par un homme violent, deux mille sont blessées chaque mois. La peur sous toutes ses formes – la jalousie entre autres – est à l'origine de ces drames. Toutefois, en dépit de cet abominable bilan, les choses changent. De plus en plus d'hommes prennent conscience que la société misogyne qu'ils ont instaurées ne leur apporte pas le bonheur espéré.

2

Le mâle-être

Quelles que soient les époques, les conséquences de la mâle peur et de la répression de la femme sont terribles, tant pour les individus que pour les couples et que pour la société.

La femme non seulement doit renier sa sexualité, mais il lui faut aussi renoncer à des pans entiers de sa personnalité : sa sensualité, bien sûr, mais aussi sa part d'initiative, d'action, d'autorité, de création. De plus, elle est tenue de jouer les rôles, toujours les mêmes, que l'homme lui assigne. En conséquence, la femme est un être tronqué et « gauchi ».

L'homme, quant à lui, restreint de lui-même sa vitalité sexuelle et étouffe délibérément certaines composantes de son psychisme — sa sensualité, tout d'abord, sa sensibilité et son affectivité. Parallèlement, il se contraint à jouer des rôles dans le registre de l'agressivité. Au total, l'homme est un être « mutilé » et « forcé ». Du reste, mutilé, l'homme l'est doublement, car il est aussi privé de ce que la femme aurait pu lui apporter s'il ne l'avait censurée : d'autres façons de penser, de sentir, de voir, de jouir, d'organiser. L'homme s'est coupé du meilleur moyen de s'épanouir et de s'équilibrer. Il a perdu un supplément d'être. C'est en brimant par trop l'esclave que le maître s'entrave et se punit.

Quant aux couples, c'est miracle s'il en est qui

constituent une association harmonieuse. Le plus souvent, l'homme en a fait le champ clos d'une épreuve de force et un lieu d'asservissement.

Une société faite d'individus aussi frustrés et opposés ne peut être harmonieuse ni paisible. En effet, si les hommes sont solidaires quand il s'agit de dominer la femme, ils s'affrontent à leur tour au moindre prétexte. Comme si les rapports de domination qu'ils imposent aux femmes, ils devaient les reconduire vis-à-vis de leurs semblables. Et comme si le rejet de leur propre sensibilité et de celle de leur compagne — en un mot, de la féminité — multipliait leur agressivité. La civilisation patriarcale, basée sur des comportements sadomasochistes ou des rapports de forces, ne peut qu'être marquée par des tortures, des crimes, des massacres, des guerres et des destructions de la terre.

Alors, ne nous étonnons pas si les êtres sont souvent malheureux et malades. Tant de peines et de maux sont à mettre sur le compte de l'insatisfaction, de l'oppression, de l'insécurité, de l'anxiété, de l'angoisse. L'homme n'y échappe pas, mais son mâle-être, il ne le doit qu'à lui-même et à la société masculine qu'il a forgée.

L'homme de l'ère chrétienne

Le mâle-être de l'homme de l'ère chrétienne est un exemple des méfaits engendrés par la répression de la personnalité. Ce qui est réprouvé ici, c'est, au-delà de la sexualité, la sensualité, c'est-à-dire l'éclosion des plaisirs qu'offrent nos cinq sens et, plus loin encore, de la sensibilité, c'est-à-dire l'expression des émotions. Voyons, tout particulièrement, ce qu'entraîne la censure du plaisir.

A l'homme chrétien toute joie charnelle est interdite. Le plaisir est son ennemi et il est l'ennemi du plaisir. Son but : être un pur esprit. Car Dieu, le pur esprit par excellence, l'ayant fait à son image, l'homme doit rester fidèle au modèle. Il lui faut se détacher de la chair et renier son corps, source de désir et de plaisir. Toute conduite tendant à satisfaire le corps enfreindrait la volonté de Dieu : ce serait un péché. Jouir de son palais est péché de gourmandise, jouir de son sexe péché de luxure, etc.

Si l'Eglise, cette conspiration d'hommes célibataires, s'acharne contre la jouissance sous couvert de spiritualité, en réalité ses motivations sont bien temporelles. Sa volonté de puissance n'a d'égale que son obsession de l'ordre, or le plaisir est susceptible de contrarier son pouvoir et de susciter l'indiscipline. L'Etat partage les mêmes craintes ; les deux puissances vont donc s'allier. Le plaisir, les dirigeants doivent le refuser pour eux-mêmes, car il est contraire à l'austérité qui sied au pouvoir et compromet leur respectabilité ; le plaisir, par ailleurs, est une expérience qui souvent prédispose à la compréhension et à l'indulgence. Quant aux sujets, il faut les en détourner car c'est un ferment d'anarchie : celui qui cultive sa sensualité prend pleinement conscience de son corps et de ses exigences, ce qui contribue à renforcer sa personnalité et l'incite à plus d'indépendance ; or le pouvoir a besoin d'êtres serviles et disponibles. Le plaisir, de plus, ne se trouve pas dans un travail forcené ou mécanique ; or le pouvoir a besoin de travailleurs productifs. Le plaisir, enfin, réduit l'agressivité ; or le pouvoir a besoin de guerriers.

La répression du plaisir commence dès l'enfance. Le dressage s'appuie sur le système récompense-punition. Si l'attitude de l'enfant plaît aux grands, il est récompensé ou, au moins, il échappe aux châtiments. Si son attitude déplaît, alors surviennent les punitions, physiques ou psychologiques. La pire, c'est la culpabilisation : « *Tu devrais avoir honte* », car rien n'est plus odieux que d'associer la honte à la recherche du plaisir naturel. La dévalorisation : « *Tu es un bon à rien* » ne vaut guère mieux. Quant au retrait d'amour : *« Je ne t'aime plus »*, il est bien plus pernicieux. Lorsque les punitions prennent une coloration religieuse, elles peuvent avoir des conséquences terribles : « le péché », puisqu'il faut l'appeler par son nom, est puni de « pénitences », voire du purgatoire ou, pire, de l'enfer. Par toutes ces menaces, la peur sera définitivement associée au plaisir.

L'inaptitude au bonheur est une première conséquence dramatique de la répression du plaisir. La culpabilisation du plaisir persiste toute la vie : toute jouissance est entachée d'un sentiment de honte. La dévalorisation de l'enfant qui s'était permis de désirer se transforme en une indélébile mésestime de soi. Les retraits d'amour réitérés inculquent un sentiment permanent d'insécurité.

L'atrophie de la personnalité est une autre conséquence de la répression du plaisir. L'enfant s'aperçoit qu'être ce qu'il est, un individu sensible et avide, rencontre la réprobation des grands et l'expose à des désagréments ; dès lors il a peur de son vrai moi, de son corps. Inversement, il constate que la négation de sa sensualité et de ses désirs lui vaut l'approbation des tiers et le met à l'abri des conflits ; du coup il renie sa vraie nature, et va se construire une image à l'usage des autres, un moi social : il affecte d'être maître de ses pulsions et de ses émotions ; il fait semblant d'être un enfant raisonnable, « convenable ». A force d'être étouffée, sa sensualité s'appauvrit ; il ne se sent plus réellement un être désirant, sentant, jouissant, joyeux ; il ne perçoit plus le monde comme une mine de sensations et de joie. Il a fait sien l'idéal d'essayer d'être un pur esprit. Chez l'adulte, l'atrophie de la vie hédonique et émotionnelle perdure. Les peurs instillées, les hontes intériorisées et les raideurs musculaires entravent à jamais l'épanouissement du plaisir et la vie émotionnelle. Si, malgré cela, quelques émois se manifestent, l'adulte s'applique aussitôt à les refouler, pour sauvegarder sa façade de personnage exemplaire. Un tel être délire : il a perdu le contact avec la réalité, c'est-à-dire son corps et le monde extérieur. Il vit dans l'illusion que le bien-être vient du sacrifice de sa nature et le bonheur de l'appréciation des autres. Une personnalité aussi artificielle est particulièrement exposée à la dépression. Epuisée par la lutte contre les pulsions et les efforts pour paraître ce qu'elle n'est pas et privée aussi des effets dynamisants et tranquillisants du plaisir, cette personnalité s'écroulera tôt ou tard en constatant que son système de valeurs est faux, et illusoire le bonheur promis.

Bien sûr, le corps souffre également de cette répression. Au cours de l'enfance, les pulsions, les émotions cherchent à s'exprimer. Chaque fois qu'elles déplaisent aux adultes, elles sont sanctionnées. Aussi l'enfant rentre ses désirs, étouffe ses joies. Dans son corps s'accumulent des milliers d'impulsions bloquées, des milliers de gestes retenus. Chaque muscle, chaque aponévrose conserve la mémoire des élans brisés. Les muscles contracturés, les tissus raidis emprisonnent notre corps dans une cuirasse qui la déforme et l'endolorit. Nombre d'algies dorsales ne sont que plaisirs bloqués. Les contractures, touchant aussi les fibres des viscères, déterminent toutes sortes de troubles psychosomatiques : la boule à la gorge, le point au cœur, le nœud à l'estomac, les crises vésiculaires, etc. A la longue, ces troubles fonctionnels peuvent se transformer en troubles organiques : infarctus, ulcère d'estomac, hypertension artérielle.

L'homme occidental est malade, car l'anxiété est la mère de tous les maux. Et parce que la répression qu'il s'impose torture son corps et le prive du meilleur antidote à l'anxiété qui soit : le plaisir.

L'homme de l'ère industrielle

Alors que la religion chrétienne perd de son influence, une autre religion apparaîtra au XIXe siècle : la religion industrielle, comme l'appelle Erich Fromm. Le but suprême de l'homme industriel est la possession du maximum de biens et d'objets manufacturés. L'homme industriel vit sur le mode de « l'avoir ». « *Je suis ce que j'ai* », pense-t-il, ou pire : « *Je suis ce que je consomme.* » C'est pourquoi il voudra avoir toujours plus de biens, d'appareils, de gadgets ; avoir des voyages organisés, une belle mine, etc. Il voudra surtout avoir l'air d'avoir. S'il veut avoir des biens, ce n'est pas tant pour en jouir que pour paraître ; il veut offrir l'image de quelqu'un capable de les acquérir. C'est pourquoi il veut aussi avoir une belle situation, du succès, des médailles. Réussir sa vie, c'est accumuler les acquisitions et les distinctions.

Pour fabriquer le plus possible de produits et pour en acquérir le plus grand nombre, l'homme industriel hisse le travail au rang de valeur première. Il passe les deux tiers de sa vie éveillée à travailler. Il travaille sans plaisir, car ce qu'il fait a rarement de l'intérêt et ne lui permet pas d'épanouir les riches potentialités de son corps et de son esprit ; et parce que son travail, le confinant dans des bureaux ou des usines, ne permet aucun contact avec la nature. Qu'importe : cérébral, l'homme industriel se limite à des considérations technologiques et économiques et exclut tout processus affectif et émotionnel. Sa raison est dissociée de son cœur, sa pensée de son corps. Ainsi, par un curieux détour, la religion industrielle aboutit au même résultat que la religion chrétienne : la scission entre le corps et l'esprit.

A l'école, modèle réduit de la société, on enseigne aux enfants les valeurs qui ont cours dans les religions chrétienne et industrielle. On s'y efforce d'étouffer la vocation naturelle de l'enfant au bonheur, son avidité pour le plaisir, sa fraîcheur sensorielle, sa spontanéité émotionnelle. On continue de lui apprendre à se méfier de son corps, de ses sentiments. On réprime son cerveau droit, source de l'émotion, des intuitions et de la création. On le gave d'informations livresques. On privilégie la pensée abstraite et la performance intellectuelle. On encourage son cerveau gauche, siège de la raison, de la logique et du calcul. On le prépare à être un automate producteur et un consommateur servile.

Voyez le monde : il est devenu un immense marché. La compétition est sans pitié. L'homme industriel doit avant tout travailler, rien que travailler, pour fabriquer, vendre, acheter, jeter. Et pour cela, il ne doit pas perdre son énergie et son temps avec des histoires d'amour : il faudra qu'il fasse des affaires, ou encore la guerre, en tout cas pas l'amour. L'ère industrielle est aussi incompatible avec la sexualité et la féminité que l'ère chrétienne. Et se révèle incapable d'offrir le bonheur escompté. Ni l'argent, ni les objets et les biens accumulés, ni les distinctions et les promotions, ni la « réussite » ne peuvent combler les aspirations profondes des êtres. Un jour ou l'autre l'individu prendra conscience du vide qui est en lui, lui, personnage fictif, peuplé de désirs artificiels, gavé de gadgets : ce sera la désillusion. Débusquée l'angoisse, avec son cortège de malaises, l'assaillera de plus belle.

Ce ne sont pas les conditions de la vie moderne qui l'aideront à trouver une certaine sérénité ; le « progrès » a multiplié les stress et engendré de nouveaux types d'agressions. L'agglutination dans les villes accroît la promiscuité et le bruit. Le travail, qu'il subit dans des lieux clos, apporte son lot de nuisances (bruits, cadences, pollutions, etc.). Ses déplacements d'un point à un autre se font à ses risques et périls. Les informations, surabondantes et sensationnelles, qui le mitraillent mettent ses nerfs à rude épreuve. De nouvelles et terribles maladies le menacent. La cruauté de ses semblables, grâce aux apports de la technologie, atteint un niveau jamais égalé (guerres, massacres, tortures).

L'homme de transition

Hybride d'un homme chrétien en bout de course et d'un homme industriel qui s'essouffle, l'homme actuel est un homme de transition. Il ne peut plus être le maître tout-puissant des siècles passés. Il ne sait pas encore ce qu'il sera. Face à la femme redoutée, plus redoutable depuis qu'elle ose exister, alors que lui a perdu ses défenses et ses repères, cet homme est désarmé, désorienté. Il se sent fragile, n'est plus sûr de rien, n'a plus de recours.

Dieu ? Il est mort, l'abandonnant à ses interrogations angoissantes : La vie ? La mort ? Pour qui ? Pour quoi ?

Le plaisir de vivre ? Mort aussi. Persécuté par la religion chrétienne, dont persistent les effets délétères. Et achevé par la religion industrielle qui exige que l'on sacrifie sensualité et sensibilité aux machines et aux dollars.

L'attrait du combat ? Depuis des milliers d'années l'homme, obsédé par son besoin de dominer — les femmes, les autres, la nature —, vit en situation de compétition et de conflit perpétuels. Craignant d'être renversé, il croit toujours être défié ou attaqué. Aussi est-il en permanence sur ses gardes, prêt à riposter. Aussi se contraint-il sans cesse à paraître le meilleur, le plus fort. Aussi se condamne-t-il à se forcer, à s'épuiser. Ce qui ne l'empêche pas de subir un jour à son tour la loi d'un plus fort, l'humiliation et la frustration. Beaucoup d'hommes se disent qu'ils paient cher cette hiérarchie, ces privilèges. A la vérité, ce monde — son monde — est impitoyable, cette vie, une épreuve de force insoutenable. Sous la mâle assurance et l'apparente satisfaction pointent l'angoisse et la souffrance. Et bientôt surgit, chez l'homme actuel, l'interrogation extrême : le jeu en vaut-il la peine ?

Ployant sous la mâle peur et ses conséquences, les hommes réagissent. Certains songent à une alternative à la domination patriarcale. D'autres, les plus nombreux, accentuent l'autoritarisme, espérant ressusciter le bon vieux temps. D'autres enfin fuient et se réfugient dans les relations homosexuelles. Ainsi, après les millénaires de domination d'une moitié de l'humanité par l'autre moitié, viendrait le temps de l'irréparable scission. Ne serait-il pas temps d'en finir avec la mâle peur ?

L'homme de demain

Il nait sous nos yeux. Déjà il en existe des prototypes : des hommes qui ont décidé de sortir de leurs peurs archaïques et d'une civilisation où ils sont aussi malheureux que la femme. Ils veulent se réconcilier vraiment avec elle et leur propre féminité. Ils rêvent d'une nouvelle alliance avec le monde féminin.

3

Rendre justice à la femme

En finir avec la mâle peur permettrait de restituer à l'humanité les richesses de la féminité.

Pour éradiquer cette peur, il faut tout d'abord faire appel à l'Histoire. «*L'Histoire pourrait avoir une fonction thérapeutique*», a écrit Jean-Louis Flandrin (33). C'est pourquoi j'ai largement évoqué le passé. De savoir comment, chez les peuples, la peur naît et comment s'instaure la répression devrait permettre d'agir sur ce qui persiste de ce passé : notre inconscient collectif encombré de préjugés, nos traditions et nos législations conçues sous la peur.

Il faut également en appeler à la science. En effet, les mythologies et les croyances ont été élaborées avant l'ère scientifique ; elles se fondent sur des conceptions erronées du monde et des phénomènes naturels ; en particulier, elles reposent sur des interprétations fausses de la physiologie féminine. C'est par ignorance des mécanismes de reproduction qu'on a accordé à la maternité et aux menstruations un caractère magique.

On s'aperçoit alors que l'homme n'a pas peur de la femme mais de l'image qu'il s'en est faite dans les périodes d'obscurantisme. Cette image primitive s'est transmise de génération en génération.

En finir avec les mythes

Il faudrait en finir avec les mythes antifemmes, ces légendes colportées depuis des millénaires et qui n'ont d'autre but que de dévaloriser et de culpabiliser la femme, pour la rendre « inoffensive ». En finir aussi avec les fausses interprétations qu'on prend pour argent comptant.

Ces mythes, ces mensonges, ces calomnies ont un pouvoir considérable. « Mentez, dit le proverbe, il en restera toujours quelque chose. » Dans la conscience et dans l'inconscient des hommes, tant de préjugés survivent, qui les manipulent à leur insu. Denis de Rougemont a magistralement démontré la puissance des mythes à propos de la légende de Tristan et Iseut (46). Voilà huit siècles que l'Occident prend comme modèle de relations amoureuses leur histoire; huit siècles que les auteurs mettent en scène des émules de Tristan; huit siècles que les amoureuses jouent les Iseuts. L'amour, c'est forcément ce « cinéma ». Ils sont possédés par un philtre... Chouette! Ils sont déchirés et terriblement malheureux... Extra! Ils sont toujours chastes... Sublime! Ils ne s'aiment pas... Ah? Non! ils n'aiment qu'eux-mêmes. Allons plus loin: il n'aiment que l'amour, autrement dit personne. Qu'importe, l'empire du mythe est tel que les lois qui président au « *type de relation de l'homme et de la femme de la société courtoise et pénétrée de chevalerie du XIII*e *siècle* » sont encore les nôtres.

A quoi servent les mythes? Ce sont des histoires inventées pour expliquer un phénomène — l'origine du monde, le pourquoi des choses, l'après-mort —, autrement dit des réponses imaginaires aux interrogations des humains. Ils peuvent devenir des illustrations fondatrices des règles d'un groupe social ou des modèles de référence pour les individus. Les mythes sont par conséquent très utiles. Cependant, ceux qui déclassent un sexe ou une partie du groupe se révèlent nocifs.

Pour casser le pouvoir des mythes hostiles à la femme, il faut les démonter pièce par pièce, démontrer leur inanité, rectifier leurs interprétations. L'analyse historique et les progrès de la science le permettent désormais : il suffit déjà, pour désamorcer nombre de fables, de se rappeler qu'elles ne sont que les produits de l'imagination d'une époque révolue, privée de toute connaissance scientifique.

Il faut aborder avec le même esprit critique les textes religieux (la Bible, les Evangiles, le Coran, etc.). Recueils de mythes et de croyances, œuvres imaginaires, ils comportent autant de contre-vérités historiques et d'erreurs scientifiques.

Dans la deuxième partie, nous avons relevé et dénoncé les mythes les plus perfides. Par exemple, en ce qui concerne le mythe biblique du péché originel, nous avons montré que son invention répondait à une nécessité sociale : il fallait, pour fonder une religion patriarcale monothéiste sur le fief des déesses, inférioriser la femme. Nous avons aussi démontré que la faute originelle ne pouvait être d'aucune façon « un péché de chair ». Ce mythe, chevillé au cœur des hommes et des femmes, croyants ou athées, rustres ou lettrés, altère encore l'image de la femme et déforme les relations entre les êtres. Consciemment ou inconsciemment.

Nous avons également dénoncé le « déviationnisme » des premiers chrétiens et les affabulations des Pères de l'Eglise et de leurs successeurs. Véritables contre-mythes, ils ont fondé un mouvement misogyne et érotophobe, alors que le Christ n'était d'aucune façon hostile à la femme et à l'amour humain ; au contraire, il avait voulu la femme l'égale de l'homme. On pourrait relever, dans beaucoup d'autres civilisations, des croyances aussi défavorables aux femmes, qu'absurdes.

Il est temps de trier les mythes. Ces fables perfides, en reconduisant des concepts archaïques, des haines, des injustices, s'opposent à l'évolution des civilisations. Dépassant les mystifications et les superstitions, l'homme cherchera d'autres sources pour nourrir sa spiritualité.

Adorer le sexe de la femme

Depuis trop longtemps le sexe de la femme inspire à l'homme de l'inquiétude, quand ce n'est pas de la répulsion. Pour les primitifs, c'était un site magique. Pour les chrétiens, c'est le lieu du péché.

Prenons l'exemple des Baruyas de Nouvelle-Guinée. Dans cette tribu, les hommes détiennent le pouvoir absolu. Ils interdisent aux femmes de toucher la terre et les armes. Quand on leur en demande les raisons, ils répondent : « *Parce que du sang coule entre leurs cuisses et que ce sang menstruel menace nos forces !* » (47) Chez les Baruyas, lorsqu'une jeune fille a ses premières règles, elle est recluse dans une hutte à l'extérieur du village. La nuit, de temps en temps, une vieille femme la frappe de son bâton en lui vociférant des injonctions à se soumettre aux hommes sous peine de mort : elle ne doit pas regarder d'autres hommes que son mari, ni surtout les provoquer sexuellement. Paradoxalement, chez les Baruyas, les chamans prétendent recevoir leurs pouvoirs magiques de l'étoile Vénus — Vénus, qui n'est autre qu'une femme de la tribu transformée en astre. Ainsi les pouvoirs des religieux proviennent de la puissance surnaturelle de la femme. Cette histoire nous démontre, une fois de plus, que la peur des hommes s'ancre dans les pouvoirs magiques qu'ils attribuent au sexe de la femme ; et que, pour vaincre cette femme, ils utilisent sa sexualité.

C'est ici que la science peut jouer un rôle salutaire, en nous aidant à nous défaire des idées archaïques et des fantasmes pernicieux qui entourent la sexualité féminine. Elle nous apprend parfaitement l'anatomie des organes génitaux féminins et nous permet d'en comprendre le fonctionnement (l'ovulation, la menstruation, la conception, la parturition, etc.). La sexualité féminine n'a donc plus rien de sulfureux ni de mystérieux. Prenons garde, toutefois : à trop démythifier, on risque de banaliser. Réduire la sexualité à une fonction, c'est-à-dire à des phénomènes mécaniques et chimiques, c'est la sauver des mains de l'ignorance pour l'offrir à la pornographie. De la désacralisation au sacrilège, il n'y a qu'un pas. La relation sexuelle et la maternité demeurent des phénomènes admirables, fabuleux. Et en soi le sexe de la femme est un lieu de splendeur.

Il y a mille raisons d'adorer le sexe de la femme. Voilà des lustres que les peuples d'Orient l'ont compris. Rien n'est plus beau que les descriptions des traités érotiques de la Chine ancienne. Elles constituent quelques-unes des plus merveilleuses poésies de l'humanité. L'imagination, portée par un souffle, déborde de métaphores fantastiques. Les échanges amoureux : les jeux des nuages et de la pluie ; le corps à corps : un combat où l'on déploie les étendards et où l'on frappe du tambour ; la pénétration : le glissement d'un noir dragon dans la mer profonde. Les images s'empruntent aux éléments naturels car l'amour participe des phénomènes naturels. Il n'y a pas de différence entre la pluie qui arrose les champs et la semence qui féconde la femme. Les sécrétions féminines sont appelées nuages, sont appelées pluies. Ses organes intimes portent des noms qui parlent de fleurs (cœur de la fleur, chambre fleurie, jardin des mystères, cour céleste), évoquent la campagne (champ sacré, val profond, vallon obscur, ravine de cinabre), suggèrent des sources (fontaine de jade, fontaine des eaux) ou anticipent le bonheur (porte rouge, porte de jade, précieuse porte, porte de vie).

Même lorsqu'ils citent des repères anatomiques, les textes ne renoncent pas à la poésie : la « *terrasse du joyau* », c'est le clitoris, la « *ravine dorée* », c'est la partie supérieure de la vulve; les «*veines de jade*», l'endroit où les nymphes se rejoignent en bas de la vulve; la «*salle des examens*», les faces latérales de la vulve. Les «*cordes de la lyre*», c'est le canal vaginal. Quant à l'enseignement des trente positions et des cent façons de pénétrer, elle ne faillit pas à cette élégance. Rien à voir avec les sordides ouvrages de notre ère.

Animés du même élan, inspirés par un même émerveillement, les arts chinois (estampes, soies, porcelaines, sculptures) font également appel aux éléments de la nature pour représenter le sexe féminin. Les fleurs de prunier, la pivoine ouverte et l'immortelle, la pêche et les champignons, les nuées et les vallées brumeuses figurent magnifiquement la beauté, la délicatesse et l'attrait de l'anatomie sexuelle de la femme.

Plus qu'admiré, les peuples de l'Inde ont véritablement vénéré ce sexe. Dans les lieux de prière, les fidèles adorent littéralement la divine vulve. Elle est représentée dans sa majestueuse réalité sous forme de dessins ou de sculptures ou figurée par des images ou des objets sacrés: triangles pointe en bas, fleurs de lotus, coquillages (coco de mer), fissures de rocher, tous très évocateurs.

«*Il faut dire qu'en Occident*, écrivait Marguerite Yourcenar, *l'amour n'a jamais été un plaisir sacré. C'était un péché ou un sentiment.*» C'est pourquoi la porte de ce plaisir, le sexe féminin, n'a jamais été officiellement adulée sous nos latitudes. En jetant l'opprobre sur la sexualité, l'Eglise a repoussé le sexe dans l'ombre des consciences et l'enfer des bibliothèques. La rendre honteuse, c'était l'abandonner au vulgaire. De fait, quand on parle de sexualité en Europe, c'est sur le registre de la grivoiserie, quand ce n'est pas sur un mode trivial. Mais la belle chair ne fut jamais chantée vraiment. On attend encore, à l'Ouest, l'équivalent du *Manuel de la fille de candeur* ou du Cantique des cantiques. On espère toujours un hymne au triangle sacré.

Heureusement, il y eut certains poètes. Rappelez-vous André Breton: *«Ma femme au sexe de glaïeul...»*

Un jour, un jour viendra où les hommes béniront la fière toison qui se tend au faîte de la butte. Où ils loueront sous le crin la ronde colline où reposera leur front, où pèsera leur corps. Où ils chanteront la femme en son verger, le fruit gorgé de suc, la pulpe de désirs pleine, fendue comme une pêche, plus juteuse que mangue. Où ils vanteront, aux marches du palais, l'exquise pousse, le bourgeon ardent, le divin bouton. Où ils célébreront, en les butinant, les effleurant, les effeuillant, les calices vermillon, les corolles écarlates, les pétales érubescents. Ces plis et ces replis carmin. Ces festons et ces godrons, ces ourlets et ces godets, ces froncis, ces troussis, ces pinces, ces drapés. Plus secrets que l'iris, plus parfaits qu'orchidées. Où ils glorifieront la rosée qui perle, l'ondée qui s'abat, la source qui ruisselle et l'eau qui ravine, rutile, scintille. Qui les baptise fastement. Qui les sacre solennellement. Alors, ils se prosterneront, étourdis de sang et de feu.

Contrairement à ce que certains misogynes prétendaient — les Grecs, les clercs —, le sexe de la femme, quand il est propre et sain, est pourvu d'arômes éminemment agréables, voire capiteux. De nos jours, c'est plutôt l'excès de propreté qui réduirait l'appétit masculin. En perdant ses odeurs, le creux féminin perd de sa magie. Foin des replis inodores fraîchement sortis des vasques sanitaires! Peste des sillons désodorisés par quelque spray d'apothicaire! Il n'est de parfum plus enivrant que celui d'un sexe au soir tombant, quand les essences, par moult pertuis distillées, brassées par les mouvements incessants de la journée, infusées dans la chaleur des profondeurs, offrent la plus sublime composition. Pour peu que la femme, troublée par la vue de son amant, y ajoute quelques larmes érotiques, c'est le délire. C'est un fouillis inextricable où dominent, selon le site, certains composants. Odeurs sauvages sur le pubis : senteurs âcres de feuilles en sous-bois, les soirs d'automne, ou âpres effluves de la harde poussée par l'équipage. Odeurs océanes dans les plis de la vulve : au soleil levant la mer montante porteuse de lumière réveille les goémons dans l'estuaire d'Auray. Odeurs fleuries en arrière : ambre, musc, santal et vétiver mêlés des marchés antillais, ou parfums entêtants des reposoirs, les jours des rogations, quand, sur les cascades de roses, traînent les volutes d'un encensoir. Et que dire des exhalaisons du point du jour : l'amante, tout imprégnée des élixirs de leurs plaisirs, s'était endormie dans les bras de son aimé ; durant la nuit, alambiquées dans la moiteur des corps, leurs liqueurs ont composé le plus affolant bouquet qu'on puisse rêver. Alors l'homme refera le geste somptueux : renifler avec délectation les essences folles, les fragrances rédemptrices. Ses désirs nourris, il rendra grâce au sexe de sa compagne.

Oui, un jour, délivré des anciens tabous et des phobies antiques, ayant dépassé la froide lumière de la science, l'Occident inventera une nouvelle transcendance de l'amour.

Femme, corps et nature

Il ne suffit pas à l'homme de se couper des racines archaïques de sa peur pour s'en débarrasser complètement. Face à la femme, la peur des mâles se ranime toujours. Il y a dans l'être féminin des éléments spécifiques que l'homme n'accepte pas. S'il les comprenait, il pourrait guérir de sa phobie.

Il serait présomptueux d'affirmer connaître la femme, d'autant que nombre d'auteurs, et non des moindres, avouent leur ignorance. Lederer, par exemple, écrit : « *Nous vivons selon la raison et c'est pourquoi nous comprenons la femme moins qu'à n'importe quelle autre période de notre histoire... Nous connaissons mieux sa physiologie, le fonctionnement de ses glandes et de ses hormones... Dès que l'on aborde sa psychologie (...) les choses ne sont pas plus lumineuses qu'avant. On pourrait même penser parfois que nous avons plus oublié qu'appris au sujet de la femme* » (6).

Toutefois, à force d'écouter les femmes ou de les lire, on cerne mieux ce qui les différencie vraiment des hommes. Elles affirment, dans tous les écrits, être plus proches de leur corps et de la nature. De fait, les modifications physiologiques ou pathologiques liées au cycle menstruel, à la maternité (grossesse, allaitement, éducation des enfants) et aux différentes étapes de leur vie génitale (puberté, ménopause) les rapprochent de leur corporéité. Beaucoup de femmes révèlent que c'est par le truchement d'une grossesse qu'elles se sont mises à l'écoute de leur corps et à se poser les « vraies » questions : Qui suis-je ? Quels sont mes désirs ? Ecoutez, entre autres, le témoignage d'Edmonde Morin : « *C'est personnellement à travers la grossesse que j'ai réussi à comprendre que l'on ne peut pas toujours imposer silence à son corps...* » « *J'ai donc accepté puis aimé cette situation d'être ainsi guidée et enseignée par mon corps* » (12). C'est aussi sa manière de jouir qui recentre la femme dans son corps. Les plaisirs périphériques, issus des zones érogènes réparties sur toute sa surface, l'investissent de façon centripète. Le plaisir central, lui, jaillit au plus profond de son ventre et parcourt l'axe de sa chair.

Quant à la nature, la femme s'en rapproche en procurant à la famille les produits de la terre et en les préparant, mission qui lui fut de tout temps confiée. Et sans doute une sensibilité plus fine et une sensualité plus vive la rendent plus réceptive aux messages de son corps et aux stimuli de l'environnement naturel. La nature, la femme l'aborde avec ses sens, la reçoit, l'adopte, s'y intègre, la transforme en l'aimant. La terre est mère aussi. La femme est nature encore. A quelques nuances près, cette corporéité qu'assument, voire revendiquent, les femmes modernes, pourrait se résumer dans la tirade de Wanda, la « Vénus à la fourrure », tirade qui exprime à juste titre une autoadmiration : « *La femme, malgré tous les progrès de la civilisation, est restée telle qu'elle est sortie des mains de la nature, elle est comme les bêtes sauvages...* » (21)

J'entends bien les misogynes de tout poil se gausser : « La femme est donc bien la part sensuelle de l'humanité, l'homme sa part spirituelle ! » L'un d'eux cite saint Augustin : « *Le mal vient du corps, donc de la femme inférieure et charnelle.* » Quelle erreur ! D'une part, récusant toute répartition manichéenne — *sensus* à la femme, *ratio* à l'homme —, les femmes revendiquent pour elles les deux pôles psychiques. D'autre part, elles n'attribuent au corps et aux sens aucune valeur négative. Edmonde Morin déclare avec fierté : « *Il ne reste de vie que là où sont les femmes (...) Il paraît essentiel qu'une femme garde intact son corps (...) Le corps de la femme se souvient encore que l'humanité existe et en témoigne* » (12). « *Si la femme accepte de s'absenter de son propre corps et parallèlement notre société à exsuder étourdiment de l'avoir, nous n'aurons bientôt plus d'humanité en nous.* »

Honni soit qui mâle y pense

Les hommes ont toujours affublé les femmes de nombreux défauts. La plupart de ces vices sont fantasmés par peur ou inventés pour nuire ; ce sont des contre-vérités, telle la prétendue passivité, voire la paresse, de la femme, telle sa soi-disant faiblesse. L'histoire des civilisations et l'observation de la vie actuelle nous montrent que les femmes sont aussi actives et aussi résistantes sinon plus que les hommes : à voir les femmes assumer de front grossesses, éducation des enfants, tenue de la maison et travail à l'extérieur, on est confondu par leur résistance physique et nerveuse et leur courage. D'autres défauts réels sont la conséquence de la répression masculine ; quand la femme ment, triche ou séduit, c'est qu'elle ne peut faire autrement pour exister, voire pour survivre. Tous les opprimés, toutes les minorités — les sujets, les Noirs, les domestiques... — rusent ou charment. Les hommes, quand ils sont soumis à un dictateur ou simplement à un patron, agissent de même. « *N'accusez pas les femmes,* dit Musset, *d'être ce qu'elles sont : c'est nous qui les avons faites ainsi, défaisant l'ouvrage de la nature en toute occasion.* »

Enfin, pour se débarrasser de leur mâle peur, les hommes ne devraient-ils pas se connaître mieux ? A chacun d'analyser ses appréhensions, ses comportements, de faire un retour à son enfance, à ses expériences antérieures, pour tenter de comprendre. Si les peurs se révélaient trop prégnantes, trop complexes, pourquoi pas une psychothérapie ? Retrouver le chemin de la femme vaut bien cette peine.

4

Changer l'amour

L'homme a toujours craint que les joies érotiques ne nuisent à sa santé et à l'ordre social. Pourtant, il est des façons d'aimer et de jouir qui, au contraire, améliorent sa vitalité et contribuent à l'harmonie sociale, tout en comblant la femme.

De dramatiques dissymétries

L'animosité entre la femme et l'homme prend sa source dans les dissymétries de leur activité sexuelle. Nous en avons relevé quatre.

Première dissymétrie : la survenue de l'orgasme est plus rapide chez l'homme que chez la femme. Rappelez-vous notre ancêtre le primate, celui qui vivait il y a plus de dix millions d'années : il devait, pour échapper aux prédateurs, obtenir une éjaculation en un temps minimal. Il y arrivait en quinze secondes en moyenne. Dans sa descendance, la branche « singe » conservera la brièveté de la monte : tous les singes actuels éjaculent en quinze secondes. Vraisemblablement, la branche « homme » aussi. En effet, les successeurs de l'aïeul commun — les Australopithèques puis les divers *Homo* — ont vécu dans un environnement encore plus dangereux : il n'était pas question d'allonger le coït (5). Nous-mêmes,

Homo sapiens sapiens, les derniers descendants, nous éjaculons en vingt secondes, alors que plus rien ne presse : ayant conservé, en ce qui concerne l'éjaculation, l'équipement génétique ancestral, à l'instar des singes, nous serions contraints à un comportement-réflexe qui fait éjaculer et jouir en un temps bref. Plus de 50 % des hommes éjaculent en moins de quinze mouvements intravaginaux.

Inversement, chez la femme, l'acmé survient après une excitation prolongée, de toute façon supérieure à quinze secondes, parfois dix ou vingt minutes. Car son plaisir n'est pas uniquement le résultat d'une stimulation de ses zones érogènes : pour jouir, la femme a besoin de développer des jeux fantasmiques dans un contexte émotionnel. De plus, aucun code génétique ne lui impose un orgasme rapide. Rappelons que la femme a vraisemblablement acquis l'orgasme beaucoup plus tard — entre moins un million à moins cent mille ans —, quand son cerveau a atteint une certaine maturité. Chez elle, le plaisir installé en temps de paix, quand rien ne pressait plus, folâtre donc avant d'éclater. Le premier reproche des femmes concerne la brièveté de la prestation de leurs partenaires : ils font l'amour comme des coqs. Elles souhaitent que les hommes prolongent la présence de leur pénis en elles. Souvent, pour satisfaire sa femme, l'homme s'efforce de retenir son réflexe, mais il ne peut se contrôler longtemps et éjacule de façon intempestive, abrégeant la relation et frustrant la femme. L'homme attentionné renouvelle le coït dans le but de satisfaire sa compagne ; encore trahi par son éjaculation-réflexe, il risque de s'épuiser sans pour autant la combler.

Deuxième dissymétrie : les possibilités orgasmiques de l'homme sont moindres que celles de la femme. Après l'éjaculation, l'homme passe par une phase réfractaire pendant laquelle son désir et son érection sont réduits et où une certaine lassitude l'atteint, voire une vague mélancolie ; souvent il sombre dans le sommeil. S'il réitère l'éjaculation, la phase réfractaire s'allonge et sa fatigue s'accroît. La femme, elle, peut obtenir plusieurs rebonds d'orgasme coup sur coup et les renouveler de nombreuses fois sans s'épuiser : elle est multiorgasmique. D'où sa réputation d'être infatigable et insatiable. L'autre reproche des femmes, c'est donc qu'après un rapide assouvissement l'homme sort du jeu, comme désintéressé, voire inapte. L'« après-amour » est souvent solitaire chez la femme. Il est carrément douloureux lorsqu'elle est restée sur sa faim. Vexée d'avoir servi d'exutoire et ulcérée d'avoir été volée de son plaisir, dans un premier temps elle se révolte, ensuite, elle se résigne, mais l'absence d'épanouissement sexuel compromet son équilibre psychosomatique et le couple. Ce qu'elle aimerait : un plaisir sans limites, des déferlements renouvelés, des profusions multipliées, des transports infinis.

Troisième dissymétrie : l'activité érotique de l'homme se réduit aux organes génitaux, tandis que chez la femme elle concerne l'ensemble du corps. Dans le modèle masculin du plaisir, le centre de l'action est la verge, le sexe féminin n'étant que l'accessoire nécessaire ; et le but, c'est l'orgasme du mâle, l'orgasme de la femme n'étant visé qu'en tant que consécration de la virilité de l'exécutant et moyen d'arraisonner la femelle. Ce que reproche ici la femme à l'homme, c'est d'aller droit au but et de lui imposer sa « codification virile » (48) de l'amour : le scénario stéréotypé « érection-pénétration-éjaculation ». Ce comportement rétrécit l'échange à la génitalité et instaure l'obsession, voire le terrorisme, de l'orgasme. Dans cette situation, la femme est l'esclave de l'homme et l'homme est lui-même l'esclave d'obligations supposées qui le contraignent, le traumatisent, le frustrent autant que sa compagne. La femme souhaite que le plaisir sorte du carré des muqueuses génitales et s'agrandisse en une multitude de caresses de par toute la peau.

La quatrième dissymétrie concerne la participation psychique — affective, fantasmique — dans l'activité sexuelle : elle reste rudimentaire chez l'homme, alors que chez la femme l'émotion, le sentiment, le rêve gardent une part majeure dans l'épanouissement de l'éroticité. La femme souhaite que l'homme la considère non seulement comme un moyen de plaisir, mais comme un être qui a ses aspirations, sa sensibilité, son imaginaire. Qu'il lui parle, l'écoute, la comprenne, la choie, la fasse rêver, ensemence ses fantasmes. Qu'il réponde à ses attentes. Que la relation sexuelle devienne une intime communication et un facteur d'épanouissement et d'équilibre pour chacun.

Hélas, la sexologie, d'essence « virile », a contribué à accentuer les dissymétries ! En médicalisant l'amour, la sexologie a rétréci l'échange amoureux aux quelques centimètres carrés des sexes, à la façon de les ajuster dans diverses positions, aux moyens d'en tirer à tout prix un orgasme, elle a accentué l'obsession du coït, le terrorisme de l'orgasme et institué des obligations de fréquence et de performances. Par ailleurs, la sexologie a banalisé l'amour, l'a vidé de sa composante affective. Or, les plaintes le plus souvent entendues ne relèvent pas tant de la pathologie de la balistique sexuelle que de l'absence de tendresse.

On le voit, la dissymétrie entre la sexualité de la femme et celle de l'homme est criante. Elle est la cause de l'insatisfaction de la femme, de l'épuisement de l'homme, de ses peurs et de la guerre des sexes. On ne répétera jamais assez que les peurs de l'homme et son épuisement ne viennent pas d'une demande excessive de la femme, mais du décalage de leurs comportements amoureux.

L'homme peut-il s'évader de l'emprise draconienne de ses réflexes copulatoires instinctifs et acquérir la maîtrise de son éjaculation ? Peut-il se libérer des vieux stéréotypes où il s'est enfermé et élargir son érotisme à toute la surface de son corps, à tout l'espace de son être ? En d'autres termes, peut-il humaniser sa copulation ?

L'exemple de l'Orient

Tandis que nous organisions la répression, les Orientaux, eux, inventaient l'érotisme sacré. C'est l'art de satisfaire les femmes, les mâles et les dieux. Autrement dit, c'est l'art de jouir sans troubler l'ordre social et en élevant son mental.

Dans la Chine ancienne, le taoïsme inspira un art d'aimer qui a satisfait les habitants de ce pays pendant des millénaires. Il apprenait aux hommes à combler la sensualité de la femme sans s'épuiser. L'harmonie sexuelle contribuait à l'harmonie sociale.

L'art érotique était exposé dans des manuels dont nous avons déjà parlé. Les techniques étaient décrites avec raffinement dans un style poétique. Les mille façons d'engendrer le plaisir étaient enseignées aux filles et aux garçons aussi naturellement que la décoration florale, la cuisine ou les arts martiaux. Ce qui montre à quel point le plaisir était, pour les Chinois, une activité saine et naturelle. Tandis que les Pères de l'Eglise vitupéraient la luxure, voilà ce qu'écrivait Li Tong Hsuan, célèbre médecin chinois du VIIe siècle, dans le Fong Hsuan Tzé : « *Ils respirent leurs souffles parfumés et boivent le nectar l'un de l'autre... Tandis qu'ils se caressent et s'embrassent partout, mille charmes se déploient et cent chagrins s'évanouissent. Elle lui tient sa tige de jade... Sa grotte de corail s'humecte de fluide abondant, telle une source silencieuse qui ruisselle...* » (14)

Les taoïstes avaient constaté la dissymétrie des sexualités : « *Le masculin appartient au Yang,* dit Wou-Hien, *la particularité du Yang est d'être aisément excité ; mais il bat facilement en retraite. Le féminin appartient au Yin, la particularité du Yin est d'être lent à s'exciter, mais il est lent aussi à être rassasié* » (14). Comme ils tenaient à offrir à la femme le maximum de jouissance, ils trouvèrent le moyen d'y parvenir sans pour autant s'épuiser : « *Un homme,* écrit Li Hong Hsuan, *doit cultiver l'art de retarder son éjaculation jusqu'à ce que sa partenaire amoureuse ait éprouvé l'orgasme... Un homme doit trouver quelle est sa fréquence idéale d'éjaculation et la maîtriser. Il ne doit émettre sa semence que deux ou trois fois sur dix* » (14).

Les taoïstes enseignaient que l'orgasme masculin et l'éjaculation n'étaient pas forcément une seule et même chose ; ils préconisaient le coït sans éjaculation qui procure une volupté prolongée, renouvelable à l'infini et tellement bénéfique : « *Pendant l'éjaculation, il éprouve un bref instant de joie ; mais il en résulte de longues heures de lassitude... Si, au contraire, l'homme contrôle son éjaculation au minimum, son corps en sera fortifié, son esprit s'en trouvera ragaillardi... l'amour qu'il éprouve pour sa femme grandira* » (14). Ainsi parlait P'eng Tsu, une des trois préceptrices de l'empereur Houang Ti, en l'an 206 avant J.-C.

Oui, cet art de l'amour non seulement comble de joie les partenaires mais, bien plus, il leur assure une parfaite santé. L'homme n'a plus à craindre de s'user. « *Si un couple,* dit Sou Nu, une autre préceptrice de l'empereur Houang Ti, *applique correctement le tao de l'art d'aimer, l'homme restera jeune et en bonne santé et la femme évitera cent maladies. Tous deux y prendront un plaisir extrême et augmenteront en même temps leur force physique* » (14). « *Plus souvent il fera l'amour, plus sa partenaire et lui-même éprouveront les bienfaits de l'harmonie du Yin et du Yang... un homme doit s'efforcer d'avoir des rapports sexuels quotidiens...* » « *Tous deux y gagneront une paix intérieure inconnue jusqu'alors* » (14). « *L'homme,* déclare P'ong Tsou, *s'il pouvait réapprendre le tao de l'art d'aimer... découvrirait la voie de la longévité.* »

Un autre grand pays d'Orient, l'Inde, s'est comporté vis-à-vis de la sexualité avec la même intelligence. Ici aussi les préceptes érotiques sont réunis dans des recueils, eux-mêmes incorporés aux Livres sacrés. Les plus fameux sont le *Kama-sutra*, écrit au ve siècle, et l'*Ananga Ranga*, daté du xve siècle. Dans ce dernier on peut lire : « *Les désirs de la femme étant plus lents à s'éveiller que ceux de l'homme, un seul acte de congrès peut malaisément la satisfaire... Mais au second acte, ses passions se trouvent tout à fait excitées, l'orgasme est chez elle plus violent et elle est pleinement satisfaite. Cet état de choses est juste le contraire de ce qui se passe chez l'homme : celui-ci, en effet, tout feu et flamme dans le premier acte, se refroidit dans le second et languit ensuite sans disposition pour un troisième (...) De là, il résulte que l'un des principaux devoirs de l'homme, dans cette vie, est d'apprendre à se retenir le plus possible* » (49).

Les recueils orientaux enseignent également les mille et une façons de caresser la peau, de la mordiller, de la griffer. Et autant de façons d'embrasser. L'érotisme ici n'est pas un job à part, il baigne la vie quotidienne, il fait partie de l'ordre naturel.

La caresse intérieure

Pour répondre au premier souhait des femmes — prolonger le coït —, j'ai proposé, en m'inspirant des Orientaux et du fameux « *coitus reservatus* », de

La courbe du plaisir

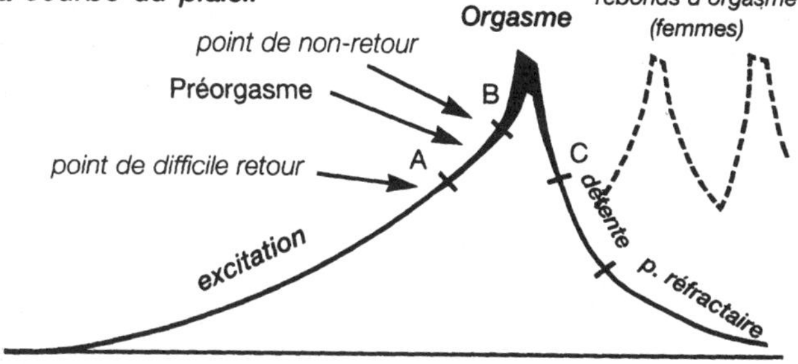

réaliser l'union des sexes à la manière d'une caresse : la caresse intérieure (50).

Ce sujet étant d'une importance capitale, rappelons-nous bien la physiologie sexuelle de l'homme. A la phase d'excitation, la verge gonfle, s'érige et durcit grâce à l'engorgement sanguin des corps érectiles et à la mise en tension des haubans musculaires du pénis. Le plaisir, à cette phase, vient du délicieux frottement des muqueuses, de la voluptueuse congestion du membre et de l'exquise tension des muscles. Le plaisir, c'est aussi ce transport de tout le corps qui exulte. Et cette ivresse de la tête qui s'exalte. Le désir alors se ressent comme un lancinement aigu des organes génitaux, accompagné d'une tension de tout l'être. Le désir est déjà plaisir et le plaisir accroît le désir : intumescence, désir et plaisir croissent de concert (la courbe ascendante du schéma).

Alors l'excitation atteint un niveau critique (le point A de la courbe) et commence la séquence préjaculatoire ou préorgasme (segment A-B). Le raidissement du pénis est à son maximum, la volupté majeure, tant dans le membre que dans tout l'être. Surviennent soudain des sensations aiguës (point B) à la base de la verge, annonçant l'imminence de l'orgasme. Ce préorgasme correspond à la mise en tension extrême des canaux spermatiques ; il est réversible : si l'homme suspend les mouvements de sa verge et l'exaltation de son cerveau, l'excitation s'infléchit, tandis que l'intumescence et le plaisir restent suspendus à un très haut niveau. Si l'homme reprend ses mouvements, l'excitation repart. Mais il peut à nouveau la contrôler en suspendant une fois encore son action.

Si la relation sexuelle se poursuit sans arrêt, l'excitation atteint son paroxysme, le plaisir son acmé : c'est l'orgasme (segment B-C). Il correspond à la contraction rythmique des muscles lisses des canaux spermatiques et de tous les muscles de la région (cinq à quinze contractions s'étalant sur dix à quinze secondes). TRÈS IMPORTANT : le plaisir provient de ces contractions, et non du passage du sperme dans les canaux, l'orgasme peut donc exister sans éjaculation. Déclenchée, l'éjaculation échappe au contrôle et se déroule irréversiblement ; le point B est le point de non-retour. Le plaisir s'éprouve comme une déflagration de volupté jaillie du sexe, soufflant tout le corps et éclatant le cerveau.

A la troisième phase, la détumescence survient, les muscles se relâchent, c'est la détente. S'installe alors la phase réfractaire dont nous avons parlé. Elle dure de cinq minutes à quelques heures.

Voyons maintenant ce qu'il faut entendre par caresse intérieure. La caresse intérieure, c'est la caresse que se donnent l'un à l'autre les organes génitaux ; le pénis la dispense au vagin et celui-ci la lui rend. Il ne s'agit pas de rapports sexuels banals, va-et-vient intenses et expéditifs, sorte de masturbation intravaginale où le plaisir est solitaire, chacun pour soi. Il s'agit de caresses prolongées où se partagent plaisir et tendresse.

Il faut donc que l'homme maintienne son érection le plus longtemps possible et diffère son éjaculation, ou même n'y donne pas cours certains jours. L'art de la caresse intérieure est tout entier dans la maîtrise de l'excitation : en rester à la phase ascendante, la limite à ne pas franchir étant « le point de non-retour » (point B). Dès qu'il sent son excitation atteindre un niveau trop élevé et, *a fortiori*, les sensations aiguës prééjaculatoires, l'homme doit cesser ses mouvements et demander à sa compagne de suspendre les siens. Ils font une pause, sorte de caresse statique pendant laquelle le vagin et le pénis restent unis. Au bout de quelques instants, ils reprennent la caresse dynamique. Et ainsi de suite. Il faut tirer parti des pauses pour contempler et admirer le visage et le corps de sa partenaire. Et deviser : c'est une façon tellement complice de bavarder ; profitons-en pour lui dire combien on l'apprécie et combien on l'aime. Enfin, et surtout, les interludes seront mis à profit pour caresser l'aimée, son corps, son visage, ses mains, ses pieds. Les mains sont libres, dans certaines positions, et la sensibilité de la peau est décuplée, tant à leur niveau que sur toute la surface du corps. Le prolongement de l'excitation génitale exacerbe de façon étonnante l'érogénéité cutanée.

L'homme peut diversifier les caresses de son sexe : en varier la profondeur, la rapidité et la force ; il peut aussi diversifier la direction de la caresse. Ces descriptions sont schématiques, chacun suit son inspiration, son génie inventif ; la caresse intérieure est une œuvre d'art. La durée totale d'un continuum amoureux ne peut être normalisée ; ce qui est sûr, c'est qu'il doit dépasser les misérables durées des coïts ordinaires (cinq à dix minutes, selon les enquêtes) ; une véritable caresse intérieure ne peut se dispenser moins d'un quart d'heure et peut s'épanouir une heure et plus.

Comment contrôler l'éjaculation ? Dès les premiers signes prééjaculatoires, l'homme doit cesser ses mouvements, retirer le pénis, le laissant engagé à demi-longueur et inspirer profondément par le nez, en gonflant le ventre ; répétée, cette inspiration abaisse la tension nerveuse. Si cela ne suffit pas, l'homme doit réduire son excitation cérébrale — qui exacerbe l'excitation pénienne — en déviant le cours de ses pensées : se concentrer sur l'importance de ne pas éjaculer afin de combler la partenaire et faire durer le plaisir réciproque ; ou même penser à des choses étrangères à l'amour, voire contrariantes (la facture du jour, le chef de bureau, etc.). Il vaut mieux battre en retraite trop tôt que trop tard. Progressivement, tout homme apprend à connaître son « point de non-retour ».

Faut-il libérer l'éjaculation ? Elle n'est pas indispensable à chaque rapprochement, car la caresse intérieure offre des plaisirs très grands, comme nous le verrons. Elle n'est pas souhaitable à chaque fois, car sa venue crée un réflexe conditionné (coït

= éjaculation) qui la rend automatique et inéluctable. Et surtout, l'absence d'éjaculation améliore les qualités de « l'après-amour ». Cependant, si la femme en souhaite une, il faut la lui offrir.

La multiplication des plaisirs

La femme est faite pour la caresse intérieure. Cet art corrige le décalage d'ascension du plaisir entre la femme et l'homme. En effet, la prolongation des contacts entre les muqueuses vaginales et péniennes permet à l'intumescence féminine d'atteindre toute son ampleur et procure à la femme un plaisir-excitation intense et durable avant de la propulser irrésistiblement vers les sommets orgasmiques. La maîtrise de l'éjaculation — évitant la phase réfractaire — garde près de la femme un homme dont le désir et l'érection demeurent vifs, ou même s'accroissent ; il pourra offrir à sa compagne de nouveaux envols, sans s'épuiser ni s'éteindre ; l'après-amour, dans ces conditions, devient un état de bien-être extraordinaire où tout est calme, luxe et volupté.

Une femme qui n'aurait pas encore connu l'orgasme trouverait également son compte dans la caresse intérieure. La phase plaisir-excitation constitue en soi une volupté d'un haut niveau. Et surtout la stimulation répétée des muqueuses féminines, dans une même séquence, puis jour après jour, érotise le vagin. A telle enseigne qu'un jour le bonheur suprême surviendra.

L'homme, lui, par la caresse intérieure, pourra élargir considérablement ses possibilités érotiques. La caresse intérieure amplifie les plaisirs de chaque étape de l'acte sexuel. La phase d'excitation, d'ordinaire brève et unique ascension qu'interrompt l'orgasme, devient une succession d'envols prolongés ; à chaque reprise, la volupté croît car la sensibilité des muqueuses s'aiguise, la congestion des vaisseaux se renforce et l'exaltation du cerveau redouble. Cette volupté infiniment longue, infiniment variée apporte à l'homme un bonheur qu'il ne soupçonnait pas. Le préorgasme est un plaisir si exquis qu'il atteint parfois à une intensité voisine de l'orgasme ; et, surtout, il peut se renouveler de nombreuses fois. L'orgasme éjaculatoire est un point culminant de plaisir et, comme tel, il est extrême mais bref ; et il est difficile, voire impossible à répéter de façon rapprochée. Hélas, son intensité, offusquant tous les plaisirs, en a fait l'objectif unique du mâle. Toutefois, quand un mâle découvre la volupté de la phase d'excitation et du préorgasme, volupté renouvelable à l'infini, nul doute qu'il la préfère à la fulgurance de l'éjaculation. Signalons que l'orgasme, quand on décide de le laisser venir, atteint, chez l'homme qui pratique la caresse intérieure, à une intensité fantastique. Enfin l'après-amour de la caresse intérieure est pour l'homme une révélation : revitalisé, détendu, toujours désirant, toujours aimant, il baigne avec sa compagne dans une véritable euphorie (50).

Si la caresse intérieure avait été découverte par nos lointains ancêtres, la femme ne les aurait pas effrayés et sa sexualité n'aurait pas été réprimée. Au total, c'est le couple que la caresse intérieure conforte car le plaisir partagé, le désir qui perdure et la reconnaissance réciproque nourrissent la tendresse, et bien au-delà du lit, au long des jours, l'état de grâce se prolonge. De là à penser que de cette harmonie pourrait naître l'harmonie du monde…

La caresse de la peau

Il est une autre façon, plaisante ô combien et nullement épuisante, de combler de bonheur une femme : c'est la caresse de la peau. L'amour, c'est plus que la rencontre des muqueuses génitales ; les êtres ont aussi un visage, des mains, un dos, des pieds. A la surface de nos dix-huit mille centimètres carrés de peau, un million et demi de récepteurs attendent des caresses. La caresse, en élargissant l'échange à toute la surface cutanée, sort l'amour du ghetto génital. Alors la sexualité accède à la sensualité, c'est-à-dire à l'art illimité de multiplier et de raffiner les sensations hédoniques (50).

Cultivons la caresse de prélude, d'interlude et de postlude. La relation peut même parfois ne pas forcément comporter de coït; apprenons à dispenser la « caresse gratuite », la caresse pour elle-même, sans intention de coïter. Plutôt que de toujours emprunter l'autoroute du coït, où l'homme se déchaîne comme s'il voulait en finir, empruntons les chemins buissonniers de la caresse à travers peau.

C'est, en vérité, ce que les femmes souhaitent. Ecoutez Sophie Chauveau: « *Du sperme, toujours du sperme, rien que du sperme, allons, un peu d'imagination, que diantre...* » « *Pour finir autrement, il faudrait peut-être commencer autrement... Bref inventer. Tracer et recréer chaque fois un petit chemin buissonnier où l'orgasme ne serait qu'une des facettes de nos étreintes* » (51). Catherine Rihoit renchérit: « *T'es pas sensuel, ça t'intéresse pas. Ce qui t'intéresse, c'est le pouvoir, me faire jouir... Je l'ai fait jouir... Je suis un chef. Mais une femme, tu comprends, c'est pas comme une voiture... Faut te détendre... Je veux de l'amour avec amour* » (52).

Il nous faut pour cela réapprendre la géographie sensuelle. De l'immense superficie de la peau et de ses parements — les muqueuses labiales, vulvaires, péniennes, anales —, il faut explorer les plateaux et les gorges, les collines et les vallées, les pics et les falaises et les moindres sillons et tous les pores. Avec la pulpe des doigts et la pulpe des lèvres. Les ongles et les dents. Et les cheveux. Avec les talons et les mamelons. Etc. (50)

Pour tirer de la caresse tous les bienfaits possibles, soyons infiniment présent. Oublions le passé et le futur. Chassons les pensées parasites. Soyons pleinement conscient de ce que nous faisons et recevons. Soyons précieusement attentif, réceptif. Tendons la peau comme on tend l'oreille. La peau qui reçoit doit recueillir tous les messages des doigts ; la main qui donne doit écouter tout ce qui vient de la surface cutanée !

Celui (celle) qui reçoit la caresse doit se concentrer sur son propre ressenti, être à l'écoute de son corps. Il (elle) ne doit pas hésiter à indiquer clairement ses désirs : préciser ses zones érogènes préférées, guider le (la) partenaire dans ses recherches. Si la main ou la bouche ne sont pas tout à fait où il faut ou si elles s'écartent, si le rythme et le mouvement ne sont pas satisfaisants, il faut le dire ou prendre la main et montrer ce qu'il faut faire. Et faire savoir s'il faut continuer et recommencer. Il faut parler tendrement, encourager et même faire des éloges : « C'est bien, mais ce serait mieux ainsi ; tu deviens orfèvre. » Ralentissons nos gestes pour multiplier chaque sensation et n'en pas perdre une miette. Concentrons-nous sur une sensation à la fois pour en jouir au maximum. Abandonnons-nous. C'est bien le plus difficile, mais c'est l'essentiel : redevenir quelque temps des enfants, retrouver la primeur de la sensation, la spontanéité des gestes, la créativité.

Caresser procure du plaisir, à soi-même et au partenaire. Le plaisir de l'autre vous revient sous forme de manifestations à peine perceptibles ou au contraire extrêmement vives : ce plaisir réfléchi amplifie le vôtre et repart vers le (la) partenaire en caresses encore plus chargées d'éroticité ; le plaisir entre les deux acteurs se décuple par un jeu de miroirs. Caresser, c'est aussi le meilleur moyen d'exprimer sa tendresse et de donner de l'affection.

Par la caresse intérieure, par la caresse de la peau, l'homme s'ouvre à l'érotique telle que les femmes la vivent déjà. Du sexe, le plaisir se redistribue à la totalité du corps qu'il irradie, qu'il irrigue, qu'il dilate, qu'il multiplie, qu'il transmute. Alors l'homme passe de l'organe à l'immersion, du rapport au ravissement, de l'orgasme à l'extase.

A condition que l'amour soit plus que de la technique, fût-elle experte. Les femmes en ont soupé des parfaits petits baiseurs, de leur panoplie de tours de main, de tours de reins. Elles veulent des adorateurs de la féminité, des amoureux fervents et inspirés, des hommes dont chaque geste soit aussi l'expression d'une authentique tendresse. Elles ne veulent plus qu'on leur fasse l'amour, elles veulent que l'on soit amour.

5

Les bienfaits de l'amour

À quoi sert le plaisir ?

L'union de la femme et de l'homme a deux effets : l'un, immédiat, est de procurer du plaisir, l'autre, différé, est de produire une fécondation. Mais le but, quel est-il ?

Les moralistes les plus durs, nous l'avons vu, affirment que la procréation est la seule finalité louable de l'acte sexuel, la volupté étant à éviter autant que possible. En dehors de la procréation, l'acte amoureux est à exclure et la volupté à proscrire.

Qu'en pensent les biologistes ? Fondamentalement, il est vrai que le but de la copulation est la reproduction des individus et la pérennité de l'espèce. Mais la volupté a également une importance capitale. Pour nous en convaincre, comprenons bien le rôle du plaisir chez l'être humain (53).

Le plaisir n'est pas une simple sensation subjective, c'est un phénomène biologique essentiel, une fonction. Cette « fonction », comme toutes les autres, a ses appareils, son innervation, ses centres cérébraux et ses substances chimiques. Les centres du plaisir se situent dans l'hypothalamus et le système limbique ; les substances sont des neurotransmetteurs et des neurohormones. Toutes sensations et activités agréables (boire, manger, chanter, faire du sport, créer, prier, faire l'amour, etc.) mettent en jeu les structures hédoniques cérébrales et s'accompagnent de sécrétions de substances hédoniques, en particulier d'endomorphines. Ces endomorphines, outre l'impression d'agréabilité qu'elles procurent, ont une action anti-anxiété, anti-stress, antidouleur, psychostimulante et même euphorisante.

A quoi sert le plaisir ? Grâce aux effets des endomorphines, le plaisir est un excellent antidote à l'anxiété, au stress, à la douleur et à la dépression. Autrement dit, il a un rôle tranquillisant, antalgique et antidépresseur. Sans lui nous serions exposés sans défense à l'angoisse, aux agressions, aux souffrances qui sont le lot quotidien de l'être humain. Notre vie ne serait qu'un long calvaire. Le plaisir nous permet donc de vivre et de survivre jour après jour, l'espoir de jouir faisant vivre et l'obtention du plaisir reconduisant le contrat vital. Le plaisir a véritablement un rôle existentiel. En outre, le plaisir stimule notre activité ; chacune de nos démarches étant gratifiée d'un plaisir-récompense, immédiat ou différé, nous sommes incités à agir.

Nous le voyons bien, le plaisir n'est pas un « à côté » de la vie et encore moins un « péché » : c'est le moteur même de la vie et le moyen de notre survie (53).

La volupté, ce plaisir qui accompagne les échanges amoureux, s'appuie également sur une fonction biologique : la fonction érotique. Et celle-ci utilise les structures de la fonction hédonique : mêmes centres, mêmes substances au nombre desquelles on retrouve les fameuses endomorphines. Au cours des jeux érotiques, les taux sanguins de ces substances s'accroissent considérablement et, au moment de l'orgasme, c'est un déluge d'endomorphines qui se déverse dans le sang. Elles procurent le bien-être qui caractérise l'acte sexuel et en particulier l'euphorie qui suit l'orgasme. D'autres drogues sont libérées par les systèmes limbiques et l'hypotalamus dans l'état amoureux. Elles excitent les centres de la bonne humeur et engendrent la joie. Par l'intermédiaire de ses drogues, le plaisir amoureux se révèle être le meilleur antidote de l'angoisse.

On conçoit mieux maintenant ce qu'est la volupté de l'acte d'amour. Elle n'est ni un accessoire et moins encore une faute. C'est un processus biologique normal et nécessaire : d'une part récompense de l'acte d'union, d'autre part, et c'est capital, moyen de rendre viable notre existence. «*Le règne périodiquement autorisé du principe du plaisir sert de consolation à l'être vivant se débattant péniblement dans les difficultés et il y puise courage pour poursuivre son effort*» (54).

Plaisir et santé

Pour se bien porter, rien ne vaut les échanges amoureux. Caresses, baisers, étreintes, union des sexes ont des vertus préventives et curatives étonnantes. Les caresses, en particulier, apportent nombre de bienfaits.

Tout d'abord, elles ont un effet tranquillisant : elles apaisent l'anxiété, elles relâchent les tensions nerveuses, elles procurent un heureux bien-être, voire une réelle euphorie. Un geste tendre et caressant vaut bien un Valium. Ces bienfaits relèvent de causes biologiques : la sécrétion des substances du plaisir. Ils ont également des fondements psychologiques : dans cette admirable régression que constitue l'abandon amoureux, le toucher affectueux réactualise les béatitudes de l'enfance ; et surtout, le toucher est un langage : il dit la tendresse, il affirme la sollicitude, il sécurise, il confirme la fin de la solitude. Dans le rapport sexuel, on peut se sentir seul à deux ; il peut être une recherche égoïste du plaisir. Dans la caresse, on est forcément deux ; la caresse est plus oblative, plus généreuse, plus gratuite. C'est une communion vraie.

Les caresses ont aussi un pouvoir antidépressif car elles associent les qualités des meilleurs antidépresseurs : l'anxiolyse et l'euphorie. Je suis persuadé qu'elles pourraient accélérer la guérison de bien des dépressions. Il n'y a pas de mystère à cela : la caresse agit, comme les thymoanaleptiques, en favorisant la sécrétion ou l'action des neurotransmetteurs et des neurohormones de la bonne humeur.

Les caresses ont également un formidable pouvoir défatigant. Tout se passe comme si entre la main qui caresse et le corps du receveur s'établissait un échange d'énergie. La chaleur de la peau, ses charges magnétiques et d'autres radiations encore inconnues qu'elle émet participent à cet échange. On peut aussi penser que les contacts cutanés rétablissent les circulations énergétiques le long des méridiens.

L'effet décontracturant des caresses et plus spécialement des massages est bien connu. Or, nous n'ignorons plus à quel point la répression incessante de nos pulsions rigidifie notre musculature jusqu'à en faire une carapace. Et combien les stress répétés crispent nos muscles. L'action myorelaxante s'explique par un mécanisme-réflexe : une stimulation, partie de la peau, se réfléchit sur les centres nerveux et va déclencher le relâchement des fibres musculaires. En nous décontracturant et en nous décontractant, les caresses font céder bien des douleurs ; celles liées aux contractures des muscles du dos en particulier (que d'algies étiquetées « rhumatismes » ne sont que des crispations de lutte ou de frustration) ; celles liées aux spasmes des organes (53).

Inversement, l'absence de caresses entraîne de nombreux maux. C'est que le besoin de contacts cutanés est un besoin universel et fondamental, aussi impératif que le besoin d'oxygène et de nutriments. Les caresses sont indispensables à l'équilibre physique et psychologique des individus. Chez l'enfant carencé, le développement psychomoteur est ralenti. Chez l'adulte frustré se développe insidieusement une tendance à la mélancolie et aux maladies psychosomatiques.

Vous le voyez, la caresse aux mille vertus est une autre façon de se maintenir en bonne santé (50).

Le plaisir nourrit l'amour

Le plaisir — sa promesse, son souvenir — engendre et entretient l'amour ; l'amour sans plaisir, l'amour gratuit n'existe pas. « *Un nouveau-né (...) n'éprouve aucun amour pour sa mère.* » « *L'amour de l'enfant naîtra du plaisir qu'il ressent au contact du corps maternel. Il associera ses expériences agréables à la personne de sa mère et se prendra d'affection pour elle.* » Il en est de même chez l'adulte : « *L'amour ne peut être isolé du plaisir. Il naît de l'expérience du plaisir et se maintient par son anticipation (...) Au fond de l'amour il y a un besoin biologique de contact et d'intimité avec quelqu'un d'autre* » (55).

Inversement, l'amour multiplie le plaisir. Il est difficile d'établir une relation intime sans savoir que l'autre vous porte un minimum d'estime et d'affection et sans espérer que cette relation durera. L'amour garantit de ne pas être exploité comme un objet sexuel à usage unique. La qualité et la quantité de plaisir sont en rapport avec le degré d'affectivité et d'engagement des deux partenaires.

Dans un couple, le raffinement voluptueux vole au secours de l'amour. Car, hélas, le désir peut s'amenuiser et l'amour s'user. Que font alors les êtres ? Ou ils se résignent et renoncent à la sexualité, ou ils changent de partenaire. Il y a une troisième voie pour le couple : c'est agrandir le champ du plaisir en faisant appel à l'imagination. C'était le but des traités d'érotisme orientaux. « *La principale cause de séparation des époux*, dit le *Kamasutra, celle qui jette le mari dans les bras de femmes étrangères et la femme dans ceux d'hommes étrangers, c'est l'absence de plaisirs variés et la monotonie. Aussi, si la femme varie les plaisirs, l'homme pourra vivre avec elle comme avec trente-deux femmes différentes et réciproquement* » (49).

Loin d'être une entreprise lubrique, la recherche érotique, en permettant au couple de perdurer, est une activité hautement morale.

Plaisir et harmonie sociale

Les misogynes prétendent que la sexualité féminine est incompatible avec l'organisation sociale et la cohésion familiale, et que ses exigences et ses provocations sont génératrices d'anarchie. Elles détourneraient les hommes de leur travail, ravageraient les couples constitués et dresseraient les hommes les uns contre les autres.

Il est facile de répondre à ces misogynes. D'une part, ce n'est pas la femme qui crée le désir de l'homme ; le désir préexiste en lui, elle le révèle seulement, le concrétise ; de même que l'homme révèle le désir de la femme et le polarise. Personne n'est coupable de provoquer l'autre : on ne peut accuser un fruit de sa propre faim. D'autre part, si, éventuellement, l'ordre est troublé par le débordement des désirs d'une femme, c'est que souvent son partenaire n'a pas su répondre à son attente. Parce qu'il a omis de prendre en compte la terrible dissymétrie des sexualités.

Comblée, la femme est même l'élément le plus solide et le plus loyal du couple. D'autant que des facteurs de stabilité pondèrent ses forces vives : la maternité et l'éducation des enfants. Le besoin de sécurité qu'ils impliquent nécessite une certaine constance de ses relations. De plus, sa structure affective la prédispose à s'attacher fidèlement à un partenaire et à subordonner sa sexualité à ses sentiments. La « libération » de la femme n'a pas modifié ces données fondamentales : la femme reste un être foncièrement sentimental qui ne peut valablement jouir qu'aimée et aimante. Satisfaite par son partenaire, elle ne recherche nullement d'autres satisfactions.

Le rendez-vous de la femme et de l'homme

La caresse pourrait être le geste qui fonde la relation nouvelle entre la femme et l'homme ; elle pourrait être le rendez-vous d'une femme nouvelle avec un homme nouveau. Le coït n'est souvent qu'un télescopage, une épreuve de force qui tourne à la domination de l'un — la femme ou l'homme ; la caresse, elle, implique l'égalité des rôles, des initiatives et des plaisirs ; elle exclut toute appropriation et exploitation ; elle est antisexiste.

Il serait bon de prendre comme modèle, pour les jeux de l'amour, la relation de la mère et de l'enfant. Il faudrait refuser la domination et se situer dans la tendresse. Déjà Ferenczi avait comparé la position des amants après l'orgasme, faite toute d'abandon, de tendresse, de confiance, de gratitude, à la relation mère-enfant (54). Il serait souhaitable que cet état d'esprit s'étende à l'ensemble des rapports de la femme et de l'homme.

« *On peut penser,* dit Frédérique Gruyer (56), *que sortir du rapport de forces équivaudrait à ce que s'établisse entre l'homme et la femme une relation mère-enfant réciproque. Imaginer l'amour physique à la fois comme le prolongement et le dépassement de la relation d'amour qui lie l'enfant à la mère (...) Cette tendresse, que pour l'heure je continuerai d'appeler maternelle, me semble être le signe précurseur de la fin des rapports de pouvoir.* »

Par la caresse, par le plaisir, cesse la peur de l'homme vis-à-vis de la femme.

L'amour, pas la guerre

La caresse, enfin, s'avère le meilleur antidote de l'agressivité. La main qui se tend, s'ouvre et touche tendrement ne pourra plus frapper. Et surtout l'être qui reçoit la tendresse sent s'apaiser ses remous belliqueux et, à terme, deviendra pacifique. Ainsi se rompt le cercle vicieux de l'agressivité suscitant l'anxiété et de l'anxiété alimentant l'agressivité. Je suis sûr qu'un jour l'amour et ses caresses sauveront le couple, sauveront l'humanité. C'est grâce à elles que les hommes renonceront à la guerre. Quand les enfants seront justement caressés, il n'y aura plus d'adultes violents. Quand les adultes jouiront d'un parfait bonheur érotique, il n'y aura plus de gouvernants « va-t-en-guerre ». Non plus que de citoyens assez hargneux ou peureux pour les suivre. La chair a mieux à faire que de s'offrir aux balles.

> « *Un jour pourtant, un jour viendra, couleur*
> *[d'orange*
> *Un jour d'épaules nues où les gens s'aime-*
> *[ront* » (57).

6

Le paradis retrouvé

L'amour, c'est vraiment le meilleur moyen de retrouver le paradis. Nostalgie d'un temps où il était heureux, espoir d'un lieu où il renouera avec le bonheur, l'idée de paradis hante le cœur de tout homme. Ce rêve n'est pas seulement celui d'un site où il vivrait agréablement, c'est surtout celui d'un espace où il pourrait acquérir une autre dimension, accéder à une certaine hauteur. Plus qu'un Eden, c'est un Cosmos : c'est la face sacrée de l'amour. Chaque homme peut le réaliser, pour peu qu'il renonce à la peur.

Retour à la mère

La relation entre un enfant et sa mère est la plus dense, la plus intense, la plus intime des relations humaines. L'amour de la mère est absolu. Les gestes maternels sont un modèle de tendresse, de sollicitude et d'abnégation : cette façon de le nourrir, de le toucher, de le laver, de le langer, de l'habiller, de le bercer, de le porter, de le caresser, de l'embrasser... Et maman est tellement tendre ; elle lui sourit et rit avec lui, elle lui chuchote des mots doux ou s'exclame d'admiration ; maman aime bébé à le croquer. Pour bébé, c'est la béatitude. Aussi bébé est amoureux de maman.

Dans le cœur de tout homme demeure la nostalgie de ce premier amour. C'est pourquoi il tentera, auprès des femmes qu'il approchera, de réactiver une relation semblable, voulant revivre auprès de son amante l'amour fusionnel qu'il a vécu avec sa mère. Mais cela, nul homme ne peut l'accepter.

Et pourtant, l'angoisse de l'homme face à la femme, sa maladresse, sa raideur viennent de ce qu'il souhaite souvent aimer et être aimé maternellement mais n'ose le reconnaître, et encore moins le demander.

Qu'est-ce qui retient l'homme ? D'une part, l'homme se doit d'être « viril », c'est-à-dire quelqu'un capable de dompter sa sensibilité et surtout de s'interdire la moindre demande et le moindre abandon ; un « vrai homme » ne peut être à aucun moment puéril ou maternant vis-à-vis de sa partenaire. D'autre part, l'homme se plie abusivement à l'interdit de l'inceste : il n'est pas question pour lui de voir dans l'amante une mère, car l'amour entre un fils et sa mère est frappé par le plus implacable des tabous. Tabou dont Freud a embrouillé l'interprétation en prétendant que tout garçon était *sexuellement* amoureux de sa mère et que c'était la peur d'être castré par son père qui l'empêchait de réaliser ses désirs ; sa théorie a suffisamment perturbé les esprits. Heureusement, les psychanalystes actuels s'accordent pour penser que les relations mère-fils ne sont pas d'essence sexuelle ; leur force, leur proximité sont d'une autre nature ; ils affirment même que l'évitement de l'inceste prend sa source justement dans la puissance de cette affection spécifique. D'ailleurs, des travaux récents ont prouvé que le refus de l'inceste avait également une composante génétique.

Dès lors, et à condition que l'homme accepte sa part sensible, plus rien ne s'oppose à ce que celui-ci chérisse son aimée — et s'en fasse chérir — à la manière de l'enfant et de sa mère. D'autant que la femme souhaite également retrouver une relation aussi intime, aussi intense, aussi sécurisante.

Alors laissons-nous guider par le modèle mère-enfant. Pratiquement, il s'agit pour la femme et pour l'homme d'avoir pour leur partenaire la même tendresse, la même sollicitude et la même abnégation que la mère pour son enfant. Que les gestes amoureux soient aussi spontanés, candides, inventifs, passionnés que les gestes maternels. Que les amants s'abandonnent aux soins l'un de l'autre, s'ouvrent à leur tendresse. Que chacun soit, tour à tour, l'enfant et la mère. C'est cela, le paradis retrouvé.

Retour aux sources

Le paradis rêvé, c'est aussi cette période bénie qui précède la naissance. En ce temps-là, dans le sein de sa mère, l'être vit au comble du bonheur. Flottant dans le liquide amniotique, comme en apesanteur, isolé des bruits — ou presque —, protégé des contacts — ou presque —, bercé par les mouvements de sa mère et par les battements de son cœur, à l'abri de la faim, du froid, de la souffrance, de la solitude, il connaît la fusion amoureuse et la quiétude absolues.

Eternel naufragé jeté sur la grève d'un monde glacial et rude, l'homme se souvient de l'antique plénitude. Selon Ferenczi (54): «*L'homme cherche perpétuellement à rétablir la situation qu'il occupait (...) dans le sein maternel (...) au moyen d'hallucinations.*» Il s'y emploie par les rêves, par les fantasmes et surtout par l'activité sexuelle. «*L'acte d'accouplement (...) est en réalité l'expression du désir du retour dans le sein maternel.*» Tous les modes d'effraction sont bons — caresses, baisers, morsures, enlacements, coïts, sodomie — quand il s'agit de pénétrer le corps de l'autre. Tous ses pores, tous ses orifices en sont le chemin. Mais le coït, l'effraction la plus intime, réalise au mieux le désir archaïque.

Déjà, l'odeur du sexe féminin enivre l'homme et réveille son fantasme d'entrer et de se lover dans le ventre chéri et convoité. C'est que cette odeur est la première perçue à la sortie de l'utérus. Il se serait alors créé, selon Groddeck (58), une association entre la vie intra-utérine et cette impression olfactive, association inscrite de façon indélébile dans notre mémoire. *A fortiori*, la vue de la vulve offerte fascine l'homme et exalterait son rêve autant que sa pulsion.

Alors l'homme confie à sa verge, son organe le plus précieux, auquel il s'identifie, le soin d'entrer dans le corps féminin, ex-maternel. Démarche purement symbolique : l'introduction de son moi n'est que partielle et temporaire. Heureusement, là, il peut aussi déposer son sperme, sa chère sécrétion dont il fait son représentant le plus élaboré : là, au plus profond et pour longtemps. Elle pourra même engendrer un autre moi, bien niché, lui, au saint des saints.

Ainsi, dans l'amour, l'homme réalise son désir de réintégrer la vie intra-utérine de trois façons : la première est uniquement hallucinatoire, ce sont les jeux de peau ; la deuxième est partiellement réelle, c'est l'intromission du pénis ; la dernière est authentique, c'est l'éjaculation. C'est en cela que l'acte d'amour est un retour au paradis perdu.

La femme aussi rêve de s'immerger de nouveau dans la paix et la douceur de l'antre maternel. Elle y arrive par le truchement de ses fantasmes.

Retour à la mer

En vérité, le séjour dans le ventre maternel n'est qu'un épisode de l'épopée cosmogonique que la vie a déjà écrite. L'amante ne serait que la porte océane d'un passé plus vaste, d'une immersion plus lointaine, plus totale. Et l'amour, le désir de plonger au plus profond de la plus ancienne quiétude connue de mémoire de cellule. Le coït est « *la satisfaction de l'instinct de retour à l'océan, ancêtre de toutes les mères* »... L'amour est « *la reconstitution de l'état fœto-infantile d'union à la mère et en même temps à ce qui en est la préfiguration géologique : l'existence océanique* » (54).

L'homme descend du... poisson. Sa mémoire conserverait la connaissance inconsciente de ses origines aquatiques. Il y a de cela des milliards d'années, le globe terrestre était entièrement couvert d'eau. Les poissons y vivaient heureux. Quelques millions d'années plus tard, survient la grande catastrophe : en divers points, les fonds marins se soulèvent et émergent. Sur ces zones sèches persistent néanmoins des flaques de mer où des poissons subsistent. Peu à peu ces étendues d'eau se rétrécissent et nos ancêtres, s'ils veulent survivre, doivent s'adapter à une vie amphibie. Pour puiser l'oxygène dans l'air, ils s'adjoignent des poumons, pour chercher leur nourriture, ils apprennent la reptation, puis la locomotion. Mais pour se reproduire sur un sol sec, comment faire ?

Dans la mer, nos ancêtres se contentaient de déverser ovules et spermatozoïdes à vau-l'eau ; ceux-ci y survivaient parfaitement et s'y dispersaient, le hasard finissait bien par faire se rencontrer les uns et les autres. Par contre, jetées sur la terre, les cellules germinales se desséchaient sur place et mouraient. Il fallait donc les déposer directement dans l'organisme d'autres individus dont le ventre serait, telles des flaques de mer, prêt à recevoir les gamètes. Autrement dit, il fallait rétablir à l'intérieur des « mères » un milieu aquatique, riche en oxygène et en nourriture, équivalant à la mer, pour assurer la survie des cellules germinales.

Parlant d'un de ces premiers animaux amphibies, Bölsche écrit : « *Le corps de la mère, c'était la mare de la salamandre, c'est dans le corps de la mère qu'elle vit toute sa vie branchiale.»* Ferenczi, extrapolant à l'homme, confirme: «*Le liquide amniotique figure l'océan introjecté dans le corps maternel; l'embryon y baigne comme un poisson dans l'eau*» (54). L'existence intra-utérine des mammifères reflète l'existence marine de leurs prédécesseurs. Haeckel résume le processus en une loi classique: «*Dans le développement de l'embryon se trouve répétée toute l'évolution de l'espèce.*» Et «*de la vie*» pourrait-on ajouter: de la cellule à l'enfant en passant par le têtard et le poisson.

La «*régression thalassale*», c'est le désir de retour à l'océan abandonné dans les temps anciens. Elle se réalise par l'activité sexuelle. A travers la femme, c'est la mer que l'homme tente de retrouver. Dans les rêves, les délires, les mythes, la femme symbolise souvent l'étendue marine. L'odeur du sexe féminin, semblable aux effluves marins, stimule la mémoire et le désir de l'homme; de fait, il est prouvé que les sécrétions génitales féminines contiennent du triméthylamine, substance qu'on trouve sur les écailles des poissons.

Alors quand son pénis, auquel il s'est identifié, frétille dans le corps de la femme, quand ses spermatozoïdes nagent dans les eaux féminines, l'homme réalise son fantasme de retour à la paix océane. Ici encore, l'amour, c'est le paradis retrouvé.

Fusion pour l'éternité

L'âge d'or, c'est ce temps divin qui précède l'expulsion du paradis terrestre. Le bonheur, alors, pour Adam et Eve, ce n'est pas seulement de vivre sans peur, sans labeur et sans souffrance dans un Eden baigné de soleil, regorgeant de fruits, bruissant de fontaines et égayé du chant des oiseaux; le bonheur, pour la première femme et le premier homme, c'est essentiellement de vivre la plénitude de l'union. Bien que matériellement distincts, ils sont étroitement unis, se sentent un tout. « *Ils étaient nus et n'en avaient point honte* » (la Genèse). Oui, ce qui faisait les délices de ce jardin, c'était aussi la volupté : en hébreu, *Eden* signifie « volupté ». Car cet âge était, comme le dit Hugo le visionnaire, l'âge de l'amour : « *Il semblait avoir vu l'Eden, l'âge d'amour, les temps antérieurs, l'ère immémoriale* » (*La Légende des siècles*).

C'est alors qu'ils désobéiront et seront chassés du paradis. Aussitôt Adam reproche à Eve de l'avoir tenté et celle-ci à l'homme de l'avoir dénoncée. Ils ne s'aiment plus comme avant, ils se séparent, ils deviennent étrangers, ils ont honte de leurs âmes désunies, de leurs corps écartés : « *Ayant cousu des feuilles de figuier, ils s'en firent des ceintures.* » Dès lors, ils ont le sentiment d'une absolue séparation. Seul l'amour peut les réunir, les refaire un. L'amour, pont jeté par-dessus la scission originelle, l'amour, aspiration à reconquérir le paradis perdu.

Au-delà de la mère, au-delà de l'âge d'or, plus loin même que l'océan, l'amour projette l'être à la source du monde, à la création. Qui a aimé a ressenti cela. Le tantrisme a fait de cette intuition une pensée structurée. Philosophie hindoue, vieille de vingt mille ans, sa pratique vise à atteindre l'« illumination ». C'est un état mental qui permet de connaître, dans leurs vérités premières, la raison d'être des choses et des êtres. Ces vérités sont en nous, l'intuition suprême nous les révèle. Pour parvenir à l'illumination, il faut exalter toutes nos facultés psychiques : l'intelligence, la sensualité, l'émotivité, mobiliser toutes les énergies disponibles, par des activités qui engendrent du plaisir et des émotions ; les arts, l'amour par exemple : « *Elevez vos plaisirs à leur plus haut degré de puissance ; puis faites-en le combustible spirituel* » (59).

L'exaltation sexuelle, représentant le paroxysme de l'énergie en éveil, est le moyen privilégié de parvenir à l'illumination. La voie de l'extase charnelle est la voie de l'extase cosmique. Par l'accouplement, l'être remonte jusqu'au sommet de l'échelle de « la Genèse ». Au premier échelon, Sakti, le principe femelle, danse ; ses mouvements tracent la trame de l'univers, de son ventre mouvant naissent les myriades d'êtres, de choses qui composent l'univers. Au deuxième échelon, Çiva, le principe mâle, apparaît et s'approche de Sakti ; ils s'attirent puissamment. Un degré de plus, et ils se font face. Encore un degré, et ils s'enlacent étroitement, puis s'unissent : c'est la béatitude. Enfin, au degré le plus élevé, Sakti et Çiva ont fusionné, c'est la plénitude. Ils ont reconstitué l'état d'union originel, ils forment un Tout suprême. Ils ont accédé à la connaissance de la vérité totale, à l'acte continu de création. Le corps contient tout l'univers (59).

Sakti et Çiva, c'est aussi la femme et l'homme. L'expérience sexuelle, affirment les tantristes, permet de transcender l'état de séparation. « *L'union sexuelle cesse d'être une conjonction de deux recherches égoïstes pour devenir la manifestation de la totalité à travers deux instruments cosmiques : les corps* », affirme Odier (60). Il poursuit : « *Le couple, réuni dans l'harmonie totale, est alors transporté par l'illumination. Ils pénètrent tous les deux dans le Nirvana. Il n'y a pas de plus haute réalisation spirituelle. Cette suprême réalisation est le couronnement et l'achèvement total de la destinée humaine en sa cime la plus haute. Elle est l'éternité même dans le noyau de l'être* » (60).

En Inde, nous le voyons, l'aspect religieux de l'amour l'a emporté sur la peur. L'érotisme est une activité sacrée. Le désir est d'essence divine : « *Je suis dans les êtres le désir,* dit Krishna, la divinité suprême, *le plaisir sexuel est promu au rang de joie la plus proche de la réalisation divine* » (56). Les recueils de préceptes érotiques sont partie intégrante des livres de prières. Dans les oratoires, les fidèles, enfants comme adultes, vénèrent des statues qui figurent un phallus serti dans une vulve.

Aux frontons des temples sont sculptés des couples aux corps noués et aux visages extasiés.

En Chine, depuis des millénaires, on tenait le même langage. « *Le taoïsme,* écrit Jolan Chang (14), *enjoint à ses adeptes de cultiver leurs goûts, de mener une vie saine et de jouir pleinement des joies terrestres ou célestes. Il n'existe pas, pour le taoïste, de démarcation entre ces joies, elles coïncident avec l'extase, car lorsqu'il savoure ce que lui offre la nature ou l'art, il est en communion avec l'univers, terme par lequel il désigne Dieu.* » Il continue : « *Les taoïstes pensaient que l'harmonie sexuelle faisait participer la personne humaine à l'énergie infinie de la nature... La Terre était l'élément féminin, ou Yin, et le ciel l'élément masculin, ou Yang. L'interaction de ces deux éléments formait un Tout. Par extension, l'union de l'homme et de la femme créait aussi une unité.* »

Cette union, commente Marc de Smedt (28), c'est la « *perle de feu (...) Cette gemme mystérieuse est le symbole parfait des énergies Yin et Yang devenues une, pure énergie vitale, condensé d'énergie cosmique. Et peut-être alors les parties secrètes de l'être s'ouvrent et il peut contempler son visage comme il était avant sa naissance, c'est-à-dire revenir à sa racine originelle, se fondre dans la vallée du monde* ».

Comparons ces discours et ceux de nos prêtres... Et songeons à ce qui se passe dans la tête des petits hindous adorant la statue du lingam joint au yoni : « *Pour eux, l'union des sexes était déjà liée au sacré, à l'amour.* » Tandis que nous, « *nous n'avons cessé de séparer le spirituel du sexuel, le sexe de l'amour* » (56).

Car chacun est Dieu en l'autre

Le paradis recherché à travers l'acte d'amour, ce ne sont pas seulement ces agréables moments qui nous aident à supporter la vie terrestre. Ce que nous recherchons, c'est aussi l'accès à un autre état de conscience, l'ouverture vers d'autres perspectives. Nous hisser, nous élargir, voilà ce à quoi nous aspirons. Afin de surmonter pour un temps notre solitude, notre finitude ; c'est en cela que le plaisir amoureux est une expérience métaphysique.

C'est en nous unissant à l'autre que, soudain, nous trouvons cette autre dimension. Georges Bataille affirme que « *tout érotisme est sacré car la recherche d'une continuité de l'être est une démarche essentiellement religieuse* » (61). L'être est une réalisation fermée, isolée ; entre un être et un autre, il y a un abîme insupportable. La démarche érotique a pour effet d'ouvrir l'être à un autre, de jeter entre eux un pont par-dessus le vide, puis d'opérer la fusion. La jouissance est le bonheur éperdu de contempler la continuité qui les unit. Relier les êtres, n'est-ce pas, par définition, le rôle d'une religion ?

Mais l'érotisme a des effets plus admirables encore : dans l'union amoureuse, ce n'est pas seulement l'autre que nous découvrons, ce sont les autres aussi. Epanouis, les amants s'ouvrent aux êtres, se font plus accueillants, plus tolérants, plus serviables. La relation duelle est la matrice d'une relation plus vaste. L'amour à deux, quand il est réussi, est prémices de l'amour universel.

Il est un aspect plus grandiose encore du plaisir amoureux : au-delà de l'autre, au-delà des autres, c'est à l'univers qu'il nous relie surtout. L'amour qu'il génère déborde les humains et s'étend à tous les êtres vivants, animaux et végétaux. On sent bien que l'amour — le désir, le plaisir — n'est autre que le frémissement de la vie qui nous traverse, à l'unisson de tout ce qui vit. On aime et on vit comme aiment et vivent à leur façon l'oiseau et la fleur. L'amour nous situe dans la communion des vivants. Il est célébration de la vie. Il est hymne à la création. N'est-ce pas le sens des paroles de

Pierre Teilhard de Chardin: «*L'amour est une messe sur le monde*»?

J'affirme même que l'amour — le désir, le plaisir — efface la frontière entre ce que l'on appelle vie et ce qu'on appelle matière. Car le plaisir est une coïncidence absolue entre l'esprit et le corps. Et tout se passe soudain comme si nous n'étions plus ni corps ni esprit, mais mouvement. Et que nous participions alors au ballet universel: à la danse des atomes ou au périple des astres. Vibrations devenus, nous résonnons avec les infiniment petits et dérivons avec les infiniment grands. Et accédons à l'infini. «*La jouissance,* écrit Frédérique Gruyer, *est un passage spatial de l'être à l'univers... Le sacré, c'est ce qui allie l'être à l'univers... Dans le moment hallucinatoire où les limites du corps s'effacent, la frontière s'abolit de soi à l'autre, de l'intérieur à l'extérieur. Dans cette échappée le corps s'ouvre à l'infini*» (56).

De même qu'il efface toute frontière dans l'espace, l'érotisme supprime toute limite dans le temps. Qui, dans les bras d'une femme, n'a cru dériver sur un océan où se diluait le ciel? Qui, au décours de l'acmé, n'a senti s'écarter les limites de toute chose et le temps se suspendre? «*L'illumination est un arrêt, une suspension du temps. Moment d'immortalité où le présent fulgure*» (56). Alors si, comme le dit Rimbaud, l'éternité, c'est «*la mer allée avec le soleil*», l'amour qui éblouit et emporte est la porte de l'éternité. Ainsi va l'homme, dans l'acte d'amour, de la femme à la mère, de la mère à la mer, de la mer à l'éblouissement. Ce retour à l'éternité, c'est aussi le paradis retrouvé.

Qui peut nier que le plaisir amoureux qui nous propulse à un tel niveau de conscience est, *ipso facto*, sacré? Il fallait que les hommes, en Occident — les clercs plus spécialement — eussent bien peur de la femme pour combattre la pulsion amoureuse en usurpant l'autorité de Dieu, et pour se condamner eux-mêmes au célibat. Ils se sont ainsi privés, et ont privé des millions d'hommes, de la dimension altruiste et sacrée de l'amour humain. Engouffrant temps et énergie dans cette lutte stérilisante, prêtres et fidèles ont négligé la vraie parole: «*Aimez-vous.*» Que de siècles perdus!

La peur d'être Dieu

«Fantasmes que tout cela!» diront certains. Oui, mais non fantasmagories. Fantasmes jaillis brûlants du *ça*. Car le plaisir induit un état de conscience particulier où s'abolit la limite entre le conscient et l'inconscient, où le *ça* devient accessible à la conscience. Sigmund Freud (62), en 1929, dans une lettre à Romain Rolland, avoue qu'il n'entend rien au sacré et déclare: «*La mystique m'est aussi fermée que la musique.*» Or, paradoxalement, c'est lui qui donne une définition du mysticisme qui confirme ce que j'avance: «*C'est,* dit-il, *l'autoperception obscure du règne du* ça, *au-delà du moi.*» S'ouvrir tout grand à la richesse de son inconscient, c'est un «plus», que je sache? D'autant que le *ça* est aussi le siège de l'inconscient collectif. En accédant au *ça*, la conscience individuelle s'ouvre à la conscience universelle. Fantasmes, donc, mais qui nous ramènent aux sources du psychisme et confirment l'universalité de l'amour et du plaisir.

«Soit! Mais les endorphines...? N'est-ce pas les endorphines qui donneraient aux amants des âmes de philosophes et leur feraient entrevoir des paradis cosmiques?» Qu'importe si ces états d'âme sont le produit de nos endorphines. Ce qui compte, c'est d'accéder à ce niveau suprême de conscience. Qu'importe le flacon pourvu qu'on ait l'ivresse! Surtout quand le flacon a pour nom amour et que l'ivresse fait aimer l'autre, les autres, la vie, le monde. Il l'avait bien dit, Antonin Artaud, « *c'est par la peau que la métaphysique entre dans l'homme* ».

In fine, je me demande si ce qui retient l'homme occidental est non pas la peur de Dieu, mais la peur d'être Dieu. Jadis, cela lui avait coûté cher, n'est-ce pas ?

7

Être femme? Être homme?

La mâle peur, il fallait la dénoncer, l'extirper et lui substituer une vision plus heureuse de la femme, une conception plus harmonieuse de l'amour. Il faut maintenant aller plus loin et inventer une autre façon d'être homme, d'être femme et une relation nouvelle entre l'un et l'autre. Encore faut-il que l'on sache ce qu'est une femme, ce qu'est un homme. Voyons donc dans un premier temps ce que l'on entend actuellement par un « homme », une « femme », comment ils se créent, comment ils sont faits.

La création de la femme

Etre femme résulte de la conjonction de plusieurs éléments déterminants, les uns biologiques, les autres sociaux.

1. Le sexe génétique féminin : la femme porte sur la carte chromosomique de ses cellules une paire de chromosomes X : elle est XX. Le sexe génétique s'instaure à l'instant même de la conception, quand se rencontrent l'ovule et le spermatozoïde, chacune des semences apportant un chromosome X. En quelques semaines les paires chromosomales XX

induisent chez l'embryon l'apparition des ovaires. Ceux-ci ne tardent pas à sécréter les hormones féminines, ou œstrogènes, qui déclenchent aussitôt la formation des voies génitales femelles (les trompes, l'utérus et une partie du vagin) et s'en vont imprégner l'ensemble du corps et le cerveau ;

2. Le sexe gonadique : être femme, c'est posséder des glandes sexuelles — les ovaires — qui produisent des ovules.

3. Le sexe hormonal : chez la femme, les glandes sexuelles, ou ovaires, sécrètent des œstrogènes. Hormones de la féminité, les œstrogènes provoquent l'ovulation, régissent la menstruation et déterminent l'apparition des « caractères sexuels secondaires » féminins, dont ils assurent ensuite la maintenance.

4. Le sexe morphologique : extérieurement, la femme se distingue justement par ses caractères sexuels secondaires — les organes génitaux externes (la vulve, le vagin et leurs sécrétions), les seins, la pilosité spécifique (le triangle pubien, entre autres), l'épaisseur et la répartition particulière de la graisse (la prépondérance sur la moitié inférieure du corps : hanches, fesses, cuisses), la finesse de la peau, le timbre aigu de la voix. Autres propriétés morphologiques féminines, celles-ci d'origine génétique : une taille plus petite que celle de l'homme, un bassin plus large, une masse musculaire moindre.

5. Le sexe psychologique : le psychisme féminin se constitue sous diverses influences.

— Les facteurs génétiques : les chromosomes jumeaux XX induisent une structure psychologique propre à la femme. Pendant des millions d'années, les rôles dévolus à la femelle, puis à la femme, par la nature et par le groupe ont élaboré chez elle un mode de pensée, une affectivité, une sensibilité et des comportements propres qui ont forcément marqué le code génétique. Celui-ci, à son tour, transmet aux générations suivantes cette façon d'être spécifiquement féminine.

— Autres facteurs innés: les œstrogènes influencent, dès les premières semaines de la gestation, le cerveau du fœtus. Contrairement à ce qu'avait affirmé Simone de Beauvoir, on peut dire que l'on naît femme.

— Les facteurs fonctionnels: la fonction fondamentale que la nature a confiée à la femme, la maternité (concevoir et élever les enfants), façonne son psychisme. Donneuse et gardienne de vie, chacune de ses attitudes, chacun de ses gestes est d'amour; la maternité est une école de tendresse. Par ailleurs, c'est la maternité qui détermine le champ d'action de la femme; c'est l'intérieur du cercle, à savoir le foyer et ses alentours où elle élève les petits, prépare les mets, tisse les étoffes, etc.; cette expérience n'a pu qu'influer sur sa façon de penser, de sentir, d'agir.

— Les facteurs hormonaux: les œstrogènes continuent de baigner le cerveau de la femme, de la puberté à la ménopause.

— Autres facteurs acquis: les hommes, dans le but d'imposer à la femme un rôle à leur convenance et de la soumettre à leur autorité, modèlent le psychisme féminin. Ce montage culturel constitue le «genre» féminin. Y participent: l'éducation, les législations civiles et religieuses, les traditions et les mythes. Le modelage commence dès l'enfance: c'est la façon de toucher la fillette et de lui parler; c'est ce qu'on lui demande de faire; c'est le choix des jouets. Tout est indication à se ranger dans son stéréotype. Ce conditionnement se poursuit toute la vie: dans les contacts personnels, dans la discrimination en matière d'enseignement et d'emploi, dans ce que disent et montrent les médias, dans ce qu'expriment les arts, les femmes sont sans cesse renvoyées à leur genre.

Le cerveau, support du psychisme, est lui-même

sexué ; autrement dit, le cerveau de la femme est différent de celui de l'homme. Comment pourrait-il en être autrement, alors que tous les facteurs suscités interviennent depuis des millénaires et que, chacun le sait, la fonction crée l'organe ? Les problèmes posés au cerveau féminin, les solutions qu'il leur oppose, mobilisent telles cellules cérébrales, mettent en jeu tels circuits, telles connexions ; à la longue, ces neurones et ces synapses sont confirmés et une organisation cérébrale spécifique s'établit. Si certains auteurs peuvent prétendre qu'il n'y a pas de différence entre le cerveau féminin et le cerveau masculin, c'est que les moyens d'exploration du cerveau, en dépit de progrès considérables, ne sont pas encore assez fins pour mettre en évidence de telles nuances. On ne sait guère plus différencier le cerveau d'un homme de celui d'un autre homme de caractère opposé.

Nous le voyons, le psychisme de la femme est la résultante de nombreux facteurs naturels (génétiques, biologiques) et culturels, et non un produit entièrement fabriqué par le patriarcat comme l'ont prétendu certaines féministes. Il existe, nonobstant le « genre féminin », une psychologie spécifiquement féminine : une approche et une perception des êtres, de la nature et des problèmes propres à la femme. Cette spécifité, les féministes l'ont refusée au nom de l'égalité et parce qu'elles n'en voyaient que les faiblesses face à l'homme et les déformations induites par celui-ci.

La création de l'homme

Etre homme, c'est également le résultat d'une combinaison de facteurs biologiques et sociaux.

1. Le sexe génétique masculin : être homme, c'est porter sur sa carte chromosomique deux chromosomes différents : un X et un Y. Le sexe génétique s'instaure à l'instant où l'ovule et le spermatozoïde

fusionnent, l'un apportant un chromosome, l'autre le second. Le chromosome Y porte un gène (le T.D.F.) responsable de la masculinisation. Sous son action, en quelques semaines, les testicules se forment et se mettent à sécréter l'hormone mâle, la testostérone. Celle-ci fait bientôt apparaître les voies génitales mâles internes et va imprégner l'ensemble du corps et le cerveau. Au niveau cérébral, l'hormone agit tout particulièrement sur l'hypothalamus, centre de l'instinct agressif et de la pulsion sexuelle, prédéterminant déjà le comportement du mâle. Le cerveau est donc sexué dès les premières semaines de la vie intra-utérine ; aussi, à la naissance, il n'est nullement une cire molle dont l'éducation fera un homme ; l'éducation ne fera que confirmer ce que la biologie a préformé. Elisabeth Badinter défend une thèse selon laquelle, en raccourci, l'embryon mâle, s'il n'était pas mâle, serait femelle... le mâle n'étant en quelque sorte qu'une femelle manquée. Belle réplique à Aristote qui prétendait que « la femme est un mâle mutilé », mais affirmation discutable car la masculinité s'installe d'emblée solidement et suivra, lors des étapes ultérieures, un destin biologique bien tracé.

2. Le sexe gonadique : être homme, c'est posséder des glandes sexuelles — les testicules — qui produisent des spermatozoïdes.

3. Le sexe hormonal : chez l'homme, les glandes sexuelles, ou testicules, sécrètent de la testostérone. La sécrétion, qui s'était réduite à la naissance, reprend de plus belle à la puberté pour se maintenir la vie durant. La testostérone régit la production des spermatozoïdes et déclenche l'apparition des « caractères sexuels secondaires » masculins, qu'elle entretient ensuite ; elle détermine aussi la morphologie et le psychisme de l'homme.

4. Le sexe morphologique : l'anatomie du mâle est commandée par l'action combinée du gène Y et de la testostérone. L'hormone mâle est la maîtresse

d'œuvre des « caractères sexuels secondaires » masculins : la verge, la pilosité spécifique (poils abdominaux et thoraciques, barbe, moustache, etc.), la musculature importante (les androgènes sont des anabolisants qui favorisent la synthèse des protéines musculaires), l'épaisseur de la peau, le timbre grave de la voix. Autres particularités de l'homme, génétiques celles-ci : une taille plus grande, un squelette plus massif, des épaules plus larges que les hanches.

5. Le sexe psychologique : l'homme a une structure psychologique spécifique, plusieurs facteurs en sont responsables.

— Les facteurs génétiques : c'est le chromosome Y qui induit les particularités du mental masculin. Pendant des millénaires, la nature et le groupe social ont confié à l'homme des tâches originales ; à la longue, son encéphale en fut forcément modifié ; les modifications se sont inscrites sur les chromosomes qui, en retour, induisent une façon d'être spécifiquement masculine.

— Autres facteurs innés : pendant la gestation, le cerveau de l'embryon puis du fœtus a été imprégné de testostérone ; cette hormone le prédispose à des comportements typiquement mâles, comme nous le verrons.

— Les facteurs fonctionnels : les fonctions que la biologie et la société ont confiées à l'homme ont forgé son psychisme. Le champ d'action de l'homme se situe au dehors du cercle, là où il chasse. Il doit y affronter les animaux, les éléments naturels et les ennemis. Il y découvre d'autres espaces, d'autres horizons. Plus tard, quand il prendra le pouvoir à l'intérieur du cercle, il aura à y maintenir l'ordre et à le défendre contre les agresseurs. L'homme, on le voit, est presque toujours en situation de conflit : s'il ne domine pas, il sera dominé. Tout cela n'a pu que créer une mentalité spécifique.

— Les facteurs hormonaux : la testostérone qui

imprègne le cerveau, et spécialement le centre hypothalamique de la pulsion agressive dès la vie utérine, est responsable de l'agressivité du mâle. Si elle le rend battant et entreprenant, elle le fait aussi bagarreur et dominateur. On peut dire que l'ère patriarcale est l'ère de la testostérone mise au service du « mal ».

— Autres facteurs acquis : les pressions sociales imposent aux hommes des comportements conventionnels. L'éducation, les religions et les traditions contribuent à lui inculquer ces conduites.

De sa naissance à l'âge de sept ans, le garçon vit dans les bras ou dans les jupes des femmes : mère, sœur aînée, nourrices, tantes, etc. Avec sa mère, il connaît la relation physique et affective la plus intime qui soit. Corps à corps où le bonheur entre par la bouche et par tous les pores de la peau. C'est sa première et sa plus belle histoire d'amour. Mais le petit homme devra y renoncer ; à sept ans, il comprendra que l'homme de maman, c'est papa. Peu à peu, il réalisera qu'un homme est « fait pour se battre et commander ». Il devra quitter le tendre cercle et affirmer sa masculinité.

Son programme génétique, joint à l'hormone mâle, va l'aider à s'accomplir. Déjà, ils l'avaient préformé pendant la gestation. Le garçonnet est plus turbulent, plus brutal, plus agressif que la fillette et ses pôles d'intérêt spontanément différents. A la puberté, une flambée de testostérone confirme sa mâlité. Parallèlement, son éducation contribuera à confirmer son identité : « Un homme, ça doit faire ceci », « Un homme, ça ne fait pas cela », ne cessera-t-on de lui répéter. A l'adolescence, une « initiation » parachèvera sa rupture d'avec le pays des femmes et le fera passer dans le monde viril : rites initiatiques tribaux, fréquentation des collèges masculins, pratique de sports, service militaire, etc.

Les éducateurs et les initiateurs forcent le dressage, et les mâles dépassent la mesure : jetant aux orties leurs oripeaux féminins, ils se bardent de froideur, de dureté et déchaînent leur agressivité, leur violence. Par peur de n'être pas ou de ne pas paraître assez homme. Par crainte de retomber dans la féminité; la leur qui affaiblit, celle des femmes qui assujettit. Tous les investissements sont possibles pour affirmer sa virilité : la chasse farouche, le sport brutal, l'implacable affairisme, l'intellectualisme froid, l'idéologie fanatique, le crime, la guerre. Tout est bon, pourvu que se déploie la musculature, s'exerce l'agressivité, se réalise la domination et s'oublie la tendresse !

À la recherche d'un portrait

Il est difficile de décrire la femme et l'homme sans tomber dans le lieu commun ou la caricature. Difficile, car ce que l'on connaît de l'une et de l'autre, c'est ce qu'en a fait le règne des hommes, portant aux nues certains aspects des mâles, en écrasant d'autres, et faisant de même pour la femme. Qui est vraiment la femme ? et l'homme ? Pourtant, il faut bien tenter de préciser ce qui est, avant d'envisager ce qui serait souhaitable.

Chez la femme, le plus souvent, le cerveau droit prédomine ; sa pensée est plus intuitive ; elle est plus globale aussi : la femme pense avec tout son être — son esprit, certes, mais aussi son cœur et son corps. La femme est également plus pragmatique, en prise directe avec la vie quotidienne. De là lui viennent sans doute un bon sens certain et une certaine sagesse. Elle a aussi le sens des nuances. Et si elle a une conscience aiguë de ses devoirs, elle donne la priorité aux êtres proches et à la vie. Chez l'homme, c'est le cerveau gauche qui l'emporte généralement ; l'homme est plus rationnel, plus logique. Il est aussi plus porté à l'abstraction, ce qui en fait un bon mathématicien et un incorrigible idéologue. Ses jugements sont plus manichéens. Son sens du devoir, il le mettrait plus volontiers au service de ses idéaux qu'au service de personnes de chair.

La femme est, en général, plus émotive, plus sensible, plus sentimentale. Douce, affectueuse, elle aime donner et recevoir de la tendresse. Elle est altruiste. Elle est humaine. L'homme, à force de se contrôler, a réduit sa sensibilité, son affectivité, sa tendresse ; il se veut dur, froid, voire impitoyable.

La femme a une sensualité de proximité tournée vers les êtres et la nature proche (les plantes, les fruits, etc.). Son toucher, sa peau sont particulièrement éveillés. Sa perception des autres et des choses est immédiate, intime. Elle est sensible à l'environnement sensuel et à la qualité de la vie. Sa sexualité est plus liée à ses sentiments et ne s'épanouit vraiment que dans la tendresse et les caresses. Son désir et son plaisir impliquent tout son être. L'homme a une sensualité à distance (sa vision, son ouïe). Sa perception de la nature est plus utilitaire que voluptueuse. Sa sexualité est plus indépendante de son affectivité. Son désir et son plaisir plus ponctuels.

L'agressivité de la femme est moindre; sauf à devoir se défendre, elle a horreur de la violence. Pour concevoir et élever les enfants, elle a besoin de paix. Pour avoir porté et gardé la vie, elle en connaît le prix et la respecte. Son besoin de réussite professionnelle n'est pas aussi impératif, car son œuvre, c'est l'enfantement et l'enfant. L'homme est beaucoup plus agressif; il a besoin d'user et d'abuser de sa force, ce qui le rend autoritaire, voire dominateur; ce qui le rend aussi entreprenant et combatif et lui permet d'obtenir cette réussite professionnelle dont il a besoin pour se trouver, pour se prouver. Un degré de plus, et cette agressivité le rend belliqueux, et même violent. Alors, moins respectueux de la vie qu'il est, il peut devenir cruel et, hélas, tueur. Son agressivité s'exerce également vis-à-vis de la nature, qu'il n'hésite pas à exploiter et à détruire.

Les centres d'intérêt de la femme classique sont plutôt la vie, l'enfant, l'amour. Ceux de l'homme classique : les outils, les idées, la guerre.

De récentes recherches sur le langage ont montré que, décidément, la femme et l'homme étaient bien différents. La façon de s'exprimer de chacun est à ce point spécifique que l'auteur des travaux — Deborah Tannen (66) — parle de deux cultures, voire de deux planètes différentes. Ainsi, dans le même pays, dans les mêmes rues, sous le même toit coexisteraient deux espèces distinctes qui ne parleraient pas la même langue.

L'homme s'exprime en tant que représentant d'une classe dominante, imbu du sens de la hiérarchie et persuadé que la vie est une lutte pour préserver sa place et son indépendance. Il converse pour acquérir ou maintenir un statut de supériorité, non seulement vis-à-vis de la femme, mais de tous les autres interlocuteurs. L'interlocuteur est « cadré » comme supérieur ou subalterne ; de toute façon, c'est un adversaire. Ces conversations basées sur la définition d'un statut dans la hiérarchie ne peuvent qu'être conflictuelles : si l'homme est en position supérieure, il lui faut se défendre contre un rival potentiel ; et s'il est en position inférieure, il va défier l'autorité et se battre pour ravir le pouvoir. Toute conversation tourne à la compétition. Dans ces conditions, les rapports humains sont asymétriques, les autres n'étant jamais vraiment égaux et ressemblants. Même l'amitié masculine s'exprime sous forme d'affrontements rituels et d'agressions simulées. Ce que vise l'homme dans un entretien, c'est d'avoir le dessus, de prouver que l'autre a tort, quitte à le rabaisser. Ce que redoute l'homme, c'est d'être dominé, humilié. C'est pourquoi l'homme ne parle pas de ses problèmes personnels, ne confie pas de secrets, ne livre pas ses émotions : ce serait se mettre en position d'infériorité, se rendre vulnérable, perdre son indépendance. Quand il parle, l'homme, c'est pour donner des ordres, informer, démontrer, discourir ; il préfère les généralités et l'abstraction. Ses sujets de conversation : le travail d'abord, ensuite les affaires, le sport, la technique. S'il conseille, protège ou compatit, c'est plus pour conforter sa supériorité prétendue que par générosité, à la limite, c'est de la condescendance.

La femme, elle, converse pour établir une relation, créer des liens, se rapprocher des autres ; il s'agit de se placer dans un réseau de rapports intimes et d'interdépendance. L'interlocuteur est un semblable avec qui il est bon de coopérer, qu'il faut comprendre et soutenir ; la femme s'efforce de préserver l'harmonie, donc elle évite les confrontations et cherche le consensus et le compromis. Elle n'ordonne pas, elle incite. Les rapports humains sont symétriques et égalitaires. Le but est de montrer son intérêt, son affection, et de partager. La femme parle d'elle, dit ses soucis, ses joies, ses chagrins, confie ses secrets et elle parle de ses proches (amoureux, enfants, collègues). Ses sujets sont privés : les personnes d'abord, le travail ensuite.

Si l'homme cherche à se faire respecter, la femme souhaite être aimée. Les mâles vivent dans un monde où le pouvoir appartient à l'individu qui résiste aux autres. Pour la femme, c'est la communauté sociale qui est source de pouvoir.

Ces attitudes spécifiques existent dès l'enfance. Des études notent déjà chez les garçons de trois ans une tendance à hiérarchiser les groupes, à établir des règlements, à revendiquer le beau rôle, à commander, à se disputer, à se vanter. Les fillettes du même âge se plaisent dans l'égalité, décident des jeux d'une même voix, cherchent des compromis, ne fanfaronnent pas, ne s'agressent pas violemment.

Vraiment, entre la femme et l'homme, il y a plus d'une différence de style ; ce sont deux stratégies distinctes : femme et homme ne recherchent pas la même chose dans la conversation. Sans doute ces attitudes correspondent-elles à deux structures mentales et à deux conceptions du monde.

Ces dissemblances sont-elles innées, sont-elles acquises ? Les auteurs des travaux pensent qu'elles sont induites par la pression sociale et correspondent à des conventions de la société patriarcale : garçons et filles grandissent dans des mondes différents en ce sens qu'ils sont faits d'autres mots, l'entourage ne parlant pas de la même façon aux uns et aux autres ; et les enfants passent la plupart de leur temps dans des groupes de même sexe, ayant des jeux propres. Toutefois, il me semble que de telles différences ne peuvent relever uniquement de l'éducation et qu'elles doivent s'appuyer également sur des forces génétiques et biologiques.

Les deux pôles

S'il était nécessaire, pour définir le féminin et le masculin, de brosser des portraits tranchés, il faut s'empresser d'ajouter que les êtres, en réalité, les hommes comme les femmes, sont une composition infiniment variée de féminin et de masculin.

La féminité n'est pas la propriété exclusive de la femme, non plus que la masculinité celle de l'homme. Chaque sexe a une part de féminité et une part de masculinité. La femme a un pôle masculin et un pôle féminin. L'homme de même. Les êtres sont bipolaires (terme que je préfère à bisexuels, inexact). Le pôle féminin correspond au Yin du taoïsme et à l'*anima* de Jung ; le pôle masculin correspond au Yang taoïste et à l'*animus* jungien. Chez l'homme type, la masculinité l'emporte et chez la femme type, c'est la féminité. Cette différence de dosage des pôles, c'est ce qui fait la différence entre les sexes.

Hélas, la civilisation patriarcale a manipulé les

doses de façon à hypertrophier le pôle masculin de l'homme et à atrophier son pôle féminin, tandis qu'elle réduisait la part masculine de la femme et amplifiait sa part féminine. Cela afin de renforcer l'homme et d'affaiblir la femme. Ce déséquilibre, qui a permis à l'homme de dominer, n'est en réalité bon ni pour l'homme ni pour la femme, ni pour leur relation, ni pour l'humanité. La féminité n'a pu s'exprimer — celle de l'homme étant étouffée, celle de la femme contenue dans les limites de la maternité —, les valeurs féminines n'ont pu se réaliser. Par contre, la masculinité a triomphé et a imposé ses valeurs ; les unes étaient bonnes pour le monde, les autres funestes ; presque toujours, c'est l'agressivité, dans ce qu'elle a de destructeur, qui l'a emporté.

Un triste constat

Voilà trente mille ans que les valeurs masculines dominent le monde. Force est de constater que les civilisations qu'elles ont inspirées sont des échecs : elles n'ont pas réussi à harmoniser les relations entre la femme et l'homme, entre les citoyens et entre les nations. La mâle peur, le mâle-être, la guerre, la torture, l'exploitation de l'homme par l'homme, le matérialisme, l'affairisme, la destruction de notre mère la terre en sont les fruits.

Les religions, que les hommes ont inventées, ont été détournées de leur inspiration première pour devenir les instruments de la répression de la femme et du corps. Pire, elles ont été le prétexte à d'innombrables tueries. Les doctrines socio-économiques sécrétées par les hommes — tels le capitalisme ou le marxisme — ont créé des sociétés où il ne fait pas bon vivre ; la science elle-même — acquis de l'ère masculine qui aurait pu être bénéfique — se retourne trop souvent contre les humains : le progrès technologique ne peut apporter le bonheur à l'humanité sans progrès éthique. La civilisation patriarcale a engendré un monde violent, cruel, inhumain, peuplé de frustrés, d'angoissés, de névrosés, de tueurs. Elle a conduit l'humanité au point critique où elle se trouve : au bord d'une catastrophe mondiale, d'ordre écologique ou militaire. Le pouvoir masculin est incapable de construire le bonheur des humains ; sa faillite est évidente.

Il ne nous reste qu'une chance de survivre et d'inventer un monde meilleur : renoncer à la prépondérance des valeurs masculines, épanouir les valeurs féminines. La véritable alternative qui s'offre à nous ne consiste plus à choisir entre le libéralisme ou le socialisme, mais entre la perpétuation d'une civilisation machiste et sado-masochiste et l'inauguration d'une société où l'on permettra aux valeurs féminines de s'exprimer, une civilisation vraiment humaine. Rendre à l'humanité les richesses de la féminité, ce n'est pas seulement lui donner les moyens d'un nouvel âge, c'est assurer sa survie.

8

Vers un homme nouveau

Par chance, la transformation nécessaire au bonheur des humains devient inexorable : un véritable cataclysme se produit sous nos yeux et, déjà, il nous contraint à redistribuer les cartes. Il est comparable, dans ses conséquences, au séisme, tectonique celui-là, qui, voilà dix millions d'années, avait fondé l'humanité : jeté dans la savane, le primate s'était fait humanoïde. Son cerveau s'était tellement développé que le crâne volumineux des bébés risquait de ne plus pouvoir franchir le bassin des mères ; il fallut que bébé naisse avant terme. Alors, pour élever cet immature, maman était demeurée près de lui, au foyer. L'homme, lui, avait continué de chasser. Cette répartition des tâches a duré jusqu'à nous.

La nouvelle donne

Le cataclysme en cours est né de la conjugaison de plusieurs événements :

1. L'éloignement de la femme hors du cercle familial : elle travaille dans des bureaux, des usines. Elle en a le droit, elle en est capable. Elle le fait par plaisir ou par nécessité. Mais bébé, qui va s'en occuper ?

2. La disparition de la famille élargie : hier dans les tribus, les villages, parfois sous le même toit, bébé vivait avec les grand-mères, les sœurs, les tantes, les belles-mères, etc. C'était autant de nourrices pour lui au cas où sa mère s'absentait. Maintenant, pour cause de travail, les familles sont dispersées. Qui va garder bébé ?

3. L'explosion des distances : les villes atteignent des dimensions colossales ; les sites où s'exercent les emplois se disséminent et donc le lieu de travail s'éloigne de la résidence. Bébé, qui va veiller sur lui ?

4. La libération de la femme : la femme s'émancipe de la domination de l'homme et de l'état d'infériorité où il la tenait. Désormais elle est son égale en valeur et en droit. La loi lui reconnaît, en particulier, la même autorité dans la famille et le libre accès à tous les emplois. Et la science et la loi lui permettent de disposer librement de son corps, c'est-à-dire de sa sexualité et de ses grossesses.

Tous ces bouleversements peuvent constituer une chance fabuleuse pour l'humanité : les nouvelles données devraient inciter les êtres à se renouveler et à établir de nouvelles relations.

La femme nouvelle

La femme nouvelle s'emploie à développer son pôle masculin. La législation et la science lui en donnent la possibilité. Libre de sa vie, libre de son corps, la femme peut prendre toutes initiatives et entreprendre toutes actions : exercer un métier, choisir son partenaire, choisir sa résidence, etc. La femme nouvelle s'évertue à investir son énergie dans des entreprises plus justes, plus généreuses, plus sensées que celles des hommes anciens. Et s'efforce de trouver d'autres solutions aux problèmes humains.

La femme nouvelle veille à préserver son pôle féminin et sa spécificité. Elle ne confond pas égalité et similitude. Obsédées par l'égalitarisme mais prenant l'homme comme référence, les féministes avaient voulu la femme semblable au mâle. Les phallocrates ont toléré cette évolution car elle sauvegarde les valeurs masculines. Alors, les femmes ont copié les hommes, adoptant leurs idéologies, leurs organisations, leurs activités (les affaires, la guerre, etc.), leurs comportements (l'agressivité, le cynisme, la grossièreté, l'usage du tabac, etc.), singeant même leurs accoutrements. Ce mimétisme ne fait que perpétuer le patriarcat dans ce qu'il a de plus néfaste. C'est particulièrement mauvais quand les femmes détiennent de hautes responsabilités. En menant la même politique que les mâles, elles ne font guère progresser l'amour, la justice et la paix. Sans doute, insérées dans un système masculin, elles ne peuvent faire autrement; du reste, celles qui se risquent à pratiquer une politique novatrice — ouverte, généreuse, conciliatrice, pacificatrice — sont aussitôt démises de leurs fonctions, seules restent en place celles qui pratiquent une politique strictement conforme aux vœux des «virils» dirigeants. Cependant, si les femmes font comme les hommes, elles ne changent rien, si elles ne sont pas elles-mêmes, elles n'apportent rien. Le monde a besoin d'une autre vision, d'autres solutions et d'un élan nouveau. L'humanité a besoin, pour se réinventer, de la féminité dans ce qu'elle a de plus essentiel.

Pourtant, il ne faut pas se cacher qu'il est difficile d'être une femme nouvelle en cette période de transition où dominent encore les valeurs patriarcales, où persiste l'organisation sociale masculine et où les nouveaux hommes sont encore rares. Difficile d'assumer en même temps le travail dans le cercle et hors du cercle. Difficile d'être sensible et tendre dans des milieux professionnels si durs. Difficile d'affronter des guerriers sans pitié, sans piété. Bref, difficile d'imposer un point de vue féminin dans un monde d'hommes. C'est un combat inégal où les nerfs des femmes sont mis à rude épreuve. Même les superwomen craquent. Il est aberrant d'exiger des femmes qu'elles se surpassent et se « défoncent » pour s'adapter à une société frénétique et inhumaine, dont les hommes eux-mêmes commencent à se lasser ; ce qui est souhaitable, c'est de changer les règles du jeu et, mieux encore, le jeu lui-même.

La nouvelle mère

Ecole de vie et de tendresse, la maternité demeure l'élément fondamental de la spécificité féminine. Pourtant, elle est menacée de tous côtés. Les démographes nous pressent de limiter les grossesses sous peine de surpopulation fatale. Les féministes s'acharnent à démystifier la maternité qui, selon elles, asservit la femme à sa corporéité, la ramène à son « destin biologique » et la contraint à sacrifier son identité aux besoins des enfants. En plus, font-elles remarquer, cette maternité arrange trop bien les hommes : ne se félicitent-ils pas de voir les femmes bloquées à la maison et privées de la possibilité de les tromper ou de les concurrencer ? Honte aux méprisables « pondeuses » ! Quant aux masculinistes, ils n'ont de cesse de s'approprier la gestation ; la machine à faire des bébés et même l'homme enceint ne sont plus des fantasmes mais des projets. Je vois au moins un avantage à la gestation par les hommes : d'avoir porté un enfant, ils n'auraient plus la cruauté de « snipper » délibérément un enfant ou de violer une femme jusqu'à ce que grossesse s'ensuive ; en tout cas, ils retrouveraient plus facilement les sources de leur sensibilité. Cela dit, il vaudrait mieux s'opposer à la conception par l'homme ou par des machines. Laissons à la femme ce qui est à la femme. Remettre à des appareils ou aux mâles le soin de faire les enfants, ce serait précipiter l'uniformisation des sexes dont nous verrons les désastreuses conséquences et donner à l'homme la tentation de reprendre un pouvoir dont il n'a pas toujours bien usé.

Mais il reste que la maternité constitue une contrainte pour la mère — l'enfant ayant besoin de soins constants jusqu'à trois et même sept ans —, contrainte qui gêne l'intégration de la femme dans la vie professionnelle et la conduite d'une carrière. Alors se pose la question fondamentale : qui va s'occuper de bébé ? Aux solutions classiques (allocations aux mères qui restent près de l'enfant ou placement chez des nourrices chargées de le garder), s'ajoutent des réponses nouvelles. La plus novatrice, voire révolutionnaire, est le partage des tâches, c'est-à-dire la prise en charge par l'homme d'une partie du travail à l'intérieur du cercle, et en particulier des soins aux enfants. D'autres réponses concernent l'organisation du temps de travail : le temps partiel, les horaires à la carte et, plus radicale, la réduction du temps de travail pour tous. Cette dernière solution suppose plus qu'une gestion différente du temps de travail : une conception nouvelle du travail, de ses buts et, pour tout dire, un autre système économique, une autre société.

De toute façon, la mère nouvelle conserve un rôle prépondérant dans l'éducation du petit homme. C'est elle qui lui inculque le goût de la tendresse et lui insuffle la douceur, contrepoint de son agressivité naturelle : «*Les mères sont là justement pour créer cette part de féminité sans laquelle il n'y aurait jamais eu de civilisation*», écrit Romain Gary (36). Alors qu'elles ne se retiennent pas de chérir leurs petits ! Qu'elles ne mettent aucune limite à leur tendresse ! Qu'elles laissent parler leur cœur et leur sensualité ! Ce comportement naturel n'a rien à voir avec la sexualité et ses perversions et ne nécessite pas de s'accepter «incestueuse et pédophile», contrairement à ce que conseille Elisabeth Badinter (64). Que les mères qui craignent de rendre leur garçon homosexuel sachent que cette éventualité ne vient pas d'une abondance de tendresse mais bien plutôt de l'étouffante sollicitude de mères hyperprotectrices et possessives : enfermant l'enfant dans une relation duelle exclusive, écartant mari (à qui elles préfèrent le fils-amant) et autres tiers (amis, amies, amoureuses), elles entravent la résolution du complexe d'Œdipe et l'identification du garçon à son père.

Enfin, la mère nouvelle s'efforce de prévenir l'installation de la mâle peur chez ses garçons. En prenant le temps de remplir son rôle. En veillant à ne pas être frustrante, insécurisante, hostile, brutale ou castratrice. En consultant un psychothérapeute quand elle se sent en difficulté. Et, surtout, en se préparant à ses responsabilités par une formation qui certes ne lui apprendrait pas à aimer, mais au moins lui éviterait les plus graves erreurs. Toutes les femmes à qui sont confiés des enfants — les nourrices, les éducatrices, etc. — devraient être préparées à assumer cette mission.

Le nouvel homme

Le nouvel homme s'efforce d'épanouir son pôle féminin. Libérant son affectivité, il s'autorise à ressentir pleinement ses émotions et à les exprimer naturellement, même celles dont il avait honte : ses peurs, ses tristesses, sa tendresse. Il sait qu'être tendre, ce n'est pas être mou, ni faible, qu'il peut avoir des muscles d'acier et des gestes de soie, une volonté de fer et un cœur de velours. Aussi l'homme nouveau aime donner et recevoir de la tendresse. Sa vie en est transformée car la tendresse est l'antidote des stress et le contrepoison des agressions qui assaillent ses sens et ses nerfs. La vie du monde en sera transformée aussi, car la tendresse atténue l'agressivité et la cruauté fondamentale de l'espèce humaine qu'encourage le système patriarcal : dans les villes déchirées triomphent les kalachnikovs et dans la jungle des affaires règnent les tigres. Face à cette barbarie résurgente, l'homme nouveau sait que la tendresse est plus qu'une utopie : un espoir. Le seul.

L'homme nouveau développe également sa sensibilité et sa sensualité. Il sait écouter les vibrations de son corps et en jouir sans restriction : il est plus attentif aux plaisirs de sa peau, plus réceptif aux bienfaits des odeurs, plus accueillant aux vertus des couleurs, etc. Bref, plus ouvert aux bonheurs de ses sens.

En amour, l'homme nouveau est tendre avant tout. Et inventif. Et plein d'humour. Il écoute attentivement sa compagne et la comprend réellement. Il s'enquiert de ce qu'elle souhaite, pense et sent. Il parle, se dit et ose demander. Il aime les joies de l'amour ; mais il a le droit de ne pas bander automatiquement, de ne pas pénétrer systématiquement ; et celui d'être caressé et cajolé.

L'homme nouveau cultive son pôle masculin dans ce qu'il a de plus bénéfique. Son agressivité, il en fait une combativité qu'il met au service de causes bonnes ; son esprit de domination, une force de caractère qui lui permet d'affronter les difficultés ; sa soif d'entreprendre s'oriente vers des buts valables. Sa virilité redevient synonyme de courage, vigueur, noblesse.

Les domaines où peuvent s'exercer les qualités masculines restent immenses et s'agrandissent de nouveaux champs d'action. Les épreuves de la vie, l'activité professionnelle, la pratique des sports, la lutte contre les catastrophes naturelles et la famine, la défense des populations contre les délinquants, les criminels, les fous et les fanatiques, l'exercice du droit d'ingérence, l'aide humanitaire, la conquête des fonds marins, l'exploration de l'espace et, sous nos pieds, le sauvetage de notre mère la terre nécessiteront le meilleur de l'homme : la force sans la cruauté ou, mieux encore, la hardiesse alliée à la tendresse.

Bien sûr, cette alliance de la force et de la douceur qui fait l'homme nouveau est encore difficile à réaliser. Car il est difficile de concilier en soi autorité et sensibilité ; difficile de s'attendrir dans un contexte de concurrence impitoyable, d'insécurité angoissante et de sanglants conflits ; difficile de baisser sa garde quand les femmes elles-mêmes vous disputent le pouvoir ; difficile d'accepter son pôle féminin sans craindre de paraître efféminé ou d'être soupçonné d'homosexualité. Alors, que les hommes se rappellent Romain Gary (36) : « *Un homme qui n'a pas en lui une part de féminité est une demi-portion. La première chose qui me vient à l'esprit lorsqu'on dit "civilisation", c'est une certaine douceur, une certaine tendresse maternelle.* » Et qu'ils se persuadent qu'il faut en finir avec une ère dont ils sont les premières victimes et inaugurer une autre façon de vivre dont ils bénéficieront autant que les femmes.

Du reste, si les hommes savaient les avantages que leur réserve leur pôle féminin, ils n'hésiteraient pas à le laisser vivre. Cultivée, leur sensualité leur offrirait des plaisirs insoupçonnés, éclose, leur sensibilité leur délivrerait des joies intenses, libérée, leur tendresse leur donnerait de si grands bonheurs ! Les femmes, les enfants, la nature deviendraient une mine de joies. Ce serait le premier pas vers un monde nouveau où les relations entre les êtres cesseraient d'être des épreuves de force, les rapports avec la nature une sauvage exploitation ; un monde où régnerait l'harmonie entre les habitants, où resplendirait une nature respectée.

Cet homme nouveau, les femmes l'appellent de tous leurs vœux ; une longue observation m'en a convaincu : des enquêtes publiées par la presse l'ont confirmé. Elles veulent un vrai homme et un homme vrai, un homme qui soit une heureuse combinaison de virilité et de sensibilité. Elles entendent par virilité le courage moral et physique, la force psychique, la franchise, la maîtrise de soi, la mesure. Même les intellectuelles et les femmes managers confient avoir besoin de l'épaule solide d'un partenaire sécurisant. Et tant mieux s'il réussit dans son travail, à condition que ses succès soient fondés sur des qualités humaines. Alors, l'homme condamné à l'héroïsme ? Non pas, car les femmes, si elles veulent un authentique mâle, veulent aussi un mâle authentique, un homme qui soit complètement lui-même et laisse s'épanouir sa part féminine. Qu'il s'autorise à être sensible, sentimental, et, pourquoi pas ? vulnérable. Qu'il soit tendre par-dessus tout. La tendresse est la première qualité souhaitée par les femmes : au lit, c'est primordial ; à choisir, elles préféreraient des câlins à la pénétration, bien que l'idéal, ce soient les caresses, plus la ferveur sexuelle. Les femmes souhaitent que l'homme sache les écouter et s'efforce de les comprendre vraiment. Elles aiment enfin que l'homme ait assez d'imagination et d'esprit pour changer la couleur des jours.

Inversement, le type d'homme qu'elles détestent le plus, c'est le macho, cet individu dominateur, méprisant, égoïste, brutal, roulant des mécaniques, persuadé d'appartenir à une race supérieure. Sous cet aspect caricatural, le machisme tend à disparaître ; du reste, les femmes ne se laissent plus faire : le macho méditerranéen, ça les amuse plutôt et elles ont tôt fait, par un : « *Bon, ça suffit, ton cinéma. Sois un peu vrai !* », d'établir une relation d'égalité. Non, ce qui est redoutable, c'est le machisme qui ne s'affiche plus mais qui se révèle dans certaines décisions ou prises de position. C'est le machisme sournois des intellectuels progressistes qui clament des opinions égalitaristes mais agissent selon les pires traditions patriarcales ; c'est aussi le machisme hypocrite des faibles qui, à l'extérieur, jouent l'ouverture — « tout le monde admire leur générosité » — mais qui, vis-à-vis de leur femme, se conduisent en tyrans ! Hormis le macho, il est d'autres espèces d'hommes que les femmes n'apprécient pas : le frimeur, dont la réussite n'est qu'apparences ; le lâche — la lâcheté est le premier reproche fait aux hommes, dans les enquêtes ; et l'indécis perpétuel, le faible chronique, l'hypersensible qui verse dans la sensiblerie, le paniqueur. Elles redoutent aussi l'ennuyeux et l'anorexique sexuel.

Le nouveau père

Les femmes travaillant à l'extérieur, les hommes sont appelés à s'occuper à leur tour des enfants. Cette évolution peut être bénéfique pour chacun. C'est à partir du moment où les hommes se sont mis à biberonner que le cataclysme dont il est question a pris une allure irréversible. Les hommes ont alors découvert la face cachée de leur humanité : des émotions inconnues, des sensations inédites et des gestes de tendresse qu'ils ne soupçonnaient pas. Dès lors, le monde est entré dans une nouvelle phase : les hommes qui font ces gestes-là ne pourront plus tuer. Et les garçons qui ont reçu les gestes de ces hommes-là sauront qu'on peut être fort et doux ; ils pourront affirmer leur virilité sans rompre avec leur part féminine.

A priori, il n'est pas facile d'être un nouveau père. L'homme doute de ses aptitudes à pouponner et à câliner ; mais finalement il se révèle très capable. L'homme craint de paraître efféminé et de perdre son autorité, mais il découvre une autre autorité, plus fondamentale, dans la douceur. L'homme, enfin, redoute d'engendrer chez son garçon des tendances homosexuelles. A ce sujet, il faut le rassurer : l'attitude du père constitue bien le facteur psychologique prépondérant dans l'installation de l'homosexualité, mais ce qui joue, ce n'est pas l'excès de tendresse, c'est au contraire le manque d'affection ; c'est en étant absent, indifférent ou hyperautoritaire que le père fausse le comportement de son garçon envers les autres hommes. Selon Biener (64), «*les homosexuels éviteraient de se tourner sexuellement vers les femmes parce qu'ils craindraient de susciter des réactions agressives des autres hommes*». Elisabeth Badinter (63) prétend que le père redouterait également d'éveiller en lui-même une homosexualité latente; elle lui suggère donc d'assumer en pleine conscience cette «pédophilie». Il me semble pourtant que le plaisir et le bonheur qu'un homme ressent à toucher et à embrasser son garçon ne concernent pas la sexualité et ses avatars, mais procèdent d'une affectivité et d'une sensualité d'une autre nature et tout à fait claires. De toute façon, ce qui importe le plus, c'est que l'homme affirme en même temps sa virilité. Qu'il soit autant que possible un exemple de courage, une référence d'autorité et de créativité. Il y a des nuances entre la tendresse paternelle et la tendresse maternelle. L'homme-père, c'est autre chose qu'un papa-poule...

Faut-il limiter la tendresse du père? La suspendre à un âge précis? Dans les circonstances habituelles, chacun trouve sa mesure, y compris l'enfant, qui sait signifier, même très jeune, son indépendance.

L'essence de l'être

L'homme actuel, nous l'avons vu, subit encore l'influence de la morale chrétienne selon laquelle la sensualité et le plaisir sont sources de péchés. L'homme actuel, par ailleurs, appartient à une société industrielle qui se méfie tout autant des sens, dont la satisfaction menacerait la productivité, et qui ne prône guère que les plaisirs liés à la possession-consommation des objets. Au total, l'homme s'est coupé de son corps et de tout ce qui le faisait le plus vibrer: la femme, la nature. Le plaisir étant le meilleur des antidotes des stress et de l'angoisse, nous le savons, les malaises provoqués par la frustration sensuelle sont nombreux: l'anxiété croissante, les maladies psychosomatiques, le mâle-être. Quant aux malheurs engendrés par la cupidité de « l'avoir », ils sont innombrables: l'insatisfaction des êtres, l'exploitation des plus démunis par les plus forts, les conflits entre les individus, les guerres entre les nations, la destruction de la nature.

C'est pourquoi l'homme nouveau, lui, s'efforce de trouver son accomplissement dans « l'être » et non dans « l'avoir ». Etre, c'est accepter et épanouir toutes les composantes de sa personne: sa raison, certes, mais aussi son affectivité, sa sensibilité, sa sensualité. Etre, c'est être bien dans son corps et percevoir pleinement la vie de ce corps. Etre, c'est recevoir largement à travers lui le monde extérieur et vivre en harmonie avec ce monde: la femme, les autres êtres, la nature. Dans la communion avec la nature, nous éprouvons un état d'être parfait: issus de la nature et constitués d'éléments naturels, nous sommes, *stricto sensu*, des parts de nature; c'est pourquoi ce « plus-être » survient lorsque la part de la nature que nous sommes entre en résonance avec la nature ambiante — une forêt, la mer, le chant des oiseaux, le parfum des fleurs, etc.

Ce bonheur, ce sont nos sens qui nous l'offrent, par la magie de la sensation. La sensualité restaure donc l'harmonie messianique entre le genre humain et la terre: autrement dit, la sensualité rend à l'homme son âme. « *L'âme d'un homme réside dans son corps; c'est par son corps qu'il participe à la vie et à la nature. L'âme d'un homme, c'est ce qui l'unit à la terre et le relie à toutes les créatures vivantes.* » « *Etre, ce serait alors appartenir à cette fabuleuse aventure de la vie qui passe à travers nous, nous constitue et nous dépasse* » (45).

L'être est plus vrai que l'avoir: l'avoir est apparence, l'être est authentique; avoir, c'est exister par procuration, être, c'est vivre par soi-même, par son corps, les pensées qu'il engendre. L'être est plus pacifique car il épanouit la sensibilité et l'esprit dans le respect des autres. L'être est plus écologique car celui qui trouve son bonheur dans l'univers ne peut lui nuire.

L'épanouissement de la sensualité n'a donc rien à voir avec le culte du corps-objet — l'adoration d'une musculature hypergonflée, l'adulation d'une peau supercosmétiquée. La sensualité, c'est l'enfance du corps, sa plénitude, sa béatitude. Le corps nouveau, c'est la source du bien-être, un espace de liberté, un point de rencontre avec les autres, la porte de l'univers. La sensualité relevant du pôle féminin, c'est encore en cultivant ce pôle que l'homme se rénove.

L'un n'est pas l'autre

Le programme génétique, les gonades, les glandes endocrines, la morphologie de la femme diffèrent fondamentalement de ceux de l'homme. Son psychisme également. Faut-il préserver ces dissemblances ? Faut-il les atténuer, voire les niveler ? La science permettra un jour de modifier le sexe biologique et l'éducation pourrait à la longue aplanir les différences psychiques. Alors, pour détruire à jamais les fausses images construites par le patriarcat, certains pourraient être tentés de gommer totalement ce qui nous différencie. Est-ce vraiment souhaitable ?

Autant il est bon que l'un et l'autre sexe ait les mêmes droits, la même valeur, et que chaque sexe développe son second pôle, autant il serait néfaste, voire fatal pour l'humanité, que les différences biologiques et psychologiques s'effacent. La différence c'est l'inconnu, l'imaginé, le désiré. De la différence naissent l'attrait, l'aspiration, l'inspiration. La différence catalyse et mobilise les êtres. Et la rencontre des différences les grandit et les élève. C'est le désir et l'amour qui donnent un but et un sens à la vie. Tout ce qui s'est fait de fervent, de beau, de grand s'est fait par désir et par amour. Tout ce qui souligne la spécificité de la femme et de l'homme aiguise le désir, stimule l'amour et décuple la créativité. Tout ce qui estompe les différences éteint le désir et l'amour et stérilise l'humanité. Qu'y a-t-il de plus froid, de plus morne, de plus mort qu'une espèce unisexe, qu'un monde uniforme ?

Pour l'enfant, la différence est primordiale : elle lui permet de se situer et de s'accomplir dans son sexe en s'identifiant aux parents du même signe ; une trop grande similitude entre le père et la mère, entraînant la perte des repères, perturbe la construction de sa personnalité. Les psychiatres, déjà, s'alarment des difficultés de structuration que rencontre la progéniture des papas-poules.

Recomposons les différences sur une autre palette. Entre la femme nouvelle et le nouvel homme, les nuances sont autres. Même si elle développe son pôle masculin, la femme nouvelle reste parfaitement femme ; sa masculinité à elle n'est pas celle de l'homme ; et surtout, son pôle féminin, préservé, l'emporte toujours. De même l'homme nouveau, tout en développant son pôle féminin, demeure totalement mâle ; sa féminité à lui a une autre tonalité ; et, bien entendu, son pôle masculin, dans ce qu'il a de positif, s'épanouit mieux que jamais. Au déséquilibre des pôles (hypertrophie de l'un et atrophie de l'autre), font place d'harmonieuses combinaisons qui enrichissent les personnalités.

Le nouveau couple

Entre l'homme nouveau et la femme nouvelle, les échanges sont plus complets, plus riches. Les différences — pôle masculin toujours prépondérant chez l'homme, pôle féminin toujours soutenu chez la femme — attirent puissamment. Les ressemblances, elles, rapprochent intimement : épanoui, le pôle féminin de l'homme s'accorde à celui de la femme, et les voilà qui communiquent et fusionnent ; renforcé, le pôle masculin de la femme s'ajuste à celui de l'homme, et les voilà qui se comprennent et collaborent. Jeux à quatre mains aux accords infiniment multipliés. Jeux horizontaux ou croisés, où il est plus facile de se trouver, de s'entendre, de s'assembler. Ce couple né de l'« émergence » de la femme « engloutie » et de l'accomplissement de l'homme par la reconnaissance de son pôle féminin, Paule Salomon l'appelle « solaire-lunaire » ou « androgyne » (65). C'est le couple du troisième millénaire.

Ce nouveau couple est un facteur d'équilibre et un enrichissement pour les deux partenaires. Il est aussi un gage d'harmonie pour la société : par sa cohésion et en tant qu'exemple de communication et de coopération. Dès lors, les interactions individus-couple-société pourront fonctionner dans un sens favorable à l'humanité.

La nouvelle société

En 1974, Romain Gary lançait une campagne pour la féminisation du monde et l'avènement d'une civilisation féminine. « *Toutes les valeurs de civilisation sont des valeurs féminines* » (36), déclarait-il, et de citer : douceur, tendresse, respect des faibles, maternité. Si les choix politiques actuels sont malheureux, affirmait-il, « *c'est que toutes les forces en présence se réclament justement de la force, de la lutte, des victoires du poing, de la masculinité, en veux-tu, en voilà !* ». Il ajoutait : « *Je ne suis pas assez praline pour dire : il faut mettre les femmes à la place des hommes et on aura un monde nouveau... La plupart des femmes agissantes ont déjà été réduites à l'état d'hommes pour les besoins mêmes et les conditions de la lutte. Ce machisme en jupon n'est pas plus intéressant que l'autre. Je dis simplement qu'il faut donner une conscience de la féminité.»*

Ce que confirme aujourd'hui Paule Salomon (65): «*Ce ne sont pas seulement les femmes qui doivent entrer dans les gouvernements, dans les professions clés et dans les postes décisionnaires. Ce sont les valeurs féminines, c'est-à-dire les hommes et les femmes qui auront compris le sens profond de la vie et qui dirigeront le monde dans le sens de la construction et du devenir.*»

Oui, féminiser le monde, ce n'est pas seulement plus de femmes dans tous les emplois — femme médecin, femme pilote, femme juge ou P.-D.G. —, ce n'est pas, non plus, plus de femmes décideurs — femme préfet, député, ministre ou président de la République. Féminiser le monde, c'est surtout laisser vivre et s'exprimer, en chaque femme, en chaque homme, sa part féminine: c'est permettre aux valeurs féminines de se réaliser. C'est percevoir et approcher les êtres d'une autre façon, apporter d'autres solutions, agir différemment: avec tendresse, humanité, en tenant compte des souhaits, des souffrances, en prenant en compte la qualité de la vie.

Féminiser le monde, c'est établir d'autres relations: renoncer à la volonté de domination et aux violences destinées à l'imposer — la force physique, la pression morale, la puissance de l'argent. C'est choisir comme projet la coopération, comme cadre la communauté, comme moyen le consensus. Et pour cela apprendre la compréhension mutuelle, le respect de l'autre, le partage. Et surtout, apprendre à parler autrement: en individus symétriques, interdépendants, complices, authentiques.

Féminiser le monde, c'est renoncer à tuer pour résoudre les conflits. Il suffirait que les mâles, à l'instant de presser sur une détente, se figurent intensément qu'au bout de sa trajectoire le métal va écraser, faire éclater, déchiqueter, écharper un être semblable à lui, à sa femme, à son enfant ; et qu'il s'ensuivra des douleurs, des souffrances, des paniques, des angoisses et des désespoirs qui n'auront pas de fin.

Féminiser le monde, c'est permettre que, dans le travail, chaque être puisse exprimer sa créativité, sa spontanée fécondité. C'est réhumaniser le travail.

Féminiser le monde, c'est cesser d'éventrer et de niveler la glèbe, d'en arracher les vertes parures, de la gorger de produits délétères, de la saigner jusqu'au dernier grain, jusqu'au dernier raisin. Féminiser le monde, c'est rendre aux campagnes leurs rondeurs, leurs ruisselets, leurs haies, leurs bosquets. Et rendre aux villages leurs écoles, leurs commerces, leur vie. Et restituer aux paysans le prix de leur peine.

Féminiser le monde, c'est cesser d'imposer aux humains des monstres de béton comme maisons, des entrepôts de ferraille pour magasins, de sinistres couloirs comme rues. Féminiser le monde, c'est reciviliser les villes. Que les quartiers redeviennent des lieux de création, d'échanges, de contacts. Que les rues retrouvent leurs voix, leurs couleurs, leurs odeurs. Qu'à nouveau les artisans conçoivent en chantant de bons aliments et de beaux objets. Que les commerçants conversent en vendant.

Ce que sera la nouvelle société, on ne peut le dire encore, mais une chose est sûre : ce libéralisme sauvage, triomphe de la civilisation patriarcale, générateur de guerre, pourvoyeur de chômage, fossoyeur d'âmes, destructeur de la nature, ne peut plus durer.

Ce que sera l'avenir, on le pressent toutefois à quelques signes, à quelques changements : la naissance de l'écologie, l'aide humanitaire internationale, l'extension de la démocratie, la fin des apartheids, les nouvelles missions des armées (forces d'interposition, droit d'ingérence).

Hommes qui m'avez lu, ne croyez pas que j'aie

cédé à une tardive révolte contre le père, non plus qu'à un accès d'humilité. Non, c'est l'Histoire qui nous accable. Et la réalité présente. Sans doute ai-je été injuste dans ma juste colère : ayant exposé nos méfaits, j'aurais dû rappeler ce que nous avons fait de grand aussi. Mais notre génie est connu ; ce qui m'importait, c'était de savoir pourquoi il se double fatalement d'un mauvais génie : rien de ce que nous avons fait de bien qui ne soit mis au service du mal ! Rappelez-vous telle religion, souvenez-vous de telle révolution, voyez cette invention : conçues pour nous sauver, elles ajoutent bientôt à nos souffrances. Il faut croire que notre pensée est tordue ou, plutôt, mutilée. La raison en est, parmi d'autres, la guerre que nous menons contre la femme et contre nous-mêmes.

Il nous faut accepter le constat de nos erreurs passées. Il nous faut reconnaître qu'aujourd'hui nous ne faisons guère mieux et que si les femmes ne sont pas épanouies, nous ne sommes pas plus heureux. Nous sommes las des épreuves de force, las de nous stresser pour quelques sous, pour quelques gadgets, las de gaspiller notre vie pour quelques médailles ou quelques galons, las, surtout, de répandre notre sang pour quelques idées folles ou fanées. Et las de jouer : jouer au mec, jouer à la Bourse, jouer à la guerre.

Il est temps de chercher d'autres voies. Appelons la femme à notre secours. C'est elle, dans ce qu'elle a de meilleur, qui compensera notre instinct agressif, c'est elle qui nous évitera erreurs et aberrations, elle qui nous dira comment mettre notre génie au seul service du mieux-vivre. Parce qu'elle recèle tant de féminité. Parce qu'elle révèle toute notre féminité. Et, de ce fait, nous permet de nous accomplir.

Nous pensions la femme notre ennemie, elle est notre avenir. Nous prenions notre féminité pour de la faiblesse, elle sera notre chance.

Conclusion

Les années ont passé depuis la première édition de *La mâle-peur*. Ce qui était souhait devient peu à peu réalité, en occident au moins. Actuellement, nous vivons une période passionnante de l'histoire de l'humanité : la transition entre un patriarcat finissant et une troisième civilisation qui s'accouche. Sous nos yeux – et mieux encore, en nous, car nous sommes partie prenante de l'événement – , se déroule une mutation de civilisation, sur un mode relativement rapide : la sortie du patriarcat, ère où l'humanité était entrée progressivement vers la fin du paléolithique, il y a quinze mille à vingt mille ans. Cette troisième civilisation se fondera sur l'alliance entre la femme et l'homme. Les bases de cette relation nouvelle seront les suivantes :

1 – Le partage du pouvoir : sous le matriarcat, la femme prédominait, sous le patriarcat, l'homme régnait sans limite. Dans l'alliance, l'autorité se partage. Personne ne domine personne, chacun est libre, chacun a voix au chapitre, les décisions sont prises en commun. S'il y a désaccord, il y aura négociation ; c'est la plus compétente – le plus compétent – dans le domaine concerné qui devra convaincre l'autre. Mais on s'efforcera d'alterner les prises de décision. Ce que la plupart des hommes acceptent désormais.

2 – La pratique d'une excellente communication : savoir communiquer n'est pas inné ; en plus, le langage des femmes et celui des hommes diffèrent. Il est donc fondamental que chacun apprenne les règles de base de la communication. D'abord savoir qu'il est aussi important d'écouter que de dire. Écouter pour entendre ce qui est dit, seulement ce qui est dit, tout ce qui est dit, sans déformer ou tamiser. Dire pour informer l'autre de son avis, de son ressenti, de ses souhaits, mais non pour imposer, juger, accuser, dévaloriser. Cet art du dialogue constructif est bien connu maintenant grâce à plusieurs auteurs (voir, par exemple, *L'écologie de l'amour*).

3 – L'équilibre entre la part féminine et la part masculine en chacun. L'alliance entre deux êtres suppose qu'en chacun se soient réalisées les « noces intérieures », à savoir le juste épanouissement des pôles féminin et masculin et leur harmonisation. Cela est bien compris maintenant et les êtres s'efforcent de le mettre en pratique.

4 – L'accès au véritable amour. Celui-ci peut se décrire ainsi :

• Le véritable amour est un don inconditionnel et serein ; il suppose un dépassement de l'ego et de son besoin obsessionnel d'être aimé. Ce besoin vient d'un manque d'amour de soi qui pousse le sujet à demander à l'autre l'amour qu'il ne sait se donner lui-même. Le travail à faire consiste donc à apprendre à s'aimer soi-même. De plus en plus de gens entament un travail sur l'estime de soi.

• Le véritable amour est l'acceptation de l'autre tel qu'il est, dans sa réalité et dans sa différence. Cela nécessite de sortir des processus illusoires de l'état amoureux : a) l'idéalisation, qui consiste à pourvoir l'aimé(e) de qualités qu'il (elle) n'a pas et à scotomiser ses déficiences. b) l'identification, qui consiste à croire que l'autre est semblable à soi. En effet, l'amour vrai exige des êtres vrais, qu'importe s'ils ne sont pas parfaits et s'ils sont différents de soi.

• Le véritable amour est respect de l'autonomie de l'autre. Si la vie en couple comporte une part de vie commune – les enfants, l'union sexuelle, la maison, les partages de toute sorte, les projets et les co-créations –, elle ne doit pas exclure la vie individuelle – les recherches et les activités personnelles dans les domaines social, artistique, spirituel, etc. –, chacun ayant le devoir de progresser en soi et, du reste, ce progrès profitera au couple. Cela demande qu'on sorte de la fusion absolue et permanente qui à la longue étouffe les partenaires. Cela exige aussi qu'on sorte de la possessivité. Nul n'appartient à personne ; aimer, c'est aimer la liberté de l'autre. Cela demande, enfin, que l'on sorte de la dépendance, cette forme d'addiction qui fait que l'on n'existe pas sans l'autre ; aimer, c'est être heureux même en l'absence de l'autre et simplement plus heureux en sa présence. Ce besoin d'autonomie est particulièrement exigé par les femmes qui ont trop longtemps vécu sous la tyrannie de l'homme.

• Le véritable amour est responsabilisation. Il s'agit non seulement d'être responsable de nos décisions et actions, mais également de nos émotions. C'est dire qu'il faut cesser d'accuser l'autre de nos souffrances, de nos peurs, de nos frustrations etc. Car c'est nous qui donnons à notre ressenti sa couleur et son intensité, en raison de notre sensibilité et de nos blessures d'enfance. Nous sommes responsables de la façon dont nous recevons ce qui vient de l'autre. Alors, au lieu de dire : « Tu me fais souffrir ! » ou « Tu me rends malheureux (se) ! », apprenons à dire : « Avec quoi est-ce que je me fais souffrir ou me rends malheureux (se) ? ». Se responsabiliser de nos douleurs et de nos échecs au lieu d'en charger l'autre nous oblige à les analyser et à les amender et donc nous fait progresser. Ainsi, nous passons du statut de victime à celui de créateur de notre vie. C'est sans doute le point que les gens ont le plus à travailler.

• Le véritable amour suppose une nouvelle sexualité : elle tiendra compte des dissymétries précédemment décrites entre les érotismes féminin et masculin, ce dont se révèlent capables les nouveaux hommes.Ils acquièrent la maîtrise du réflexe éjaculatoire et s'attachent à décliner toute la gamme des baisers et des caresses aussi bien en prélude qu'en postlude, ou même en dehors du rapport sexuel. La mode du tantrisme vient à point pour aider les êtres à transformer leur sexualité.

Nous le voyons, la nouvelle relation amoureuse ne se réduit pas à un naïf sentimentalisme. En occident, nous avions hypertrophié l'aspect sentimental de l'amour. Toute notre littérature, comme nos légendes, décrivent des héros romantiques éperdus ; nos références sont Tristan et Yseult, la princesse de Clèves etc. Tous des personnages qui ont été des amants passionnés mais qui n'ont pu accéder au stade de la vie en couple ; l'auteur les fait mourir ou fait mourir l'amour au moment où ils pourraient vivre ensemble, comme s'il ne savait pas prendre le relais des sentiments et inventer une relation plus réelle, plus durable, plus heureuse.

Le véritable amour de l'alliance va au-delà du sentiment, composant à la fois puissant et fragile de la relation et en tout cas relevant de l'ego. Il exige un travail sur soi, pour dépasser cet ego justement, fait de possessivité, de jalousie, de peurs, d'égoïsme, de croyances, de réactions... Il exige aussi un travail sur nos blessures d'enfance qui, réouvertes par les péripéties de la vie en couple, vicient la relation. Ainsi qu'un travail sur les comportements infantiles, imprimés sur la disquette de l'enfance, qui induisent des attitudes inadaptées.

La prolifération actuelle des méthodes de développement personnel et de toute sorte de psychothérapies – individuelles ou en groupe – permet à ceux qui le veulent de faire le travail sur eux qu'exigent l'amour véritable et l'alliance. C'est, du reste, l'apparition de tous ces moyens d'évolution qui entraîne la transformation des mentalités et les mutations historiques. C'est par elles que ce qui était espoir il y a vingt ans devient possibilité et réalité aujourd'hui.

Ainsi, le couple du véritable amour ne peut plus être vécu comme un duo d'opérette ou une tragédie sans lendemain, mais plutôt comme un chemin initiatique, un chemin qui nous questionne sur le but et le sens de notre vie, sur ce pour quoi on est fait, un chemin où on apprend sur soi, sur l'autre, sur l'amour, sur l'humain, sur le monde. Ainsi abordé, le couple devient l'occasion, la chance de se connaître, de se transformer, de s'élargir, de s'élever. C'est une voix de conscientisation où chacun aide l'autre à progresser.

Un degré de plus et le couple de l'alliance devient chemin spirituel, car il va nous donner l'occasion de découvrir et d'agrandir notre « part de lumière », cette part de nous qui est plus intérieure et plus essentielle que nos pulsions et nos sentiments, cette part qui est source de nos aspirations à la beauté, à la générosité, à la vérité. C'est là où se produit l'« éveil », l'« illumination ». D'aucuns l'appellent le « Soi supérieur », l'« esprit », l'« âme ».

La sexualité de l'alliance se vit également sur un tel niveau. Re-sacralisée, c'est-à-dire sortie de la répression et de l'avilissement, elle constitue un moyen de nous transcender, autrement dit de nous faire accéder à un état supérieur de conscience, qui est ouverture à l'autre et à l'univers, sentiment d'amour océanique pour l'autre et tout ce qui vit, sentiment d'appartenance à quelque chose qui nous dépasse.

L'alliance engendrera la troisième civilisation par les transformations de consciences qu'elle suppose : à partir du microcosme du couple, l'amour – dépassement de soi, générosité, partage de l'autorité –, débordera sur la société et changera les relations entre tous les humains. Les êtres, les hommes en particulier, pouvant s'accomplir au sein du couple, ne chercheront plus de compensations, voire des revanches et une fuite dans l'exercice forcené du pouvoir, la course à l'argent, la violence sous toutes ses formes. La fin de la « mâle-peur », l'avènement de l'alliance permettront un monde plus paisible, plus humain, plus lumineux.

Voir
Nouvelle conclusion : Le jour de l'alliance est arrivé
Références bibliographiques

(1) Coppens Yves : *Le Singe, l'Afrique et l'Homme,* Editions Fayard-Pluriel.

(2) Donald Johnson, Maitland Edey : *Lucy,* Editions Robert Laffont.

(3) Leroi-Gourhan André : *Le Geste et la Parole,* Editions Albin Michel.

(4) Morris Desmond : *Le Singe nu,* Editions Grasset.

(5) Waynberg Jacques : *Grandeur et servitude d'*Homo erectus, *Tonus,* n° 969, 26 septembre 1986.

(6) Lederer Wolfgang : *La Peur des femmes,* Editions Payot.

(7) Neumann Erich : *The Origins and History of Consciousness,* New York, Pantheon Books.

(8) Leakey R.E. : *Origines de l'Homme,* Editions Arthaud.

(9) Millet Kate : *La Politique du mâle,* Editions Stock-Points Actuels.

(10) Michelet Jules : *La Sorcière,* Editions Flammarion.

(11) Paré Ambroise, cité par Kniebiehler Yvonne : voir (35).

(12) Morin Edmonde : *La Rouge Différence,* Editions du Seuil.

(13) Van Gulik Robert : *La Vie sexuelle dans la Chine ancienne,* Editions Gallimard, collection « Tel ».

(14) Chang Jolan : *Le Tao de l'art d'aimer,* Editions Calmann-Lévy.

(15) Duby Georges : *Le Chevalier, la Femme et le Prêtre,* Editions Hachette-Pluriel.

(16) Lebacq Pierre : *Sexualité : ce que pensaient nos confrères du Moyen Age, Le Généraliste,* n° 830, 30 mai 1986.

(17) Montaigne Michel (de) : *Essais,* Editions Garnier.

(18) Corbin Alain : *La Petite Bible des jeunes époux, L'Histoire,* n° spécial, « L'amour et la sexualité ».

(19) Shaw George Bernard : *Man and Superman,* Baltimore, Penguin Books.

(20) Nelli René : *L'Erotique des troubadours*, Editions Privat.

(21) Masoch Sacher : *La Vénus à la fourrure*, Les Editions de Minuit.

(22) Freud Sigmund : *Neue Folge der Vorlesungen zur Einführung in die Psychoanalyse (Gesammelte Werke*, XV).

(23) Fouquet Catherine, Kniebiehler Yvonne : *La Beauté pour quoi faire ?*, Editions Temps Actuels.

(24) *Blasons anatomiques du corps féminin*, Editions Gallimard.

(25) Cohen Albert : *Belle du Seigneur*, Editions Gallimard.

(26) Freud Sigmund : *Einige psychische Folgen des anatomischen Geschlechtsunterschieds (Gesammelte Werke*, XIV).

(27) Zwang Gérard : *Le Sexe de la Femme*, Editions Pygmalion.

(28) De Smedt Marc : *L'Erotisme chinois*, Editions Solar.

(29) Kramer S.M. : *Le Mariage sacré à Sumer et à Babylone*, Editions Berg International.

(30) Bottero Jean : *Tout commence à Babylone, L'Histoire*, n° spécial, « L'amour et la sexualité ».

(31) Langer M.D. Georg : *Die Erotik der Kabbala*, cité par Lederer : Voir (6).

(32) Rouche Michel : *Le plaisir sexuel est-il un péché ?*, Editions Le Prat.

(33) Flandrin Jean-Louis : *Le Sexe et l'Occident*, Editions du Seuil.

(34) Le Goff Jacques : *Le Refus du plaisir, L'Histoire*, n° spécial, « L'amour et la sexualité ».

(35) Kniebiehler Yvonne, Fouquet Catherine : *La Femme et les Médecins*, Editions Hachette.

(36) Gary Romain : *La nuit sera calme*, Editions Gallimard.

(37) Klapisch-Zuber Christiane : *Histoire des femmes*, tome II, Le Moyen Age, Editions Plon.

(38) Lepape Pierre : *Le Monde*, 2 mars 1991, page 40.

(39) Summers Montague : *The History of Witchcraft*, New Hyde Park, New York, University Books.

(40) Israël Lucien : *L'Hystérique, le Sexe et le Médecin*, Editions Masson.

(41) Cholières, cité par Kniebiehler Yvonne : voir (35).

(42) Tordjman Gilbert : *La Fridigité féminine et son traitement*, Editions Casterman.

(43) Freud S. : *Lettres de Freud à Marie Bonaparte*, 1925, in *Correspondance*, Editions Gallimard.

(44) Freud S. : *La Féminité*, 1932, in *Nouvelles Conférences sur la psychanalyse*, Editions Gallimard.

(45) Fromm Erich : *Avoir ou Etre*, Editions Robert Laffont.
(46) Rougemont Denis de : *L'Amour et l'Occident*, Editions Plon.
(47) Godelier Maurice : *La Recherche*, numéro spécial, septembre 1989.
(48) Bruckner Pascal, Finkielkraut Alain : *Le Nouveau Désordre amoureux*, Editions du Seuil.
(49) *Kama-sutra*, collection « Curiosa », Editions Tchou.
(50) Leleu Gérard : *Le Traité des caresses*, Editions Encre et Editions J'ai lu.
(51) Chauveau Sophie : *Débandade*, Editions Pauvert-Alésia.
(52) Rihoit Catherine : *La Favorite*, Editions Gallimard.
(53) Leleu Gérard : *Le Traité du plaisir*, Editions Artulen et Editions J'ai lu.
(54) Ferenczi Sándor : *Thalassa*, Editions Payot.
(55) Lowen Alexander : *Le Plaisir*, Editions Tchou.
(56) Gruyer Frédérique : *Ce paradis trop violent*, Editions Robert Laffont.
(57) Aragon Louis : *Le Fou d'Elsa*, chapitre « La grotte », Editions Gallimard.
(58) Groddeck Georg : *Le Livre du ça*, Editions Gallimard.
(59) Bernard Jean-Louis : *Le Tantrisme, yoga sexuel*, Editions Belfond.
(60) Odier Daniel, de Smedt Marc : *Les Mystiques orientales*, Editions J'ai lu.
(61) Bataille Georges : *L'Erotisme*, Editions de Minuit.
(62) Freud S. : in *Correspondance*, Editions Gallimard.
(63) Badinter Elisabeth : *X Y: l'identité masculine*, Editions Odile Jacob.
(64) Biener I., cité par Thuillier Pierre : *La Recherche*, numéro spécial, septembre 1989.
(65) Salomon Paule : *La Femme solaire*, Editions Albin Michel.
(66) Tannen Deborah : *Décidément, tu ne comprends pas*, Editions Robert Laffont.
(67) Badinter E. : *L'Amour en plus*, Editions Flammarion-Le Livre de Poche.

Table

Bienêtre

7026

Composition Interligne B-Liège
Achevé d'imprimer en France (Manchecourt)
par Maury-Eurolivres
le 1er mars 2005.
Dépôt légal mars 2005. ISBN 2-290-34658-6

Éditions J'ai lu
84, rue de Grenelle, 75007 Paris
Diffusion France et étranger : Flammarion